溫 柔 之 必 要 肯 定 之 必 要

瘂弦追思紀念會暨文學展特刊

（1932-2024）

瘂弦 （1932～2024）

　　瘂弦，男，本名王慶麟，幼年時期名明庭。1932 年 8 月 29 日生於河南（農曆），1949 年 8 月來臺。

　　復興崗學院戲劇系畢業，美國威斯康辛大學東亞研究所碩士。一九五四年至一九六〇年代中期，以海軍少校銜任左營廣播電臺編輯兼外勤記者兩年；1961 年回母校復興崗學院擔任晨光廣播電臺臺長及戲劇系教職，主講「中國戲劇史」、「藝術概論」等課程；1954 年結識張默與洛夫，加入創世紀詩社，為《創世紀》詩刊創辦人之一；1966 年應美國國務院之邀，以訪問作家身分赴愛荷華大學「國際寫作計畫」研習兩年；1969 年返國主編《幼獅文藝》，不久升任期刊部總編輯，綜理《幼獅月刊》、《幼獅少年》、《幼獅學誌》。編輯工作之外，曾兼任教職於國立藝專、中國文化大學、東吳大學、中興大學、國立藝術學院等院校；1977 年 10 月應《聯合報》之邀，擔任副刊組主任，主編《聯合報》副刊 20 年，期間曾主持《聯副三十年文學大系》編纂、創辦《聯合文學》月刊，1998 年 8 月 29 日退休，退休後僑居加拿大溫哥華，專事寫作。2013 年擔任加拿大華人文學學會主任委員兼《世界日報》《華章》文學專版主編。1965 年曾參加《國父傳》話劇，飾演孫中山先生，獲年度最佳男演員金鼎獎。寫作以來，曾獲中國文藝協會「優秀詩人獎」、藍星詩獎、香港「好望角」文學創作獎、青年文藝獎、十大傑出青年金手獎、副刊主編金鼎獎、文學編輯五四獎、東元文學創作獎、中坤詩歌發展基金會創設之「中坤國際詩歌獎」，2012 年榮獲第二屆全球華文文學星雲獎貢獻獎，2021 年再獲北京文藝詩歌獎，2022 年獲梁實秋文學獎，2023 年獲臺北文化獎。

　　瘂弦創作文類以詩為主，兼及論述。1954 年首次發表詩作〈我是一勺靜美的小花朵〉於紀弦主編之《現代詩》，1959 年由香港國際圖書公司出版第一本詩集《苦苓林的一夜》，本書經創世紀詩雜誌社及眾人、晨鐘、洪範等出版社增訂改版，而有多樣面貌。瘂弦與詩結緣甚早，1954 年參加《創世紀》編務，至 1961 年在左營七年之間，創作量最為豐厚。寫作風格方面，大致可分兩階段：其文學啟蒙於一九三

〇年代的新文學，受五四遺韻影響甚深，早期作品以抒情詩居多，主題多為懷鄉憶往，具鄉土氣息，擅長經營甜美的語言意象，詩風清恬柔舒，如〈紅玉米〉、〈秋歌〉、〈土地祠〉、〈鹽〉、〈乞丐〉、〈京城〉、〈戰時〉等；後期受西方作家影響較深，神往於民謠式詩風、超現實主義的語言及當代西洋小說的形象，並揉合民族文化內涵與自身主修戲劇的經驗，創作出具異國情調的〈印度〉、〈巴黎〉、〈芝加哥〉等系列詩作，而對於現代生活之感應、衍展和批判的作品，則以〈從感覺出發〉、〈深淵〉、〈如歌的行板〉、〈一般之歌〉為代表。瘂弦將中國古典文學及西方現代主義詩歌技巧加以融合，創造出兼具音樂性和意境美的獨特詩風，張默曾歸納其創作特色：「瘂弦的詩有其戲劇性，也有其思想性，有其鄉土性，也有其世界性，有其生之為生的詮釋，也有其死之為死的哲學，甜是他的語言，苦是他的精神，他是既矛盾又和諧的統一體。」楊牧也認為：「瘂弦所吸收的是他北方家鄉的點滴，三十年代中國文學的純樸，當代西洋小說的形象；這些光譜和他生活的特殊趣味結合在一起。他的詩是從血液裡流蕩出來的樂章。」

瘂弦詩創作的時間不長，六〇年代中期以後，轉而從事中國新詩史料鉤沉整理、詩歌理論研究與現當代作家作品評析，以史家與文學批評家的角度，進行對中國新詩的思考，曾於《創世紀》開闢「中國新詩史料掇拾」專欄，長期整理評述中國早期詩人的作品，著有《中國新詩研究》。評論方面，還有「以序代評」形式的《聚繖花序》三大卷，共五十餘萬字，及《記哈克詩想》（詩話集）、《於無聲處》（詩文集）、《青年筆陣》（臺灣青年文學活動小史）等，這些論著至今仍是研究臺灣文學發展不可不讀的重要著作。瘂弦從事報刊編輯工作達三十餘年，綜理幼獅刊物群，主編《聯合報》副刊，創辦《聯合文學》及主持華欣文化公司所屬之《中華文藝》等報刊。他反對編輯工作是為人作嫁的傳統看法，認為編輯工作不是職業，而是事業、偉業，把編輯工作的意義提到最高的層次，除發掘新作品、培育新作家之外，更兼及文學藝術的教育與推展。可以應證的是，當前文壇有很多重要的作家，在青年時期都不同程度地受過他的提攜。其主編《聯合報》副刊時期，曾提出「三真」的理念，即探討真理、反映真相、交流真情，認為寫作不是作家的專利，他通過各種短小專欄（如「極短篇」等）誘發全民寫作的風氣，把文藝活動提昇為文藝運動，使靜態平面媒體編輯動態化，並提出「副刊學」的概念，將副刊上昇至學術的層次，種種的創意作為，使他在文藝界素有「文運推手」及「儒編」之美稱。

2024年10月11日，瘂弦逝世於加拿大溫哥華。

溫 柔 之 必 要　肯 定 之 必 要

瘂弦追思紀念會暨文學展特刊

溫 柔 之 必 要　　肯 定 之 必 要

瘂弦追思紀念會暨文學展特刊

文摘輯

1957/12.19

紅玉米

宣統那年的風吹著
吹著那串紅玉米

它就在屋簷下
掛著
好像整個北方
整個北方的憂鬱
都掛在那兒

猶似一些逃學的下午
雪使私塾先生的戒尺冷了
表姊的驢兒就拴在桑樹下面

猶似嗩吶吹起
道士們喃喃著
祖父的亡靈到京城去還沒有回來

猶似叫哥哥的葫蘆兒藏在棉袍裡
一點點淒涼,一點點溫暖
以及銅環滾過崗子
遙見外婆家的蕎麥田

便哭了

就是那種紅玉米
掛著,久久地
在屋簷底下
宣統那年的風吹著

你們永不懂得
那樣的紅玉米
它掛在那兒的姿態
和它的顏色
我底南方出生的女兒也不懂得
凡爾哈倫也不懂得

猶似現在
我已老邁
在記憶的屋簷下
紅玉米掛著
一九五八年的風吹著
紅玉米掛著

1958 / 01.14

鹽

二孃孃壓根兒也沒見過退斯妥也夫斯基。春天她只
叫著一句話：鹽呀，鹽呀，給我一把鹽呀！天使們
就在榆樹上歌唱。那年豌豆差不多完全沒有開花。

鹽務大臣的駱隊在七百里以外的海湄走著。二孃孃
的盲瞳裡一束藻草也沒有過。她只叫著一句話：鹽
呀，鹽呀，給我一把鹽呀！天使們嬉笑著把雪搖給
她。

一九一一年黨人們到了武昌。而二孃孃卻從吊在榆
樹上的裹腳帶上，走進了野狗的呼吸之中，禿鷹的
翅膀裡；且很多聲音傷逝在風中：鹽呀，鹽呀，給
我一把鹽呀！那年豌豆差不多完全開了白花。退斯
妥也夫斯基壓根兒也沒見過二孃孃。

1958／12.16

芝加哥

鐵肩的都市
他們告訴我你是淫邪的
—— C.桑德堡

在芝加哥我們將用按鈕戀愛，乘
機器鳥踏青
自廣告牌上採雛菊，在鐵路橋下
鋪設淒涼的文化

從七號街往南
我知道有一則方程式藏在你髮間
出租汽車捕獲上帝的星光
張開雙臂呼吸數學的芬芳

當秋天所有的美麗被電解
煤油與你的放蕩緊緊膠著
我的心遂還原為
鼓風爐中的一支哀歌

有時候在黃昏
膽小的天使撲翅逡巡

但他們的嫩手終為電纜折斷
在煙囪與煙囪之間

猶在中國的芙蓉花外
獨個兒吹著口哨，打著領帶
一邊想在我的老家鄉
該有隻狐立在草坡上

於是那夜你便是我的
恰如一隻昏眩於煤屑中的蝴蝶
是的，在芝加哥
唯蝴蝶不是鋼鐵

而當汽笛響著狼狽的腔兒
在公園的人造松下
是誰的絲絨披肩
拯救了這粗糙的，不識字的城市……

在芝加哥我們將用按鈕寫詩，乘機器鳥看雲
自廣告牌上刈燕麥，但要想鋪設可笑的文化
那得到淒涼的鐵路橋下

1960 / 08.26

上校

那純粹是另一種玫瑰
自火焰中誕生
在蕎麥田裡他們遇見最大的會戰
而他的一條腿訣別於一九四三年

他曾聽到過歷史和笑

什麼是不朽呢
咳嗽藥刮臉刀上月房租如此等等
而在妻的縫紉機的零星戰鬥下
他覺得唯一能俘虜他的
便是太陽

1954，著軍裝配槍的瘂弦，攝於小坪頂營區。

1964／04

如歌的行板

溫柔之必要
肯定之必要
一點點酒和木樨花之必要
正正經經看一名女子走過之必要
君非海明威此一起碼認識之必要
歐戰，雨，加農炮，天氣與紅十字會之必要

散步之必要
溜狗之必要
薄荷茶之必要
每晚七點鐘自證券交易所彼端

草一般飄起來的謠言之必要。旋轉玻璃門
之必要。盤尼西林之必要。暗殺之必要。晚報之必要。
穿法蘭絨長褲之必要。馬票之必要
姑母繼承遺產之必要
陽臺、海、微笑之必要
懶洋洋之必要

而既被目為一條河總得繼續流下去的
世界老這樣總這樣；──
觀音在遠遠的山上
罌粟在罌粟的田裡

一般之歌

◎ 文摘輯 ◎

鐵蒺藜那廂是國民小學，再遠一些是鋸木廠
隔壁是蘇阿姨的園子；種著萵苣，玉蜀黍
三棵楓樹左邊還有一些別的
再下去是郵政局、網球場，而一直向西則是車站
至於雲現在是飄在曬著的衣物之上
至於悲哀或正躲在靠近鐵道的什麼地方
總是這個樣子的
五月已至
而安安靜靜接受這些不許吵鬧

五時三刻一列貨車駛過
河在橋墩下打了個美麗的結又去遠了
當草與草從此地出發去占領遠處的那座墳場
死人們從不東張西望
而主要的是
那邊露臺上
一個男孩在吃著桃子
五月已至
不管永恆在誰家樑上做巢
安安靜靜接受這些不許吵鬧

1991，瘂弦返河南南陽老家。

13

1994/12 《文訊》110期

我們真正的語言現實

對於一個作家，多一種語言就多一種表達工具。語言是平等的，沒有高下之分的，文化環境常常決定自語言環境，多元的族群帶來多元的語言，每一種語言都得給予應有的尊重。不過語言也是相互影響相互滲透的結果，它產生自一個漫長的演化工程，其實所謂的國語，也是以當年北京區域的語言為主，揉合北方各省方言，經過長期演化才形成的，而今天的「臺灣國語」（我們珍愛這個名詞）早已是島上各族群方言演化的結果，與大陸官方推行的普通話同中有異，國、臺語長久共融的歷史不可忽視，當二者的分界逐漸模糊，語言與語言間的依存關係變黏連一起不可分割。這才是我們真正的語言現實，而兩者都是來自母親的語言，來自無數代的母親語言的總集成。肉身的母親，精神、靈魂的母親──民族的大母親都是母親。

瘂弦的母親蕭芳生女士留在世上唯一的一張遺照。（約1960）

（錄自詩人瘂弦寫在《八十一年詩選》
卷前的專文〈年輪的形成〉）

2004 / 08 《文訊》226期

傻大個兒

在民國37年11月4日，我離開河南南陽，走過一片麥田後便再也沒有回去過，接著渡海來到臺灣，當時的我還沒有一支步槍高，而童年的尾巴，在臺灣繼續過完。

當時部隊一路紮營過鳳山、左營、臺南……這些地方對我而言，都有著故鄉的感情，我那時像是個傻大個兒，職等是上等兵，12塊新臺幣一個月，生活清苦，因為沒有營養而得到夜盲症，有時便吃吃臺糖的酵母片來補充養分。

軍校畢業後，遇到了張默、洛夫，大家因為對詩的喜愛，志同道合下共同創辦了《創世紀》詩刊，迄今五十年仍屹立不搖。

1961年，軍旅中的瘂弦，攝於北投。

1989 / 05 《文訊》43期

燕爾小記

到今年4月24日,就是我結婚24周年,當年豔光照人的新娘,已被歲月煎熬成了「婆」,男主角的我,也滿頭霜雪,堂堂進入「慈祥期」了。雖然我已是坐五望六之年,但家裡頭還有八歲的小孩,帶孩子出門,總引起一些誤會,有一天送小豆(我家老二的小名)上學,她把我拉到教室外無人角落,正色道:「要你不要來,你偏來,人家還以為你是我爺爺呢!」

為啥結婚那麼遲呢?最主要的原因是窮,結不起。現今在臺灣,恐怕很少聽到人說結不起婚的,但是在那個年頭,結不起婚的大有人在。我和我家那口子,在情人路上徘徊踟躕長達四年,一直找不到一處安身的屋頂,但兩個人就是這麼看月亮、數星星、壓馬路、吃陽春麵下去也不是辦法;沒想到在一次偶然的機會裡,我得了個青年文藝獎,獎金新臺幣一萬元,這筆錢就像一場及時雨,終於使這「北地忍不住的春天」(愁予詩句)開了花。要是沒有這筆開辦費,硬是拿不出勇氣下帖子請客。

當時是現代文學流行的時代,什麼東西都講求創新,包括結婚喜帖。有位寫詩的朋友在喜帖上寫:「張開雙臂歡迎各位,來吃我倆的喜酒」,新郎新娘的名字下面寫著「微笑、鞠躬」;還有人把請帖排成書的樣子,取個漂亮的書名,意思說新郎新娘要「合著人生」。只是我家的新娘不喜歡這一套現代調調,她說:「我沒坐成轎子已經很遺憾了。」於是一切遵古炮製,雖然沒有鳳冠霞披,但是龍鳳呈祥的禮堂,掛滿了喜幛鮮花,鞭炮響了足足三、四分鐘,也頗帶幾分中國傳統的喜慶氣氛。當證婚人高信先生(時任僑務委員會委員長)朗誦「嘉禮初成,良緣遂締,詩詠關雎,雅歌麟趾,瑞葉五世其昌,祥開二南之化,同心同德,宜室宜家,相敬如賓,永偕魚水之歡,互助精誠,共盟鴛鴦之譜。」這幾句老詞兒,我一句也聽不進去,只擔心病弱的新娘能不能站那麼久,希望司儀(愁予擔任)趕快進行下面的「項目」。

婚禮是在當時算得上是豪華的僑光堂舉行,席開四十桌,至親好友和文藝界的朋友幾乎都到齊了。我因為父母不在臺灣,請詩壇前輩鍾鼎文先生作男方主婚人,《幼獅文藝》主編朱橋兄作我的伴郎,伴娘由現旅居巴黎畫家陳英德的夫人張彌彌擔任,這個陣容可以稱得上最佳拍檔。

不過當時的朱橋健康狀況已不太好，但他為朋友只好勉力出場，無精打采的站在伴郎席上，事後沖出來的照片，每一張都閉著眼睛，真是氣壞了新娘子。另外一件令人難忘的事，是我走上婚禮臺上的那雙價值三百元的皮鞋，是沙牧省吃儉用買給我的，如今朱橋和沙牧均已作古，思之愴然。

洞房設於羅斯福路虞君質老師家，當時虞老師到香港大學擔任藝術系主任，把房子借與我住，一對新婚小夫妻就把這棟日式平房充作他們的伊甸。酒席過後，一批寫詩的朋友，由葉泥、羊令野帶頭起哄鬧洞房，洛夫、張默、愁予、商禽、辛鬱、楚戈、沙牧都擁了來，把小屋擠得滿滿。此時，賀籃盈庭，紅燭高燒，使我這阿兵哥窮小子，大有「咱王某人也有今天」的狂喜。鬧房本是農業社會的風俗，意思是為素未見面的新人作暖身運動，這種舉動在今天已不時興也無必要，可是在我那時代還有流風遺韻。所謂「三天無大小」，人人可以和新人開玩笑，我那一票寫詩的哥們又唱又鬧、又作對聯（寫打油詩，羊令野是高手），一直鬧到十二點多才把他們弄走。

瘂弦和張橋橋在1965年結婚。

也不管燭光下含羞低頭的新娘，客人走後我在平生第一次躺上的席夢思（河南佬亦叫鋼絲床）上頭打滾、翻觔斗，一邊大叫：「我結婚了，我結婚了！」說著說著就睡著了──這天的三大瓶清酒起了作用。

醒來已是第二天早晨，睜開眼，看到陽光照射在牆上周夢蝶送我的那幅字，清秀的瘦金體：

「修到人間才子婦，不辭清瘦似梅花」（註）

註：這幅可能是周夢蝶第一幅送人的字，我至今仍珍藏著。說在下是「才子」愧不敢當。不過那朵「梅花」現在還是「清瘦」的哩。

17

溫 柔 之 必 要 　 肯 定 之 必 要

瘂弦追思紀念會暨文學展特刊

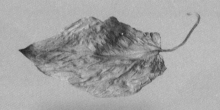

|評論與懷念輯|

◎張默，本名張德中，《創世紀》詩刊總編輯與創辦人之一，著有詩集《張默·世紀詩選》、《獨釣空濛》、《張默小詩帖》、《水墨無為畫本》等 18 種；編有《新詩三百首》、《小詩·床頭書》、《臺灣現代詩手抄本》等多種。

如歌的行板
悼老友瘂弦

◆張默

1959年春，瘂弦（右三）與文友接待南下到訪的紀弦（左三），合影於高雄大業書店。左起：張默、方艮、紀弦、瘂弦、施明正、吹黑明。（創世紀詩雜誌社提供）

咱們三個相識於五〇年代，共同創辦一個小詩刊《創世紀》。當年因為薪資微薄，是故前幾期只有薄薄的四十幾頁，每期刊登來稿約六十篇。

到了《創世紀》第十一期問世，由於編輯陣容擴大，且刊登高水準的現代詩，因此凡寫詩者不論是哪個詩刊、詩派都樂意投稿。當時編輯委員包括瘂弦、洛夫等，我們只管作品要有新意。

瘂弦在左營期間，咱們有一個詩人小聚，每次大家各提出一首新作，共同討論其得失。如今老友已遠行，咱們只有期待下一個世紀吧！

2024年10月18日　內湖無塵居

（原刊載於《文訊》470期，2024年12月）

2014年9月於內湖，左起：洛夫、瘂弦、張默。（張默提供）

◎陳義芝，詩人、作家。1953年生於花蓮，成長於彰化。臺灣師範大學國文學系畢業，香港新亞研究所碩士、高雄師範大學國文所博士。主編《聯合報》副刊十年，其後於臺灣師範大學任教，現任臺灣師範大學兼任教授、逢甲大學特約講座。曾獲中山文藝獎、臺北文化獎等十餘項。著有詩集《青衫》、《不能遺忘的遠方》、《不安的居住》、《我年輕的戀人》、《邊界》、《掩映》、《遺民手記》等十冊，另有散文集《為了下一次的重逢》、《歌聲越過山丘》，及評論專書多種。詩集有英、日、韓譯本。

文學的傳奇
詩人瘂弦

◆陳義芝

一、怎能說他詩不多

1970年晨鐘版《深淵》詩集，是我最初接觸的瘂弦（1932～2024）讀本，書頁空白處且留下不少零星的註記，或用鉛筆或用原子筆，間雜畫線、畫圈的標示，證明讀過多遍。一本書能引你多次閱讀，自然是極其偏愛的書。

到了一九八〇年代，我又買了洪範版的《瘂弦詩集》。為《國語日報‧古今文選》注釋賞析，及撰寫數篇研究論文，用的都是這個版本。2011年余光中在《聯合副刊》發表〈天鵝上岸，選手改行──淺析瘂弦的詩藝〉，說瘂弦詩可稱傑作的，至少應包括下列十首：〈紅玉米〉、〈土地祠〉、〈印度〉、〈船中之鼠〉、〈馬戲的小丑〉、〈深淵〉、〈坤伶〉、〈上校〉、〈給橋〉、〈如歌的行板〉，識者無疑贊同。但「至少」一詞，

留有空間，說明實不止此數。如果增列，我想還可舉示：〈鹽〉、〈巴黎〉、〈下午〉、〈復活節〉、〈一般之歌〉、〈赫魯雪夫〉、〈水手‧羅曼斯〉、〈戰時〉、〈乞丐〉、〈遠洋感覺〉等十首。有這麼多傑作，當然可以說是一種風格的創造者。

新世紀，我讀《瘂弦詩集》，仍沉浸於他那特殊音色、特殊聲腔、特殊語法──令人驚奇的心思趣味，詭譎又樸實，家常又戲劇──難以定義其告解或控訴的詩，感受豐繁，確信那不只是讀者單純的偏愛，是因唯讀好詩的欣喜。

論者常說瘂弦詩作不多。多或不多，究竟如何判定？說他不多，因為只存一本《瘂弦詩集》（1981）。這本詩集連同序詩，共八十八首；它的前身是收錄七十首詩的晨鐘版《深淵》（1970）；再往前是收六十一首詩的眾人版《深淵》（1968）；最早則是在

一九八〇年代初，陳義芝（左）與瘂弦、張橋橋夫婦合影。（陳義芝提供）

天才型，也絕對要讚嘆他那嚴謹的自我審視、自我篩選的能力！1958年他榮獲藍星詩獎，同輩的余光中評論道：「瘂弦的抒情詩幾乎都是戲劇性的」，「瘂弦的另一特點便是善用重疊的句法」，「瘂弦的第三個特色是他的異域精神」。老師輩的覃子豪也讚賞他的詩是「古老中國和現代西洋混合的產品」，「他的歌謠風格，是攫著了歌謠的神韻」。

異國情調的塑造與對新奇陌生事物的渴望，是當年許多不甘於保守固舊的詩人的共同方向，造化不同，結果各異，瘂弦接收了西方技法的衝擊，成功轉化出屬於他的現代詩風。

二、稱他詩學領袖，也恰當

香港國際圖書公司出版，收三十二首詩的《苦苓林的一夜》（1959）。當代詩人發表詩作數量超過瘂弦的何止一二百人，但論詩質，瘂弦又遠超當代，能與比肩者二三人而已。瘂弦精於把關，不產平庸之作，1953年起步，不到五年就已塑造出「瘂弦風」。即使不說是

1966年以後，瘂弦最重要的筆耕，在理論研究與批評實作。他談新詩殿堂的建造、對現代詩的省思、臺灣詩的薪傳……，既宏觀詩史，又逐一掃描詩人，縱橫燭照，筆力壯闊，完成《中國新詩研究》、《聚繖花序》（Ⅰ、Ⅱ、Ⅲ）三冊及《記哈客詩想》，共計五十萬言。稱他為當代詩學領袖

人物，也很恰當。

1981年出版的《中國新詩研究》最大的貢獻是：在兩岸對峙、新文學發展斷裂、史料極度缺乏的年代，瘂弦率先引介廢名（1901～1967）、朱湘（1904～1933）、王獨清（1898～1940）、孫大雨（1905～1997）、辛笛（1912～2004）、綠原（1922～2009）、李金髮（1900～1976）、劉半農（1891～1934）、戴望舒（1905～1950）、劉大白（1880～1932）、康白情（1895～1959）等十一位詩人，成為臺灣詩壇讀物，銜接了新詩的「小傳統」。談劉半農一文，引出「方言文學」創作的觀點，強調「我們母親說過的言語」能產生最動人的文學。此文發表於1973年，在這同時，臺灣的方言詩（臺語詩）接續日據時期賴和、楊華的火苗，由林宗源、向陽重新嘗試。以當時的時代氛圍，瘂弦這一認知算得上寬廣、前衛。

論劉大白，著意於傳統、傳承。論康白情，必須具備歷史感。論朱湘，推崇詩體試驗。論王獨清，稱道異國情調美。論廢名，肯定其幽玄現代，預言聲價將愈來愈高。論綠原，分析文學影響、創作師承。論戴望舒，評說中西語言的融合。論李金髮，關注詩素與表現開拓。論孫大雨，提出長篇巨製的期許。既彌縫了新文學的斷裂，也分別深入不同的課題發明。

上述篇章最早的三篇寫於1966年，在臺灣，那是雷震入獄、《文星》雜誌被迫停刊、思想箝制嚴厲的時代。這些史料的取得，固然得力於機緣，也必賴史識、眼光和接續文學史的使命感。

遲至2004年才陸續結集的《聚繖花序》，雖是各自成篇的書序，彙總來看，分明呈現瘂弦的當代文學史意識，讀者可自行查考。我在〈詩人批評家〉一文曾談過這本論

瘂弦《瘂弦自選集》，1977年10月由黎明文化出版。

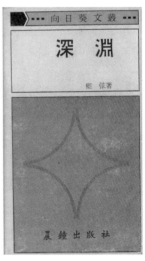

瘂弦《深淵》，於1970年10月由晨鐘出版社出版。

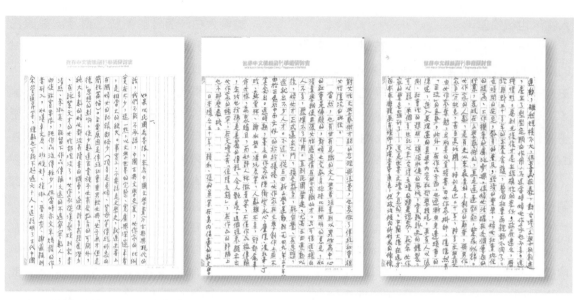

2005年，瘂弦為《張秀亞全集》撰寫總論〈張秀亞，臺灣婦女寫作的燃燈人——從早期學思生活的發軔到「美文」創作版圖的完成〉之手稿。（文訊‧文藝資料研究及服務中心提供）

著揭示的詩美學，有關實質與形式深具意義者，約可分四點：

一、「詩的抒情本質，從來就沒有改變過」。瘂弦說，有抒小我、大我、無我之情，無論哪一層界，必須通過一個情字。「情」是詩的本質，離此則不成其為詩。

二、新詩的語言，要由內在藝術需求激引，不要變成末流的文字遊戲，不要以拗句偽裝深刻、以模稜語意故示神祕。為了激發語言的生命力，增強中文的表達功能，他主張重鑄古典詩詞語彙，吸納外國語法，並從民間歌謠、俗文學中吸取養分。任何字詞都可入詩，但看詩人有沒有「文字的感覺」。

三、好的新詩，不覺其格律，實則其格律已融入詩人的情感。「新詩句子的長短是不確定的，句裡的節奏乃是根據內容意義與文法邏輯區分的，所謂『新的聲調既在骨子裡』，也就是一種內在的音樂性的講求。」

四、有關社會性的省思，瘂弦認為「不管你寫什麼，點的或面的，局部的或全體的，個人的或民族的，只要寫得好，都有社會意義」。這一見解，消融了倫理觀與美學觀的對立，將社會意識納入抒情本質中，是純粹而博大的批評。

三、是怎樣的眼光與胸懷

在國人尚未將眼光及於海外的年代，瘂弦選編《當代中國新文學大系‧詩》，獨能兼顧海外華僑、華裔詩人作品，收錄的範圍包括新加坡、馬來西亞、菲律賓、越南、香港及英

國、美國，為「華人文壇」插旗，預示了「世界華文文學一盤棋」的新時代思維。

查相關資料，他的這一思維行動，溯自一九六〇年代後期，於美國愛荷華大學「國際寫作計畫」研習那兩年，勤跑圖書館，勤作筆記；返國後出任當年頗負盛譽的文學期刊《幼獅文藝》主編，多方聯繫海外學人，邀稿、闢專欄，眼界更為開闊。一九八〇年代後期他主持「聯合報文學獎」，附設「中國大陸短篇小說獎」，獎勵海峽對岸長期不相往來的作家，也源於這一跨界思維。關注全球華文創作態勢，遙想瘂弦當年，不能不佩服他的眼光與胸懷。

說到他在媒體傳播方面的貢獻──提攜年輕有潛力或因故停筆的創作者，關懷變遷中的社會現實，解構舊思維，塑造新情境，最具有獨特里程碑意義的要屬：邀請光復前臺灣作家再出發的《寶刀集》，及溝通融合不同階層價值觀的「第三類接觸」專題設計。我寫過一篇論文〈副刊轉型之思考〉，專論瘂弦與高信疆在副刊黃金年代的爭衡競逐，收在文建會出版的《世界中文報紙副刊學綜論》中，此處不多贅述。

余光中說，瘂弦對臺灣文藝的貢獻是多方面的，最大的貢獻「仍應推現代詩之創作」。是的，編輯志業雖可敬，作品更是詩人紙上風雲的憑藉，談瘂弦傳奇，終究要聚焦在他以其詩篇「對民族母語的貢獻永不磨滅」這一點上。余、瘂二人皆已故去，但他們寫下了一個時代。

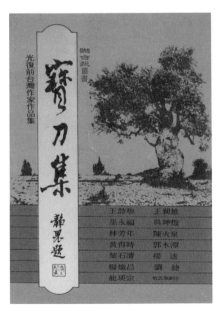

聯合報編輯部編《寶刀集：光復前臺灣作家作品集》，1981年10月由聯合報出版。

瘂弦、陳義芝主編《世界中文報紙副刊學綜論》，1897年11月由行政院文化建設委員會出版。

◎白靈，本名莊祖煌。已自國立臺北科技大學化工系教職退休，仍兼任東吳大學中文系副教授。作品曾獲國家文藝獎、新詩金典獎等。著有詩集《女人與玻璃的幾種關係》、《昨日之肉》等十八種，散文集四種，詩論集十種。

最後的背影
送瘂弦師

◆白靈

1963年，瘂弦和橋橋熱戀中。

「你若到山裡去採雲，請不要走得太深，採得太多，因為會驚醒那朵雲根下銀髯白髮的老公婆」，下方署名張橋橋。這段話刻在一塊石頭上，一塊立在山坡草地邊緣、鏡可映出人影的黑色大理石上。

去年暑假再度來到大溫哥華本拿比市名叫科士蘭這個坡頂，距上次來轉眼竟已三年半了。黑色大理石約一張報紙的寬高，另一面才是正面，用中英文刻著兩人名字，白底字上瘂弦刻的是生年，橋橋的是生卒年。下方用中英文刻著《聖經》傳道書7：1的兩句經文：「美名優於美好的膏油，死亡的日子勝過誕生的日子」。這塊大理石之後是斜坡，一路滑向遠處一座城去。

擁有近五十甲地的這座科士蘭墓園自1936年開放迄今，聽說已種植了超過一百萬株植物，有壯麗山景的花園景觀可說相當舒適寧靜。那天陽光甚好，俯瞰遠方，最遠靠天邊是一整橫起伏的雪山，其前即是林立的高樓，因距離夠遠，看起來像是貼在北國天空下的風景明信片，也因視野夠寬，又像是展開來貼在遠處的現代建築卷軸。一切安安靜靜，除了我們幾個偶而交談的聲音，此外就是風聲。據說站在這好大一片山坡的最高處，就可以看見海，那片可讓人展開眼力向西盡情遙望的太平洋。而能夠輕鬆橫渡此大洋的除了魚、鳥、船，就只有飛機、飄浮的雲、剩下的唯有進入夢境了。

前引刻在大理石上那三十七個字，是我這輩人稱為王師母的橋橋於1966年1月、二十六歲時發表於《幼獅文藝》第145期，乃一篇七百字小品文〈花非花〉最後結尾的幾句。那篇小品寫的好極了，跟大她八歲的瘂弦同時刊登的小品〈「被害」者〉一樣深情動人。那時離他們1965年4月結婚不到一年，瘂弦〈給橋〉一詩發表於6月的《創世紀》詩刊第22期。《幼獅文藝》在那期以「七對佳偶」為總題，同時登了七對文壇夫妻檔的文章，還刊了每對的合照。

瘂弦與橋橋的合照是在臺灣某個溪畔草地拍的，溪谷在他們後方，草地上橫站著一頭壯碩的水牛，穿長褲著外套、露皓齒而笑的橋橋就高高坐在水牛背上，瘂弦有如她的牧童，站在牛肩後，雙手搭上牛頸，只露出一張臉和肩膀，也笑瞇了眼。整張照片如一張幽居山中歲月的畫片，這畫面也如同橋橋所期望的一部分：「我愛月亮，山居，和空想。他說要為我造一間小茅屋在山坡上，屋外種棵大榕樹，樹下放把椅子，讓我整天蜷在上面思想和流淚。」這是一位年輕女性對兩人能寧靜生活乃至幸福的想望。

婚後，瘂弦的確努力替橋橋做了許多事，卻被她笑說：「洗青菜──洗好是揉成一團的；洗衣服──一件一小時；掃地──掃一半又去看書了」。因此在〈花非花〉的後面橋橋明白了：「幸福的生活，或者並不在完成你的夢境，而是當你發覺並非你的夢時，及時起來適應它，你就得到你要的一切了」，多麼聰慧的雋語。而同時，瘂弦的小品之所以自稱為〈「被害」者〉，說的則是：

莫非是應了巴爾扎克那句話：「幸福殺害一切詩人？」我就是一個「被害者」。問題的關鍵在於：沒有任何的辭章能與生活甚至生命的本身相抗衡；有時候，「過」一首詩比「寫」一首詩更美麗！

1963年熱戀中的瘂弦和橋橋，沒錢去臺北市玩，於是相約到永和秀朗橋下陪水牛玩。

「過」比「寫」之所以更美，因為冬晚刮北風，兩人可「擁被而坐，嗑著瓜子，扯著閒天」即有「自足的美」，說的很像他們晚年在溫哥華相處歲月的畫面。

記得第一次他大女兒小米帶我和Iris、Ray夫婦到這坡頂上，來向王師母橋橋獻花時是2020年1月底。溫哥華經常飄著細如微羽的毛毛雨，有時又突然露了陽光。沒有想像中的冷，這樣的天氣容易起霧，霧夠濃會飄動，這前方斜坡下與遠城間也夠深廣，應該會堆積成雲吧？而相隔數年，若太平洋海上再飄來些如雲鄉愁覆蓋了城、連接到遠方山巒，瘂弦與橋橋就真的成了採雲人了。而今年此刻的兩人已合躺在這兒，百分百就是一對不讓人驚擾的「那朵雲根下銀髯白髮的老公婆」了。

橋橋〈花非花〉結尾處，連接前引那三十七字的前面還寫了幾句：

我沒有住成山坡上的小屋，但我知道它仍在，有一年的有一天，我們會在雲湧得最多的那個山坳裡找到它。

「山坡上的小屋」已在他們溫市三角洲森林邊緣的寧靜社區實現了。「雲湧得最多的那個山坳」，若站立此處坡頂往下往遠望，也彷彿若是。瘂弦則在〈「被害」者〉文中建議往「山頂」去，他在末段說：

1984年瘂弦與橋橋，攝於高雄英國領事館舊址。

冬天一過，屋後的山茱萸將這裡那裡盛開著，雀子們叫得人發愁，帶著我的短管獵槍和她藏了一季的胡桃餅，我們將跑到山頂去。在那裡，我們將寫一些……一些詩。——那或許是永遠不會發表的。

而這裡——他們如今已安息的「坡頂」就

介在山坳與山頂間，同時可看見兩者，很像他們商量後「妥協」的結果。如此橋橋要蓋「小茅屋在山坡上」、「到山裡去採雲」、和成為「雲根下銀髯白髮的老公婆」等等願望，也就都實現了。

今年臺灣時間10月11日上午，小米在小群組中突然說瘂弦已進入臨終關懷，請我與Iris為之代禱「回天家的路有天使」和她媽媽橋橋來迎接。很幸運的，才一日臺灣時間12日上午即知他「已回到天上去了」。我寫了幾句祈福安慰的話，沒多久小米回說：「爸爸好體貼，他走的時候那個樣子安慰了我們」。看得我心裡一揪，一陣悵然，是呀，瘂弦曾說詩只是「生命的影子」，因為「沒有任何的辭章能與生活甚至生命的本身相抗衡」，他的「好體貼」——不論是文字的、語言的、行為的——正是他「『過』一首詩」的生活方式。他一生的「體貼」何止是家人、朋友、前輩或後輩？他在編輯生涯上的創意、提拔過的作家早已四處開花，他寫給文友後生的信恐超過上萬封，他更早已用他帶著「音樂」嗓音的河南腔、幾乎是「上帝借來的句子」（陳芳明）——甜美地以他的詩，也「安慰了」那個苦澀乃至已荒謬迄今、看樣子還要繼續荒謬下去的年代！

忘了在哪個場合，瘂公告訴過我，他有好些日子做了夢，夢回老家，卻有些怪異，明明看到老厝就在前方，卻試了好多條路徑，一試再試，那最後一段無論如何就是走不過去，醒來自然悵然無比。然則何止他一人如此而已，整個時代輪子滾動到今日，荒謬的依舊處於荒謬中，離別故土超過一甲子的人不得不葬骨於他鄉，乃至與兩岸保持等距，其心思之愁之無奈與無力，實非我輩所能想像。近日於紀州庵遇洪範書店負責人葉步榮，說小米近期有老家南陽之行，想必攜瘂公餘願，完成其夢中那最後一哩路吧？

10月底小米與小豆姊妹在加國為瘂弦舉辦了小型告別式後，小豆才在小群組中傳了9月15日她拍的一段影片。影片中瘂弦背對著鏡頭、穿著紅夾克坐在輪椅上，只露出後方白頭短髮和肩臂，正面向書桌一個電腦螢幕看著。他在看小豆為他放的影片，影片中竟清楚地出現我正在朗誦他的〈乞丐〉一詩，已誦到末七行。那是2016年趨勢基金會「向大師致敬——瘂弦『紅玉米之歌』詩歌展演」的一個節目，小豆且一面問道：「這是誰在朗誦你的詩呀，爸？」瘂弦很清晰地回道：「白靈！」朗誦完掌聲響起中，瘂弦似乎說：「有意思！」接著用他帶著音樂、捲舌好聽極了的河南腔說：「……很當一回事呀！」小豆漫應道：「是呀！」

最後不到一個月，他回應小豆的那幾句話依然是頭腦清楚、講話周到的，連「有意思」、「很當一回事」等詞都是讚美別人的！這個「最後的背影」正呼應了趨勢為他辦的詩歌展演打出的廣告文案：「沒讀過瘂弦的詩，不能稱為文青。沒親炙過瘂弦的人，也很難領會什麼是〈如歌的行板〉」！

（原刊載於《聯合報》副刊，2024年12月8日）

29

◎須文蔚，詩人，政治大學新聞系博士，現任國立臺灣師範大學文學院院長。

點一把火炬
帶回了火種

◆須文蔚

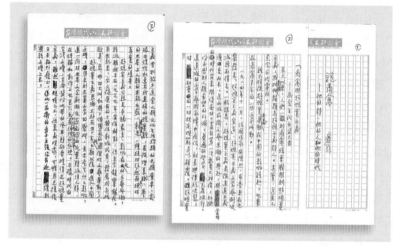

1999年，瘂弦〈說商禽——他的詩、他的人和他的時代〉手稿。（文訊·文藝資料研究及服務中心提供）

年少詩人的第一束光

夜雨中，我開著搖晃的喜美小車，在中央山脈和海岸山脈的夾擊下，省道顯得逼仄，那是 2002 年的秋天，瘂弦在東華大學擔任駐校作家，臨時有事北上，我自告奮勇載詩人趕赴花蓮火車站。

從 1992 年加入《創世紀》詩雜誌社以後，有機會親炙瘂公的幽默與博學，就像劇場有前臺與後臺，粉墨登場時總有些節制與矜持，下了舞臺後，無論是在茶館或是酒宴上，瘂公總是能幽默說他「盜火」的故事。

詩人是時代的先知先覺，在臺灣的禁忌年代，他像普羅米修斯一樣，前往天庭找到太陽，點了一把火炬，帶回了火種，為人類在黑暗的世界開啟了光明。瘂弦就詼諧地說，國民黨不是精明的政黨，文學審檢人員多半糊塗，讓創世紀的詩人們可以偷關漏稅地進行超現實主義實驗，引進上海現代派的文論與純詩的理論，也介紹當時歐美與拉丁美洲的前衛詩風。

他告訴我，早年《創世紀》上看到的馮蝶衣譯詩，是他整理戴望舒的翻譯作品，用了一個化名來發表。因為他閱讀經驗中，在《現代》和《新月》月刊的時代就有大批超現實主義的作品，像聶魯達、阿拉貢、希伯維爾的詩，戴望舒很早就翻譯了，雖然戒嚴時期要刊登大陸作家作品，相當危險，但他還是打了一個「擦邊球」。

其實一直有件心事沒能當面對他說，就趁車行中，我囁囁嚅嚅地說，讀法律系時，經常懷疑自己能不能走上文學的道路，1989 年參加雙溪文學獎，正巧是瘂弦、蓉子和蔣勳老師當評審，決審第一輪投票，三位老師的前三名是同樣的三篇，但是名次完全不同，因此積分就完全一致，難分軒輊。

「瘂公，是您堅持給我的詩作首獎，鼓舞我能繼續寫作。」

「原來你是法律系的同學，真難得。」

「老師當時從手稿的字跡猜測，首獎得主大概是中文或歷史系的女孩兒。」

我們相顧一笑，夜雨停歇，火車站轉眼就在眼前，他下車前握了握我的手，彷彿把他一直高舉的火炬，分了一些光與熱給我，在縱谷中轉為野火繼續延燒在學子眼中。

留在左營的腳印

2008 年，罹患帕金森氏症的商禽身體已經很衰弱了，精神不濟，不太出門。正巧瘂弦從加拿大返臺，我銜命去新店山上接送「歪公」（商禽的外號）。

在北京樓的酒宴上，商禽無法多言語。酒過三巡，他拿起一杯高粱，遙遙向著圓桌對面瘂弦，一飲而盡，歪公嗆著，激烈咳嗽，喘不過氣，幾乎休克。

世人提及一九六〇年代文藝，總是環繞在創世紀三位創辦人：洛夫、張默與瘂弦身上。事實上，創世紀的超現實主義詩風的引進，也和商禽與瘂弦的互動、討論有密切的關係。

瘂弦就曾回憶《創世紀》創辦的初期，張默忙著談戀愛，洛夫忙著讀英文，只有他和商禽每天閒蕩。商禽是左營駐守的憲兵，瘂弦是左營軍中廣播電臺的外勤記者。兩人每晚相聚飲酒聊天，討論超現實主義，拿出彼此珍藏的一九三〇年代詩人作品手抄本，詮釋、討論，不知道夜已深。兩人回營時，簡直像梁祝的十八相送，來回在兩個軍營間，直到夜半，備感疲累了，才各自回營。有一晚兩人相送時，商禽突然說：「人死了以後，他的鬼魂會回到人間來收回他的腳印。」

瘂弦沒答腔，心想：「如果將來真有收

2014 年 11 月，瘂弦於臺北紫藤廬留影。（李昌元攝影）

腳印的那一天，恐怕左營留下的腳印最多。」於是走著走著，重重在夜晚中踩踏下腳步。

瘂弦和商禽對文學的熱愛，對友誼的珍重，都是鄭重的。瘂弦在 1958 年寫給商禽的〈給超現實主義者〉，提到：「你是一個有著可怖的哭聲的孩子／把愛情放在額上也不知道的／獨眼的孩子」，記得看著病弱與幾乎嗆昏的商禽，想著他們曾見證著殘酷的國共內戰，臺灣冷肅的白色恐怖，以青年頑強的意志書寫著，不免想起撿腳印的承諾，我偷偷飲下一杯高粱，火一樣的酒液燒灼著我的身體，眼淚默默地就滴下了。

《創世紀》三巨頭，左起：瘂弦、洛夫、張默。（張默提供）

瘂弦口述、辛上邪記錄《瘂弦回憶錄》，於2022年3月由洪範出版。

創意引領副刊風雲

　　流淚與傷感來源於我加入創世紀的一九九〇年代，辛鬱、商禽、洛夫和瘂弦都正值壯年，怎麼轉眼就老去了？

　　瘂弦在 1977 年起擔任《聯合報》副刊主編，長達二十餘年，期間提攜了許多新銳作家，成為臺灣文學的中流砥柱，更提倡極短篇、報導文學與新聞文學等新文體。記得在 1995 年冬天的一場詩社聚會中，他跑來交代我一個工作，就是聯副希望建構副刊學，預計辦理一個大型的國際研討會，希望我能寫一篇論文，探討網路對文學副刊的衝擊。

　　我心想，當時《中時電子報》剛剛上網，沒有一個副刊上線與讀者互動，要如何探討網路與副刊的關係？但是望著他堅定又殷切的眼神，初生之犢不畏虎，我竟然答應了。

　　有感於一個老牌副刊主編殷殷期望，我便努力蒐羅世界文學上網的新趨勢，著重在網路傳播發展的趨勢，在1996年發表了論文〈邁向網路時代的文學副刊〉，討論文學副刊面對網路發展的因應之道，也開啟我後來一系列研究數位文學的開端。

　　現在回想起來，聯合新聞網要到三年後，1999 年 9 月 14 日才上線，但是瘂弦能提前看見了時代的變化，力主在副刊學研討會中，應當要設立這樣一個前瞻的議題，不得不欽佩他的眼光。顯然他注意到當年所盜來的火，在全球的網路上正以神奇的飛速，飛往無數喜愛華語現代詩的讀者螢幕上。

記哈客詩想

　　瘂弦在離開《聯合副刊》後，2002 年曾接受楊牧之約，翩然來到花東縱谷擔任駐校作家，偏鄉夜晚沒有什麼娛樂，經常就在教授宿舍中，我和許又方置辦幾個小菜熱湯，邀約楊牧、鄭清茂、謝明勳等師友談天。好幾次聽到瘂弦主張：好作家總是左翼的。

　　他期許學生，孤絕的作家常常是精緻的

創造者，而這種精緻又每每與大眾絕緣。而他自身對五四精神、左翼、愛情，一直都無比嚮往，因此偷偷地成為軍隊裡的小小左派。但他強調，傑出的作家都應當有廣義的左派精神，能夠站在土地、人民的立場思考問題與書寫，相形之下，如果是政治上狹義的左派，就不免陷入黨團與意識形態的框架，流於口號與爭鬥。

在縱谷餐桌的文學課上，我也因此讀懂了〈苦苓林的一夜〉中，青年與路邊偶遇的阻街女郎一夜纏綿。詩中令人戰慄的性與死背後，原來蘊含著對於弱小者巨大的悲憫，也書寫出那個時代青年的絕望。

聽著楊牧和瘂弦說起在左營與德惠街的往事，說起在言論管制年代不得不下筆精簡，也讓我更能讀懂〈鹽〉，原來像是歌謠一樣的反覆：「二嬤嬤壓根兒也沒見過退斯妥也夫斯基。春天她只叫著一句話：鹽呀，鹽呀，給我一把鹽呀！」原來是為戰火連綿大地上的難民書寫，節制的抒情中，以敘事道出無窮的苦難，瘂弦的用心不正如王嗣奭評杜甫〈無家別〉說：「目擊成詩，遂下千年之淚。」是那麼深沉的悲痛？

宴席散了，遠處瘂弦宿舍的燈火亮起，猜想是他正在書寫《記哈客詩想》，在木瓜山下的闃暗中，繼續為現代詩傳下薪火。

紅玉米之歌

瘂公很念舊，2010年重返東華，為學生講現代詩與華文文學。演講結束後，大家起鬨，央求他朗讀詩，他很客氣，不讀自己的作品，他笑說：「我會背很多詩，像是何其芳的〈預言〉，我年輕的時候和女朋友散步，就背上一段，很有效果。」於是他抒情地背誦，讓聽眾聽得如癡如醉。

瘂弦身上有著戲劇魂，他曾演過舞臺劇，詩中也模擬出無數的劇場。在2015年趨勢科技文化長陳怡蓁策畫下，我們演出《紅玉米之歌》詩劇場，向瘂弦致敬。瘂弦生於河南南陽，父親任職民眾教育館管理圖書。為鼓勵閱讀，父子倆經常拉了一部載滿書的牛車到鄉下，他在這個「牛車圖書館」打下文學基礎，父親總告訴他：「我兒要做一個文壇的亮角兒。」

李易修導演安排了一臺書車，讓我帶著小瘂弦上場，現場沒有牛，我充當牛。書車很重，輪子不靈光，舞臺又小，要繞著舞臺走上一圈，還帶著一個小朋友，真是窘迫。

節目結束後，瘂弦來到後臺對我說：「小瘂弦和我小時候一個樣子。」

「真的，就是懂事，能幫爸爸忙，又愛讀書！」

「我看著整場演出，不停流淚。」瘂弦靜靜說著。

是啊！瘂弦的年少情懷，和橋橋的美好家庭生活，和商禽的誠摯友誼等等，一一重現舞臺，但是愛妻故友都離去了，老人確實孤寂。

他給我一個擁抱，舞臺上化身他的父親的我。

那是最後一次擁抱，我現代詩啟蒙者最後一次遞給我一把火炬，迄今還熾烈燃燒著。

（原刊載於《聯合報》，2024年10月13日）

◎簡秀枝，臺灣藝術媒體工作者，現為「典藏雜誌社」社長。

喝采瘂弦老師
追憶那個人，那個大時代

◆簡秀枝

聽聞瘂弦（1932～2024）老師過世，滿滿不捨，茲以（2023）年臺北市文化獎採訪報導小文一篇，表達衷心敬意。

．

旅居溫哥華、現年九十一歲的瘂弦（王慶麟，1932～），是今（2023）年臺北市文化獎得主，藝文界一片喝采聲，因為他畢生貢獻於文化，老早就是傳播界、創作界、評論界的標竿人物。

瘂弦上一次回臺北是 2015 年，相隔了 8 個年頭，老朋友十分牽掛他的健康，深切期盼他親自返國領獎，一解大家對他的思念。瘂弦女兒輾轉透露，不但不能長途飛行，連接受採訪也不適合。

包括前文建會主委黃碧端、師大教授陳義芝、現任國藝會董事長林淇瀁⋯⋯，不約而同以滿滿的祝福，肯定瘂弦的傑出貢獻，不但懷念他的人，更懷念他一手牽引出的大時代，是時代創造英雄，英雄創造時代的典範。

已故文學大師余光中，曾把瘂弦的文學生命內容，依分量分作 4 塊：詩作、編輯、評論與劇藝。余光中說，瘂弦寫詩，是揚己之才；編報刊，是成人之美，不但鼓勵名家、發掘新秀，而且培植繼任後輩；評論則以研究新詩發展、為人作序為主；至於劇藝，以從事廣播事業、主演《國父傳》聞名，海內外連演 70 場，寫下數十年紀錄，直到近期才被吳興國所打破。

瘂弦寫詩，早早成名，但大半生只出版一本詩集。隱地曾說，臺灣若要選十位現代詩人，一定有瘂弦，若選五位，也會有他，甚至只選三位，都還是有他，他的唯一詩集，擲地有聲、力透紙背。

瘂弦詩作集中於 1953 年到 1965 年，《瘂弦詩集》付梓，1967 年後就未再發表任何詩作，迄今已有 56 年，瘂弦自嘲，他停止詩作的理由是，承認並安於生活即是詩。

瘂弦曾對女兒小米說，他自己的一生和文學，都是失敗的。藝文界齊聲說，他二十幾歲就攀登上現代詩境頂峰，盛名和影響力，歷

1977年10月，瘂弦與返臺參加「華府國建聯誼會」活動的海外學人，合影於瘂弦寓所。左起：楊牧、非馬、瘂弦、張錯、黃用。（創世紀詩雜誌社提供）

久不衰，而且被定為一尊。如果說那叫失敗，那成功又是什麼？

尤其瘂弦的詩，是現代漢語詩風格的創造者，《瘂弦詩集》為世所重，詩作被視為「古老中國和現代西洋混合的產品」，是接收了西方現代詩作技法的衝擊，融入戲劇性、民謠風，成功轉化出屬於他的獨特詩風，不僅是對民族母語的貢獻，永不磨滅，而且在他堅持寧缺勿濫的原則下，停止寫詩逾半世紀，移民加拿大也超過二十年，二十一世紀的此時此刻，「瘂弦風」依舊被傳誦，令人嘖嘖稱奇。

從一九六〇年代照始，瘂弦先後主編《幼獅文藝》、《聯合報》副刊，直到退休。

在紙本媒體的盛世中，他秉持本土化與現代化並進、民族化與全球化共謀的思維，墊高了臺灣文化視野，影響了臺灣的文學發展。

在國人尚未把眼光擴及到海外的年代，瘂弦選編了《當代中國新文學大系·詩卷》，兼顧海外華僑、華裔詩人等作品，收錄的範圍包括新加坡、馬來西亞、菲律賓、越南、香港及英國、美國，為「華人文壇」插旗，預示了「世界華文文學一盤棋」的新時代思維。

一九八〇年代，瘂弦主辦「聯合報文學獎」，附設「中國大陸短篇小說獎」，獎勵海峽對岸長期不相往來的作家，也源於跨界思維。他關注全球華文創作態勢，遙想當年社會狀態，更佩服他的獨到眼光與寬廣胸懷。

在副刊媒體傳播上，勤於提攜年輕有潛力，或鼓勵因故停筆的創作者；關懷變遷中的社會現實，解構舊思維，塑造新情境；最具有獨特里程碑的是，邀集光復前臺灣作家再出發的《寶刀集》，及溝通融合不同階層價值觀的「第三類接觸」專題設計，都堪稱是副刊企畫上的創舉。

瘂弦工作在臺北，但影響力遍及全世界，儼然是華文報業與副刊工作的「一代大編」，以小小筆桿下的編輯與書寫，讓臺北整座城市，在海內外無數華文讀者心中，持續張顯，讓臺北成為「華文文壇重鎮」。

瘂弦常自謙是失敗作家，不諱言樂在編

輯平臺，他還有項特殊本領，就是嗅聞天才的氣味，靈敏且精準，舉才無數。瘂弦2010年返國曾下鄉演講，講到該長才，就有位年輕學子直奔臺前，要瘂弦聞聞看他是不是天才，引來滿堂哄然大笑。包括三毛、蔣勳、席慕蓉、吳晟……都是，準備出家的簡媜，也是瘂弦把她從佛門禁地拖回凡塵，繼續創作。

瘂弦是不是失敗的作家，自有公評；但確實是成功的編輯，卯足了勁，弄得有聲有色，和《中國時報》高信疆的人間副刊，相互理解激盪，蔚為報紙副刊鼎盛時期，格外讓人懷念。

瘂弦珍視人才，不止表現在日常言行，識才惜才，更具體表現在他的序文上，寫得認真，旁徵博引、擲地有聲。

近年，隨著《瘂弦回憶錄》的出版，更讓人認識瘂弦的鐵漢柔情，那本刻繪時代的史詩巨著，自河南童年回憶起述，十七歲為避內戰隨學校流亡，自此訣別父母，棄守家鄉，從軍來臺，由小兵歷練，力求上進，自學有成。每當憶及慈母，臨行前塞肉餅助溫飽，長年思念獨子，以淚洗面，最後哭瞎眼睛，在飢荒中餓死；父親下放勞改，最後屍骨無存。兩岸解凍後，他直奔家鄉，跪地尋親，令人動容，顛沛流離大時代，共掬辛酸淚。

瘂弦與身體羸弱的張橋橋交往時，曾有師長及許多好友提醒，那將是個不容易的感情。儘管如此，他仍以「我們已有了山盟與海誓」，堅守愛情，背著藥罐子，廝守41年，直到2005年張橋橋終老，有情有義，令人嘆服。一雙女兒，文學、財經領域，卓然有成，成為藝文界美談。

瘂弦得獎，不禁讓人想起他「既是千里馬、又是伯樂」的不凡身分，還有他個人背後，所彰顯的是，一個有血、有淚、有詩文、有使命感的偉大時代。

（原刊載於作者臉書貼文，2024年10月12日）

1993年12月，瘂弦率《聯合報》副刊於臺北圓山飯店舉辦「四十年來中國文學會議」。左起：辛鬱、向明、張默、瘂弦、鄭愁予、梅新。（創世紀詩雜誌社提供）

◎鄧小樺，香港作家、詩人、文化評論人。著有《斑駁日常》、《恍惚書》、《眾音的反面》等書，《恍惚書》曾獲 2019 年 Openbook 美好生活類書獎。2014 年曾往美國愛荷華大學國際作家寫作坊駐留，後亦參加美國 VERMONT STUDIO、臺北詩歌節、德國三葉草國際女詩人雙年展等。《字花》創辦人之一，現任香港文學館總策展人，文學媒體「虛詞」、《無形》、《方圓》總編輯，曾任電視節目《五夜講場・文學放得開》主持人，在各大專院校中兼職任教閱讀及創作。目前旅居臺灣，任「二〇四六」出版社總編輯。個人 PATREON「不可言明的共通體」：www.patreon.com/tswtsw。

瘂弦：技術細節與解答之書

◆鄧小樺

1985年6月15日，左起：羅行、瘂弦、林泠、梅新、葉步榮。（文訊・文藝資料研究及服務中心提供）

瘂弦先生過世，在臉書看到好大迴響──當年楊牧先生過世，所有人引錄的楊牧詩都是不同的，好久都沒有一首重複；瘂弦先生過世時，除詩作之外，則見到好多照片、信件、相處小故事，也是人人不同。作家生命與人間的軌跡交錯若此：溫度盎然且幅及廣闊。

我自己的《瘂弦詩集》不幸還在香港，坐著哀愁，真是「觀音在遠遠的山上／罌粟在罌粟的田裡」（這兩句總會背的）。幸好手上有《瘂弦回憶錄》、《瘂弦書簡 I：致楊牧》、《楊牧書簡 I：致瘂弦》，憮然讀一個下午（排除萬般工作）。

早年接觸瘂弦自然是因為在大學裡讀現代詩，後來看瘂弦紀錄片《如歌的行板》，裡面除了見到熱情慷慨的詩人，也勾勒出臺灣報章文藝副刊戰國年代的歷史風貌，印象十分深刻。《瘂弦回憶錄》裡則談了很多軍中生活、軍中文藝社團的創作生命，後面有《創世紀》詩刊的部分，瘂弦、洛夫、張默三人的故事。瘂弦主張文人之間不要鬧翻，要互相欣賞、相交一輩子，如同敬亭山「相看兩不厭」。他就是張默和洛夫因文學意見吵起來時的緩衝地帶，做和事佬，「有我在他們就不會鬧僵」。這幾句家常話，現在看來真是十分難得。

另外好看的當然是三人如何胼手胝足捱窮辦詩刊，不停典當、吃飯掛賬，喝最便宜的烏梅酒，女朋友要和他們一起捱陽春

麵……當時三人月薪是二百多新臺幣，扣掉基本生活費所餘無幾，而詩刊印費一期要四百多元，所以是靠借錢和典當來印詩刊，「我們那時的存款就是當票」，所有東西都當，發薪水之後再贖回來，下個月再當，「反復多次後，竟也不覺臉紅」。至於「發行」的「業務」，是三人自己用扁擔送詩刊到書店。還有「廣告業務」呢：就是去電影院打「尋人」的片前字幕：「《創世紀》詩刊出版了，張默速回」，是當時的植入式廣告——如此跑遍十幾家電影院，直至被電影院發現而不肯再讓他們打。瘂弦笑言當年出於狂熱，曾為《創世紀》用了很多誇張的宣傳語，如封面寫「第一流的心靈，第一流的作品」，「這份張揚，也是少不更事。」

　　我是生於寫計畫申請資助出刊物的年代，其後很少自資的案例。以前看這些只當是傳說故事，不過今日唏噓地想，香港經濟變差之餘，報章及文藝刊物等發表園地已經大大減少，文藝資助政策可能也會出現大轉變，前人自掏腰包養文學的故事，看來倒像是啟示甚或預敘了。香港文友不妨結結實實地讀一下當熱身。（最好我估錯啦）

　　瘂弦說臺灣的詩刊文化是以地下文學的方式崛起的，因為當時報章媒體都不登現代詩。當年發表還是要爭取的，原來說改個女性化的筆名據說比較易被刊登，於是很多男作者都改了女性化的筆名去投稿（一位「英麗鶯琳」，原來是四個女朋友的名字合起來，簡直天誅）——可比於今日打 online game 改女性玩家名會比較多著數，「有棍小妹」的招數文人也懂。筆名、投稿郵寄地址等等小節都指示了

審查制度的存在，《創世紀》主張文藝不要跟隨官方宣傳塗脂抹粉，要匡正社會的黑暗與不平，才有價值。當時他們還身在軍中哩，瘂弦的說法是：

　　我們覺得，做軍人要做個合格的軍人，但寫作時絕對不因軍人身分寫宣傳的東西，要寫生命內在的東西。這點我們比誰都看得清楚，這是藝術家應該走的道路。而且我們當時所寫的歌讚的東西少，抗議的東西比較多。這個抗議包括對戰爭的抗議、反戰的思想、對現實的不平的吶喊。在言論方面採用象徵的形式，把抗議、不平隱藏在朦朧的藝術形式之中，使得文化的審檢人員看不懂，使批判的精神得以傳播，是最有效的參與。比如洛夫的《石室之死亡》整首詩都是反戰的，商禽的〈逢單日的夜歌〉暗示金門當時的情況，我的〈深淵〉等等，都是利用審檢機關看不懂而「蒙混過關」，不如此不行。

　　在意識型態強力監控的當時，「左派」可是極嚴重的罪名，但瘂弦說：

　　《創世紀》不太像詩社，大家自由投稿，也沒有共同的美學路線，唯一的選詩標準就是選美好的詩、純詩，不和政治產生關係的詩。當時我就提出來，一個詩人、甚至所有有價值的知識分子，都應該是廣義的左派，不是政治社團上的左派。這種廣義的左派是站在大眾立場民眾土地立場上去做不平之鳴，講求人道主義的精神之發揚，不要做喜鵲，每天報喜，而要做烏鴉，可能大家都不喜歡它，可它對這個

社會的不平、不義、不公發出聲音,就有價值,像胡適寫的《烏鴉》。

這樣自然是對軍方思想的反動,所以《創世紀》三人都上過黑名單:「保防資料」上說,「該員參加《創世紀》!」後面還跟著驚嘆號。張默因為和香港文人李英豪通了幾封信,信件都被保防抄下來,張默的升級都受影響。瘂弦談及他們存活下來的技巧:因為審查已經是針對作者而非內容,所以身在大陸的作者要改名換姓,如卞之琳作品署「卞季陵」(卞用過此筆名),或隱去翻譯者的名字稱「本刊編輯委員會譯」,或取個外國名字。提到魯迅時,要加個括號「(此人曾受共黨的利用)」。瘂弦笑言《創世紀》改名換姓的絕招是絕對的高段,出了名的。如果仔細看,還有很多小技巧,關鍵是要讓審查人員看不懂;而也有很多長輩在幫助他們,比如他們的上司,軍中電臺臺長詩人彭邦楨用各種方法「縱容」他們,雖然他們編選年度詩選沒有選彭臺長的詩,彭臺長也不生氣,還在他們三人被有關單位懷疑思想有問題時,替他們作了重要的紓緩解釋:「沒問題的,小朋友喜歡寫新風格的東西。」好高尚的長者風度。

臺灣的歷史與老一輩文人的記憶,大概便充滿這樣的繞過審查、追求自由的技術細節吧?爍亮、狡黠而溫暖。而我們幽暗的苦澀的親密的一切,也總有一天可攤展在陽光下吧。

(我讀書信集比較少,《瘂弦書簡》如何與《楊牧書簡》對讀是我的一大問題,難道前提是我要有更大更整齊的書桌可以同時翻動二書?總之後來當成「解答之書」那樣信手

翻──就遇到了 1976 年 8 月,張系國的作品被有關單位禁止流傳,為了讓書能夠成功出版,大家建議由瘂弦來處理,將張作品中「幾個容易引起麻煩的地方略作文字上的調整。」瘂弦補充:「對他作品藝術性的影響不大。這是不得已的事,一定要請張系國體諒,這也是為他好。」還在十日後的信件中再重複一次,甚見懇切。當時張的作品已被明令禁止,所以這其實是在讓步中堅持讓被禁的作品出版,一個非常高段編輯面對壓力必須懂得委屈求全。再翻一下,就遇到瘂弦請楊牧要建議一些「能銷的作者」──如果沒有銷得好的,下一批書就沒錢出了。啊。感受到解答之書般的魔力了。這些就是我現在面對的問題。)

我回去校對了。這就是「而既被目為一條河總得繼續流下去的」。雖然無法目前做到「懶洋洋之必要」,但要記住「溫柔之必要」。謝謝瘂弦先生。

(原刊載於「虛詞」,2024年10月14日)

瘂弦著,張默主編,葉維廉等譯《瘂弦短詩選》,2002年6月由香港銀河出版社出版。

◎秦賢次，政治大學西洋語文學系畢業。曾任當代文學史料研究社召集人、臺北縣立文化中心「北臺灣文學」編輯委員，為中國現代文學研究專家。

追憶大時代
瘂弦與我

◆秦賢次

拍於千禧年前後。仁愛路四段「都一處」餐廳。右起：瘂弦、周夢蝶、秦賢次。（秦賢次提供）

我認識瘂弦先生，很清楚地記得在1975年12月，光陰荏苒，屈指算來已經有五十年之久了。當時，已故的才子作家邢光祖為瘂弦編集的《民國以來出版新詩集總目初編》寫了一篇序文登在臺北《中國時報・人間副刊》上，我看了之後即主動打電話與瘂弦聯繫，提及我曾收藏及抄錄的一些新詩集。不到兩三天，他即翩然來訪，我們相談甚歡，自此成為一輩子的好朋友。我認識瘂弦那年，他早已是大名鼎鼎的詩人，他主編的《幼獅文藝》月刊更是我收藏的重要期刊之一。那年，我在文壇上還默默無名，才剛開始在張玉法兄主編的《新知雜誌》雙月刊上連載〈民國作家筆名錄〉，並為《傳記文學》撰寫數篇「民國人物

小傳」而已。由此可見瘂弦虛懷若谷，不恥下問的做學問精神。

瘂弦大我十一歲，他係臺灣詩人當中，最重視並勤於蒐輯中國現代新詩史料的，對於「新月社」詩人，尤其是朱湘，史料的收集研究，更是我們共同的興趣。

1976年春，我即應瘂弦約，用半年的時間寫成〈新月詩派及作者列傳〉一文。10月，刊載在他主編的臺北《詩學》（不定期刊）第二輯上。這是我為瘂弦寫稿的開端。為了撰寫該文，筆者在臺北曾親訪俞大綱及孫洵侯兩位詩人。

1976年9月，瘂弦離臺赴美，在威斯康辛大學深造，一年期間即獲得文學碩士學位。在

這一年間，係我們通信最勤的一年，瘂弦兄還仿朱湘的《海外寄霓君》例，每封信都編上號碼，信上所提的大都是有關資料的蒐輯，以及一些匯款事宜。瘂弦此行的收穫之係後來在洪範書店陸續出版了他精心編選的《朱湘文選》、《海外寄霓君》、《文學閒談》（以上三書均為朱湘原著），以及《戴望舒卷》、《劉半農卷》、《劉半農文選》等六本書。

1977年5月，瘂弦編輯的《朱湘文選》，由洪範書店初版。書中，收有筆者所寫的〈朱湘傳畧〉一文；瘂弦更在〈校訂跋〉上寫道：「《詩學》雜誌第二輯，65年10月，臺北巨人出版社出版，梅新兄和我是編輯人。此誌第二輯有秦賢次先生作〈新月詩派及作者列傳〉，記述朱湘部分最為完整信實。秦先生是當前少有的新文學史料專家。他這篇文章我曾寄給柳無忌先生看過，柳先生說〈朱湘傳畧〉中所記，與他的記憶完全符合。梁實秋先生讀過這篇〈列傳〉後寫信給我說：『有很多是我所不知道的。這傳記做得很好。』」

瘂弦自1977年10月由美國求學歸來後，仍擔任《幼獅文藝》主編，不久之後，應聯合報禮聘，繼馬各擔任聯合報《聯合副刊》主編，開啟了十多年與中國時報《人間副刊》同創臺灣報紙副刊史上最為光輝燦爛的歲月；《人間副刊》當時主編人係瘂弦好友高信疆兄。

1977年12月，瘂弦編輯的《劉半農卷》，由洪範書店初版。書中收有我應邀新寫的〈劉半農的面面觀〉一長文，完稿於1977年11月13日。

1978年1月，我在《聯合副刊》發表〈新月派及其淵源〉一文，這是我在聯合報發表文章之始。同月，〈劉半農的面面觀〉一文，刊載《幼獅文藝》289期，這是我為該刊寫作的第一篇文章。

1978年3月，瘂弦編輯的《劉半農文選》，由洪範書店初版。書中收有我為此特寫的〈劉半農二三事〉一文，完稿於1978年3月1日。瘂弦又在〈校訂跋〉上寫道：「摯友秦賢次兄，一直是筆者編書、辦雜誌的『搭檔』，於中國現代文學史，他是少有的專家，這次特別邀他寫了一篇〈劉半農二三事〉，文中提到劉半農當年參加新劇（話劇前身）扮演頑童，以及怎樣成為『鴛鴦蝴蝶派』作家的前因後果，至為有趣。近代文學史料的一段珍聞，終於給賢次兄鈎沉出來

1977年8月10日，瘂弦致秦賢次信函。（秦賢次提供）

2001年4月，瘂弦與馬悅然（右）應邀出席香港城市大學「華文寫作與中國文化前景」研討會。（創世紀詩雜誌社提供）

1979年11月12日，秦賢次與瘂弦（左一）、阮毅成（左二）、葉步榮（左三）於中山堂合影，葉步榮代楊牧領取中山文藝獎。（秦賢次提供）

了。」

洪範書店係瘂弦及其好友楊牧、沈燕士、葉步榮等出資創立，專出文學書籍的出版社，在臺灣文學界享有極高的榮譽。我也曾替洪範書店編輯過《郁達夫南洋隨筆》、《郁達夫抗戰文錄》（以上1978年出版）；《梁遇春散文集》、《陸蠡散文集》、《葉公超散文

集》（以上1979年出版）；《方令孺散文集》（與旅美李又寧女士合編，1980年出版）；宗白華《美學的散步I》（1981年出版）、朱光潛《詩論新編》（1982年出版）；《凌叔華小說集》（上、下2冊，1984年出版）等九本書（共十冊），這當然得歸功於瘂弦兄的鼎力支持，原作者均為三〇年代的著名作家學者。

對於三〇年代中國作家作品的研究與整理，香港因為地緣及政治環境關係，在海峽兩岸三地中，走得最早，功效也大。尤其在文革十年中，香港簡直就是全世界的資訊傳播中心。我為洪範編輯中國新文學家作品集，時間在文革之後，前後共有五年，這是臺灣戒嚴氣氛逐漸寬鬆的時候。當時，曾計畫再推出麗尼、繆崇群的散文集，以及宗白華的《美學的散步II》等。沒有繼續出版的原因，除了版權問題外，中國大陸已開始走向改革開放的路子，三〇年代新文學作家重新受到重視，新編出的作品集質量均佳，遠非港臺所能比了。

瘂弦是臺灣報刊雜誌中，最尊重文壇前輩的一位主編。他重視他們過去對文壇的貢獻，更關心他們老年的生活起居，一旦故去，他希望報刊能詳盡的報導他們的生平事蹟成就，而非像一般的新聞報導而已，這是他認為對已故作家的最尊重表達。私底下，他稱之為「長青專案」並常來函給我，要我早點搜集資料，在瘂弦眼中，我是「資料大王」。為了

配合他的用心，我多次在《聯合副刊》發表已故名人的生平傳略或年表，時間均在他們去世的第二天或隔幾天而已。其中，較受人注目的有徐訏、趙元任、張大千、朱光潛、梁實秋、趙麗蓮、錢穆、臺靜農、晏陽初等人。在這當中，最令我印象深刻的是晏陽初先生1990年1月17日在紐約病逝，臺北電視臺20日的晚間新聞節目才根據外電報導他的死訊。當時，我正在晚餐，突接瘂弦來電，請我立即趕一篇略傳。當晚的九點半在「聯副」派人來取稿時（那時，還沒有FAX或E-MAIL），文章僅寫了三分之一。我看時間緊迫，祇好抱著臨時找得的一些資料，移師聯合報，邊寫邊發稿，等到大樣看完後，已是深夜二點。在要離開排字房時，聽到老排字工人口中嘀嘀咕咕著：「從來祇有為社論在改版，副刊有啥緊要！」

除了海外名作家外，瘂弦也極度重視大陸三〇年代的老作家。因此，當海峽兩岸開放交流初期，大陸經濟尚未起飛，一般作家生活仍然清苦時，瘂弦適時地自1988年起，推出刊登中國大陸作家作品專欄，雖不定時刊出，但在刊登時，均加上斗大標題「海峽兩岸首次發表」。刊登的作家絕對是重量級的，但海峽兩岸隔閡已有40年，大陸早年的名作家，對大部分臺灣讀者來講，仍感陌生。因此，在作品後頭，例有一篇作者小傳，而小傳的撰寫大部分就落在我的身上，其中，我介紹過施蟄存先生。因此，當是年10月9日，為參加在上海召開的「中華文學史料學研討會」，我由小思女士帶路赴會。抵滬的第二天，趁會議還未開始，一早即由陳子善兄與小思女士安排拜訪施蟄存先生，我們相談甚歡，因為我替他寫的小傳，他早已過目，因此記得我的名字。

當時，這些專欄作品，瘂弦均為作者爭取極高稿費，並以美金支付。情況就跟五〇年代初期香港稿費一樣。當時，香港稿費比臺灣高出許多，又以美金計算。因此，香港

瘂弦編《劉半農卷》，1977年12月由洪範出版。

瘂弦編《朱湘文選》，1977年5月由洪範出版。

瘂弦編《戴望舒卷》，1977年8月由洪範出版。

《大學生活》雜誌，就吸引了許多臺灣作家。自1988年起好幾年，我每年固定去大陸一趟，除拜訪一些心儀的老作家外，最重要的是蒐購三〇年代的絕版書刊，以及早年與臺灣或與臺灣留學大陸學人，如張我軍、宋斐如、張深切、李純青等等，有關的書刊。有時，我也幫瘂弦帶稿費給大陸作家，深深瞭解到當時那些稿費對作家來講，實不無小補，這就是瘂弦的貼心之處，外人是無法瞭解的。

香港多年來一直是個購物天堂。以前臺灣旅客到香港總是瘋狂採購，對我來講，買書才是重頭戲。剛發始，沒有香港文友帶路都是靠自己摸索。後來才因買書或寫作的關係，先後認識了方業光、李立明、王偉明、黎活仁、小思女士、王宏志、黃俊東、許定銘等。其中，王偉明兄不記得是由瘂弦或其聯副同事林煥彰兄介紹我認識的，他們三位都是詩人。偉明兄是當年《詩風月刊》的編者之一，我在香港發表的第一篇文章〈李金髮的文藝生活〉，即由偉明邀稿，登在1978年12月的《詩風月刊》第79期（李金髮紀念專輯）上。黃俊東兄，則確定是瘂弦兄介紹認識的，我去見他時，曾順便帶去一套瘂弦送他的胡頌平編《胡適之先生年譜長編初稿》。黃俊東當時已是知名的「書話家」，也是《明報月刊》主編。早期的《明報月刊》在臺灣是禁書，不准進口販賣，我請香港友人代我購齊自創刊號以下共一百多本，一直放在香港，最後也是利用瘂

弦的關係，才順利寄回臺灣的。此外，值得一提的是，我與香港學人王宏志兄合編的《朱湘懷念集》1990年6月由臺北志文出版社初版。書中，也曾編入瘂弦前由美國圖書館影印回來的一些資料。朱湘，是我們三人共同關心的惟一詩人，也是由王宏志兄引介，我才認識流落在昆明的朱湘長孫朱細林，並推薦朱細林所寫的數篇有關他祖父的文章，登在瘂弦兄所主編的《聯合副刊》上。因此，當《朱湘懷念集》出版前，瘂弦兄義不容辭，幫我們寫了一篇長序，序文中他對我推崇倍至，使我看了也覺臉紅。

最後，我要說的是，瘂弦兄為人忠厚，我不曾聽見他在背後說人閒話；他富有同情心，喜歡幫助人；他聲音圓潤，說話時中氣十足，他說早年他也曾粉墨登場，演的是國父孫中山先生；他歌喉好，講話又幽默風趣，好像酒量也不錯。平常交際應酬也多，不過這可能是因工作關係，或被迫的，因為他人緣好，大家喜歡跟他在一起，他又不願傷人感情。

前天（10月12日），好友葉步榮兄傳來王慶麟（瘂弦）兄不幸於加拿大溫哥華當地時間2024年10月11日上午11時43分，返歸天國的惡耗。想及與瘂弦長達五十年的交情，感嘆之餘，急草成此文，以紀念他。

2024.10.14中午完稿
（原刊載於《聯合報》副刊，2024年10月24日）

◎吳鳴，本名彭明輝，1959年生於花蓮。政大歷史學系退休教授。著有《秋光佇寂》、《長堤向晚》、《浮生逆旅》、《歷史地理學與現代中國史學》、《臺灣史學的中國纏結》等。

送別瘂弦

◆吳鳴

1997年5月於蘇州虎丘塔，左起：張默、瘂弦、管管。（張默提供）

瘂弦《瘂弦詩集》，於1981年4月由洪範出版。

2024年10月11日傳來瘂弦（1932～2024）辭世的消息，感覺一個世代真的要過去了。

猶記一九八〇年代副刊引領文學風騷時，《聯合報‧副刊》掌門人瘂弦，《中國時報‧人間副刊》大當家高信疆，《中華日報‧副刊》掌舵者蔡文甫，是文學創作者的三大門神。瘂公寫信會在報社信封上寫副刊王，高公寫副刊高，文甫先生姓得不好，寫副刊蔡，乃彼時之藝文趣談。

最早讀到的瘂弦詩集是晨鐘版《深淵》，上大學後讀的是洪範版《瘂弦詩集》，我曾一度在東海校園幫洪範賣書。那一代的文青對瘂弦〈如歌的行板〉莫不琅琅上口，總能背上幾句：

> 溫柔之必要
> 肯定之必要
> 一點點酒和木樨花之必要

而既被目為一條河總得繼續流下去的
世界老這樣總這樣；——
觀音在遠遠的山上
罌粟在罌粟的田裡

我因為大學在臺中讀書，不曾見過心儀之作家，唯一在校園裡會遇到的是趙滋蕃，彼時任東海中文研究所所長，周芬伶、柯翠芬、郎亞玲，都是趙滋蕃弟子。我在歷史系，無緣上趙滋蕃老師的課，雖然我在國中時已讀過其《半下流社會》。我首次見到的作家是瘂弦和司馬中原，不是在臺灣，而在金門。

1982年春天，瘂弦和司馬中原到金門輔導國軍文藝金像獎，金防部派士官兵參加講習，在特遣隊服役的我亦在其列，蓋我前一年獲第四屆時報文學獎散文佳作，是一名小文青。瘂公人很客氣，向我邀稿，後來我寄了一篇小散文〈散場〉到聯合報副刊，內容敘述在金門春季大演習時，特遣隊擔任假想

敵，遭國軍追至湖邊，演習結束，打敗仗的我們在湖邊採野草莓吃。文稿已經排好版準備刊出，一位石姓編輯在版樣上附注了幾行字，略謂此文鼓勵失敗主義，或有不妥，於是瘂公將版樣和審查意見一併寄我。想想在那個年代當副刊主編真不容易，要兼顧文學和思想控制，著實是戛戛乎難矣哉！1981年7月我入伍服預官役為美麗島事件後一年半，參謀總長郝柏村，政戰主任王昇，莒光日主持人李艷秋，金門只有華視一家電視臺，用來上莒光日。

再度見到瘂弦是1985年6月，我就讀政大歷史研究所碩士班二年級。因生活窘迫，應徵聯合文學雜誌社編輯，乞食於編，瘂公是社長兼總編輯，我的工作是負責發稿，即順稿並填寫排版控制單，諸如首一次零，首零次二，每行多少字，出相紙讓美術編輯貼版。有一段時間《聯合文學》連載七等生《沙河日記》，我在發稿時發現七等生批評《中國論壇》，於是寫了簽呈向總編輯報備，可能瘂公覺得問題不大，文稿直接付印出版。《中國論壇》社長楊選堂大怒，當時《中國論壇》總編輯是蔡詩萍，瘂公於是召集編輯會議，張寶琴發行人亦列席，瘂公決定抽版重印，將問題談笑間解決。我想在瘂公主持數十年文學編務期間，從《幼獅文藝》、《幼獅少年》、《聯合報·副刊》到《聯合文學》，不知經歷過多少這一類的事，瘂公能屹立不搖，實非易易。

昔時文壇有所謂四大名嘴，唐魯孫、王大空、夏元瑜、張繼高，談笑風生，令人如沐春風。四大名嘴我僅親炙過張繼老，確然詞語幽默。一九九〇年代初，張繼老罹癌，赴北京尋求漢醫療法，返臺後諸友請他吃飯，席間有人說「繼老看起來氣色很好」，繼老回曰：「我就是鈑金完好的勞斯萊斯，裡面的零件都壞了。」

四小名嘴我僅記得其二，一是瘂弦，另一是亮軒。有一回一塊兒吃飯，瘂公調侃自己曰：「我在家是管執中，出門是張放，遇到漂亮女生就成了應未遲。」舉座頷首微笑。蓋瘂公夫人橋橋姓張，故在家是管執中，出門是張橋橋放出來，遇美女則應未遲，三人皆作家也。另有一次瘂公的神來一筆，「情人本是同林鳥，太太來了各自飛」，害得我一口飯差點沒噴出來。

一九八〇年代中後期，臺灣各地文藝營風起雲湧，瘂弦在《聯合文學》與臺灣省新聞處合辦的全國巡迴文藝營開幕典禮致詞每有妙語。有一回瘂公致詞時說：「現在很多單位在辦文藝營，這些文藝營都是子營，全國巡迴文藝營則是母營。」

說話是一種才華，瘂弦的妙語如珠是天生，學都學不來。一九八〇年代臺灣有許多理髮廳有按摩服務，略謂「人心不足蛇吞象，物欲橫流馬殺雞」，瘂公則曰：「物欲橫流，不橫流他就直流。」

年輕時瘂弦是詩人，其後為一代名編，提攜後進不計其數，本人詩作則極少，他形容自己在寫詩方面「結紮已久」，洛夫則是「高齡產婦」，真是一語中的。

遽聞瘂弦遠行，雜思年少時承教種種，因以為記，爰此送別。

（原刊載於作者臉書貼文，2024年10月13日）

◎顏純鈎，1948 年出生於福建省晉江縣安海鎮，在當地受中學教育，參加文革，後上山下鄉，1971 年到鐵路部門工作，1978 年到香港定居。先後任報館校對、副刊編輯、出版社總編輯、出版顧問等職。2018 年起在加拿大溫哥華定居。

春天來了以後將怎樣，我的棘杖會不會開花

追念臺灣詩人瘂弦

◆顏純鈎

定居溫哥華多年的臺灣老詩人瘂弦日前辭世，本文標題便是他短詩〈乞丐〉中的兩句。「棘杖」是乞丐手上荊棘做的手杖，春天來了，我那支棘杖上會不會開出花來？乞丐身無長物，只剩下美麗的想像。

我最先知道瘂弦，便是讀他的〈乞丐〉時驚為天人。那是上世紀七〇年代末，大陸朦朧詩還沒有誕生，我把詩抄給在大陸高校教中文的大哥，讓他開開眼界，知道現代詩是什麼樣子。

昨天打電話給老作家古華，他與瘂弦是最接近的朋友。古華兄說瘂弦近年身體不佳，謝絕朋友探望，打電話給他也沒有人接。詩人晚年相當寂寞，以他樂天健談的個性，很難想像如何熬過日復一日的孤獨。

上世紀七八〇年代，我在香港《晶報》當校對，晚班消夜後總有一段相對空閒的時間，那時臺灣《聯合報》和《中國時報》，就是最助消化的讀物。很久以後我才知道，《聯合報》副刊總編輯，就是我長久仰慕的詩人瘂弦。

當年臺灣兩大報副刊，對香港讀者來說相當前衛。香港還是滿版密密麻麻的文字，瘂弦主理的《聯合報》副刊，版面最大的特色是中心位置有一幅占地頗廣的插畫，用充滿動感和大膽想像的構圖衝擊讀者的視覺。每次打開副刊，先被那幅插圖震撼，然後再看其他文章。

《聯合報》文學副刊刊登純文學創作，中間一篇大塊文章包括小說散文和研究，四周有幾個不大的專欄點綴，版面設計新穎別致，是香港報紙副刊無法企及的。我從臺灣兩大報副刊上，吸取了無窮盡的文學營養。

瘂弦是最早向臺灣讀者介紹大陸作家的編輯，當年大陸開放，老作家大批「出土」，新作家如雨後春筍，瘂弦通過香港文學編輯古劍聯絡內地朋友，向臺灣讀者逐一推介大陸新老作家，為後來數十年兩岸文學

瘂弦《深淵》，於1968年12月由臺北眾人出版社出版。

《聚繖花序ⅠⅡ》，於2004年6月由洪範出版。

交流作了拓荒者。

我與瘂弦認識的經過也是一種緣分。有一晚香港文人聚會，席上有戴天、潘耀明等人。戴天一見面就問我，說最近有沒有寫小說，我說剛寫了一篇以六四為背景的短篇，給了《明報月刊》，可惜他們不用。

戴天也不客氣，當場問潘耀明，說顏純鈎的小說你都不用？戴天抬舉我，好像我的小說不採用不是我的問題，是《明報月刊》的問題。潘耀明當時有點尷尬，只說是編輯退的稿。

那晚回家後，接到戴天電話，叫我把小說給他，他要推薦給臺灣報紙。次日我即將稿子影印寄給戴天，過幾天，戴天又打電話來，說《聯合報》副刊主編瘂弦回覆，說小說寫得不錯，他們會用。

好像是一兩年後，我拿到臺灣新聞局主辦的電影劇本徵選入圍獎，要去臺灣領獎，我就向戴天要來瘂弦的電話。到了臺灣打電話給瘂弦，到他編輯部去坐了一會。瘂弦想約我晚上吃飯，我因為人微言輕，不敢打擾他，便婉辭了。

再後來，瘂弦多次受邀到香港浸會大學和嶺南大學任駐校作家，我都有機會在校方的招待會和晚宴上見到他。再後來，上世紀九〇年代末，我移民溫哥華，那時瘂弦也早已在此地定居，有幾次我們在加華作協的聚餐時見面。有一次他和古華到我列治文住家，我們閒坐一回，然後各自開車去一個節日市集，到了那裡人多，走一走就走散了。

瘂弦天性爽朗詼諧，富於幽默感，每次與他見面同席，他都是聊天中心，出口成章揮灑自如，很樂於也善於作腦筋急轉彎，每每令人捧腹大笑。富於幽默感的人特別機智，他們觀察人情世故又特別刁鑽，往往高高舉起輕輕放下，和他們聊天是很好的享受。

瘂弦住得遠，來往不多，另一位臺灣老詩人洛夫，卻和我同住在二號路，只隔幾個街口，因此和洛夫先生來往較多。洛夫也去世多年了，他晚年時常去大陸訪學，到處演講，和文友學生相處，使他晚年生活活色生香，這一點恰與瘂弦相反。

我比較喜歡瘂弦的詩，他的詩流麗如畫，善於捕捉生活細節，意象運用出神入化，詩句講究節奏，富於音樂性。各位如果有興趣，可以到網上找他的作品來讀讀，他那首〈乞丐〉，模仿一個無處棲身的人沿門托缽的苦澀和灑脫，整首詩就像獨自吟哦的夫子自道。

洛夫的詩比較艱澀，余光中的詩有時做作，沒有瘂弦那樣的揮灑自如，平白如話，而那種內在的調性卻令人著迷。詩和小說不同，詩是一個人內在世界的外化，是他性情的自我宣洩，讀一個人的詩就是讀他這個人。所以不了解瘂弦也不要緊，讀他的詩就可以了。

當年溫哥華，瘂弦洛夫之外，香港的梁錫華教授也在這裡，還有大陸來的古華，我們時有往返。胡菊人先生也是久仰的前輩，有時會在作協的晚會上見面。那真是一些好日子，老一輩還活力充沛，我們這一輩正當盛年，感覺上中國文化一脈相承，即使人在天涯海角，回望故國河山，感念人間美意。

讀小說是透視人世，讀詩是陶冶性情，懷念瘂弦，深知我一部分人格，是經過瘂弦的詩熏陶的。

（原刊載於作者臉書貼文，2024年10月14日）

◎楊宗翰，國立臺北教育大學語文與創作學系副教授、中華民國筆會祕書書長、《臺灣詩學學刊》主編。著有詩集《隱於詩》，論集《有疑：對話當代文學心靈》等七部，主編《穿越時光見到你：36 場歷史縫隙的世代對話》等八部，合編《臺灣一九七〇世代詩人詩選集》等八部，並策畫「世紀典藏‧賈平凹」等六種系列出版品。另有與孟樊合著之《臺灣新詩史》。

敬悼詩人瘂弦

◆楊宗翰

2014年11月，瘂弦（右）與楊宗翰於臺北紫藤廬合影。（李昌元攝影）

　　瘂弦是華文世界最重要的詩人之一，歷來三次臺灣「十大詩人」選拔他皆榜上有名，可見其在眾多創作者跟讀者心中占有的重要地位。瘂弦早年曾赴美國愛荷華大學的「國際寫作計畫」研習，繼而又到威斯康辛大學攻讀並獲得碩士學位。寫詩是他最重要的起點，但1965年後他就停筆不寫詩了；這年正是孫中山的百年誕辰，瘂弦憑藉著一口字正腔圓的聲調和穩重大方的風度，在話劇《國父傳》中榮任主角孫中山，海內外連演七十場，大獲好評。但他真正展現影響力之處，不在話劇，而是編輯。瘂弦曾主編《創世紀》、《幼獅文藝》、《聯合報》副刊等重要期刊雜誌近四十年，經驗豐富，體會多樣，長期維持著卓犖、

優越、精緻的品味。1969年瘂弦先是應邀主編《幼獅文藝》，後來聯合報系聘請他主編《聯合報‧聯合副刊》，遂和主編《中國時報‧人間副刊》的高信疆，在激烈競爭與相互激盪下，創造了華文報紙副刊的鼎盛時期。

　　他策畫與主辦「聯合報文學獎」，鼓勵海峽對岸及海外作家，亦提携本地青年作者；又主編多部重要選集與大系，以編選行為實現「臺北作為華文文壇重鎮」之企圖。瘂弦熱切擁抱現代，卻也不忘傳統；他既追求在地性，也胸懷全球化布局，遂能讓《聯合報‧聯合副刊》在北美與東南亞開枝散葉，對各地華文讀者影響深遠。除了寫作與

編務，瘂弦長期身體力行參與文教、社教之推廣。其使命感既見於詩創作與文學編輯，復昭然若揭在歷年撰寫之序跋與文論，思維深刻，人情練達。

瘂弦畢生奉獻於文化事業，工作立足臺北，影響卻遍及世界。瘂弦造成的深遠影響，至少有以下三個方面：

一、編輯：

從一九六〇年代開始，瘂弦先後主編《幼獅文藝》、《聯合報》副刊，在編輯臺上服務直至世紀末才光榮退休。在紙本媒體的盛世，他那本土化與現代化、民族化與全球化共謀的思維，無疑在最大程度上推展了臺灣的文化視野，影響了臺灣的文學發展。在國人尚未將眼光及於海外的年代，瘂弦還選編了《當代中國新文學大系·詩卷》，兼顧海外華僑、華裔詩人作品，收錄的範圍包括新加坡、馬來西亞、菲律賓、越南、香港及英國、美國，為「華人文壇」插旗，預示了「世界華文文學一盤棋」的新時代思維。一九八〇年代瘂弦主辦「聯合報文學獎」，又附設「中國大陸短篇小說獎」，獎勵海峽對岸長期不相往來的作家，令人佩服他的獨到眼光與寬廣胸懷。他在副刊媒體傳播上，勤於提攜年輕有潛力，或鼓勵因故停筆、社會位置殊異的各式創作者。譬如他設計了邀集光復前臺灣作家再出發的《寶刀集》，與溝通融合不同階層價值觀的「第三類接觸」專題，都堪稱是彼時副刊企畫上的創舉。1976年他與楊牧、葉步榮、沈燕士，一同成立洪範書店，更是以出版選題和圖書企畫等方式，展現出獨到視野及編輯宏圖。

二、創作：

瘂弦是現代漢語詩風格的創造者，以《瘂弦詩集》為世所重。其詩作被視為「古老中國和現代西洋混合的產品」，是接收了西方現代詩技法的衝擊，融入戲劇性、民謠風，成功轉化出屬於他的獨特詩風。臺灣歷來曾有三次「十大詩人」選拔，每一次瘂弦都在最終的「十大」名單內，可見其被各世代作者或讀者喜愛的程度。論者稱許他的詩「對民族母語的貢獻永不磨滅」，而且直到二十一世紀的今天，「瘂弦風」仍在華文世界廣被傳誦。

瘂弦主編《聯副三十年文學大系》共二十七冊，涵蓋小說八冊，散文七冊，文學評論七冊，詩一冊，文學史料一冊，總目二冊，索引一冊，1982年獲金鼎獎，是瘂弦編輯志業的重要成果。

三、評論：

　　1966 年以後瘂弦最重要的筆耕成果，多在理論研究與評論實作。舉凡談新詩殿堂的建造、對現代詩的深度省思、論臺灣詩的薪傳……，既宏觀詩史，又逐一掃描詩人，縱橫燭照，筆力壯闊，遂能完成《中國新詩研究》、《聚繖花序》（I、II 冊）及《記哈客詩想》，共計五十萬言。論其成績，已是當代詩學領袖級人物。其中 1981 年出版的《中國新詩研究》一書，在兩岸對峙、新文學發展斷裂、史料極度缺乏的年代，瘂弦率先引介11位新文學運動先驅詩人及其作品，正可作為臺灣詩壇參照的最佳讀物。

　　瘂弦在不同的年代，貢獻心力於臺灣社會必須面對的課題。他始終能以最寬闊的胸懷面對變局，堅持博大與精深的編輯取向，對於安身立命的文化工作更是永遠懷有信心。2014年由目宿媒體與陳懷恩導演拍攝之電影《如歌的行板》，試圖呈現瘂弦這位詩人暨編輯人，穿梭河南、臺灣、溫哥華三地的過往、身影與影響。2019年他獲頒第28屆柔剛詩歌獎特別榮譽獎，2023年又獲頒第27屆臺北文化獎，可見他晚年雖然定居加拿大，但對海峽兩岸文化人的啟發絲毫未有減少。2024年10月11日早晨詩人在溫哥華遠行，跟摯愛的夫人橋橋，於天堂相會了。

（原刊載於北京《中國出版傳媒商報》，
2024年10月12日）

文學大師系列電影　導演・陳懷恩

島嶼寫作

如歌的行板
A LIFE THAT SINGS

瘂弦

2014年10月，《如歌的行板》紀錄片由目宿媒體與陳懷恩導演拍攝。

◎追憶大時代◎

◎王盛弘，寫散文、編報紙，愛好觀察社會萬象，有興趣探索大自然奧祕，賦予並結合人文意義。曾獲金鼎獎、梁實秋散文大師獎、九歌年度散文獎等眾多獎項，為各類文學選集常客。著有《雪佛》、《大風吹：臺灣童年》、《十三座城市》等散文集。

他曾聽到過歷史和笑

送別瘂公（1932.8.29～2024.10.11）

◆王盛弘

人稱「瘂公」的前聯副主編、詩人瘂弦，10月11日於溫哥華家中辭世，享壽九十二歲，瘂弦家人在臉書表示，他安然自如地回到神的家中了。消息傳出，廣大讀者紛紛發文感懷。

《聯合文學》雜誌總編輯王聰威說：「跟許多人一樣，誰都能隨口背出他的句子。年輕時極度著迷詩，懷著一本《瘂弦詩集》就像為自己標記身分，在幾位大詩人之間，有一種宗派分立的感覺。」作家楊佳嫻指出：「瘂公極幽默，私人談話也有一種演出的趣致。一次聽他說，在寫詩這件事情上，他是早年結紮，洛夫是高齡產婦。」

瘂弦，本名王慶麟，1932年出生於河南南陽，1949年隨軍隊來臺，1954年自復興崗學院畢業後，與洛夫、張默創立創世紀詩社，人稱詩壇鐵三角。詩人、編輯、文學評論家，是瘂弦為文壇所仰重的三重角色。《苦苓林的

一夜》、《瘂弦詩抄》、《鹽》、《深淵》等詩集皆精采紛呈，廣為傳誦；瘂弦曾謙稱自己是「失敗的詩人，成功的編輯」，編輯上，除《創世紀詩刊》、《幼獅文藝》編務，1977年起主編《聯合副刊》逾二十年，開創華文報紙副刊盛世，最為人所稱道；創作與編輯之外，瘂弦還勤於詩論，出版《中國新詩研究》、《記哈客詩想》，借序論詩，輯結為《聚繖花序》等書，視野壯闊而思慮精深。

詩人遠行，聯副特作專題送別。瘂弦曾作詩〈上校〉，詩中「他曾聽到過歷史和笑」，映照瘂公一生雖親歷中國近代顛沛流離的歷史，其詩作仍不失諧謔與幽默，而為人圓融，人情練達，詩在生活中實踐。

（原刊載於《聯合報》副刊，2024年10月13日）

《創世紀詩刊》第30期（1959年10月）。　　《幼獅文藝》第183期（1969年3月）。　　《聯合文學》創刊號（1984年11月）。

1998年5月3日，瘂弦（左二）應邀出席文訊雜誌社主辦之第一屆「五四文藝雅集」，獲頒文學編輯獎，與同屆得主合影於臺北福華飯店。左起：許悔之、瘂弦、馬森、余光中、陸達誠、陳憲仁。（文訊・文藝資料研究及服務中心提供）

◎朱和之，本名朱致賢，1975 年生，臺北人。曾獲兩屆全球華文文學星雲獎歷史小說首獎、羅曼·羅蘭百萬小說賞，入選 2022 年愛荷華國際寫作計畫。著有長篇歷史小說《當太陽墜毀在哈因沙山》、《南光》、《風神的玩笑》、《樂土》、《逐鹿之海》，歷史隨筆《滄海月明——找尋臺灣歷史幽光》，小說《夢之眼》、《冥河忘川有限公司》等。

詩在他每一句話裡

◆朱和之

《聯合報》副刊，2024年10月14日。

觀音在遠遠的山上
罌粟在罌粟的田裡

王叔叔說這意思是，罪惡和高貴都是可以融在一起看的，大家和平共存。

兩年前這個時候，在愛荷華聶華苓老師家裡，瘂弦老師來了電話。當話筒擴音放出那傳奇的磁性嗓音時，像是某個逍遙仙人心血來潮降語凡間，若無其事和你閒話起來。

先是聶老師講話，聶老師故意叫瘂弦老師「王叔叔」，要他猜猜自己是誰。王叔叔當然一聽就知道，湊趣逗著說，妳的聲音聽起來比本人老，本人應該比較年輕吧。

然後換七姨（聶老師妹妹）開口，王叔叔一聽到七姨的聲音，便說我們是同時代的人，有一樣顏色的夢。我的天，誰說他封筆了呢，詩都在他每一句話裡。

我讀政大時選修過瘂弦老師的課，一開始看著課表還傻呼呼地問這教現代詩的王慶麟是誰，旁人難以置信說就是瘂弦啊你怎能不知道！但那整個學年都是由白靈老師代課，他教我們聆聽柴可夫斯基第一號弦樂四重奏第二樂章Andante cantabile來踏穩〈如歌的行板〉，解讀「退斯妥也夫斯基壓根兒也沒見過二孃孃」，講得極好，而瘂弦老師終究壓根兒也沒現過身。沒想到將近三十年後卻能有這麼一次通話，讓我把課補上了。

王叔叔在電話裡說自己九十歲，一不小心就要活過一百了。他給我們出謎題，說，人死了之後什麼都帶不走，唯獨只能帶走一樣東西，猜是什麼？我們左矇右猜沒頭沒腦，王叔叔淡淡用那醇厚的瘂弦嗓子拉長聲音說：祕──密──

他還說頭一次到美國，和朋友開車長途旅行，看到路牌上寫著Colorado，促狹地說美國真進步，竟然有Color Radio，連聲音都是彩色的。

秋天什麼也沒留下，老師走了，帶走的

卻不只是他行吟如歌的祕密，更把一個時代的夢的顏色都揮去。

　　世界已經很混亂，我們的心不要跟著亂，要把自己過好。王叔叔那天說，我們還是要寫詩。

秋歌——給暖暖
落葉完成了最後的顫抖
荻花在湖沼的藍睛裏消失
七月的砧聲遠了
暖暖
雁子們也不在遼敻的秋空
寫牠們美麗的十四行了

暖暖
馬蹄留下踏殘的落花
在南國小小的山徑
歌人留下破碎的琴韻
在北方幽幽的寺院
秋天，秋天什麼也沒留下
只留下一個暖暖
只留下一個暖暖
一切便都留下了

瘂弦（1932～2024）

（原刊載於《聯合報》副刊，2024年10月14日）

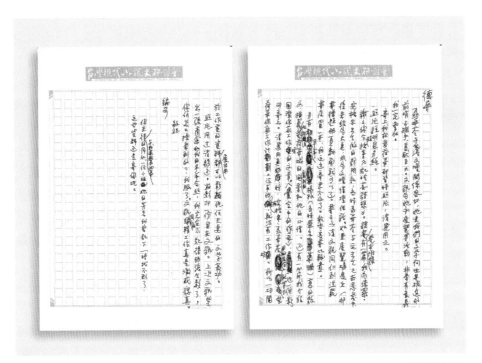

瘂弦於2011年致文訊雜誌社總編輯封德屏信函，談及2011年「百年小說研討會」為聶華苓舉辦「愛荷華國際寫作計畫與華文小說家」座談會之相關照片及資料事宜。（文訊‧文藝資料研究及服務中心提供）

◎蕭宇翔，1999年生，桃園人，東華華文畢業，北藝文跨所就讀中。曾獲文化部青年創作獎勵，國藝會文學創作補助。出版詩集《人該如何燒錄黑暗》（雙囍，2022），曾獲第八屆楊牧詩獎，第一屆台積電旭日書獎；入圍臺灣文學金典獎，Openbook年度好書獎。

勢有剛柔，不必壯言慷慨

◆蕭宇翔

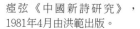

瘂弦《中國新詩研究》，1981年4月由洪範出版。

瘂弦《紀哈克詩想》，2018年8月由洪範出版。

臺灣現代詩中少見的反諷特質

　　瘂弦生於河南，自古以來河南盛產詩人，謝靈運、杜甫、韓愈都是河南人，與他一樣渡海來臺的同鄉，還有周夢蝶。青年時代瘂弦於大動亂中入伍，隨軍輾轉來臺，先是從復興崗學院影劇系畢業，其後服務於海軍。曾獲諾獎的美裔俄羅斯詩人布羅茨基（Joseph Brodsky）也曾是海軍一員，對這一行當極為讚美，認為海軍能使人視野開闊，心神通透，目光銳利。

　　瘂弦與布羅茨基的詩歌似乎都帶有一種賦格般的層層音型、樸素的意象不時帶刺，以及臺灣現代詩中絕少能見的反諷特質（irony）。我想像瘂弦和布羅茨基都曾在鹽霧與濕冷中，淡然嚼著菸草，在國的邊疆上搖搖晃晃，自有一種局外的通脫與睥睨，冷肅與甜蜜。〈水夫〉詩中，瘂弦在第一段展開「思念－月光」的動機：「他拉緊鹽漬的繩索／他

爬上高高的桅桿／到晚上他把他想心事的頭／垂在甲板上有月光的地方」，後面一段，則是女子在無窮遠處，大陸某地的呼喚。隔段立即結尾，倏忽收束在：「而地球是圓的／海啊，這一切對你都是愚行」，將地海遼夐間，情人彼此的呼喚，以「地球是圓的」加以諧謔調笑，是瘂弦一貫的手法。

　　瘂弦詩中的反諷常被談及，有人說他「經常並置相反的、衝突的意象」，這是指「修辭性反諷」，幽微地製造局部的戲劇張力，譬如在〈馬戲的小丑〉中，小丑眼看嘲笑者「（她）仍盪在鞦韆上／在患盲腸炎的繩索下」，暗示敘事者恨不得將這條繩索剪掉。或者名作〈上校〉，「他曾聽到過歷史和笑／／甚麼是不朽呢／咳嗽藥刮臉刀上月房租如此等等／而在妻的縫紉機的零星戰鬥下／他覺得唯一能俘虜他的／便是太陽」，以「不朽、戰鬥、俘虜」等詞彙，反襯大戰結束後，日常生活的零餘瑣碎。

「內與外斷裂」之同依共存

依我之見，瘂弦詩中的「戲劇性反諷」，其實遠勝於「修辭性反諷」，即在於他能夠出入不同敘事視角，帶有「間距」地，使讀者以旁觀之姿，進入詩中角色（無論是詩人自我或者他人）的「內在斷裂」，而每一句又如露珠般，絲滑地遊走在情感的荷葉邊緣，順從斗狀的軌跡，環繞核心，在那一小片海洋中翻滾遊戲，旁敲側擊，不至於嚇人地墜落，毀滅。楊牧曾藉《文心雕龍》中一句「勢有剛柔；不必壯言慷慨」形容瘂弦其樸質有情，從不刻意求新，也不販售淒厲，而是謹慎的同情（Circumspect Sympathy），哀而不憫。瘂弦出生北方農村，詩中常見一系列前現代般，如面朝荒野而坐的暖色圖景，而他也鍾情於馬蒂斯（Henri Matisse）被譏嘲為「野獸派」的畫作，曾賦詩題獻。如此可見，瘂弦必然深悟於世界的面貌，常有一種「內與外斷裂」之同依共存，其荒涼絢麗，溫柔蠻暴，無心而有情，如此他寫道：「馬蒂斯，我知你並無意／使一切事物成為亡故」。

《聯合報》副刊，2024年10月13日。

寫屬於生活的詩

寫於1981年3月7日聯副編輯室，洪範版《瘂弦詩集》自序的結尾處，常有人提及「生活即是詩」一句，並據此加以推論，詩人意識到「從此只須生活，而不須寫詩」了。實際上，前文中瘂弦提及當時二女出生，看著孩子在搖籃裡的笑窩，心中「寫詩的意念是那樣細細地、溫柔地觸動而激盪；也許，生活裡的詩可以使我重賦新詞，回答自己日復一日的質詢與探索」。顯然，「生活即是詩」並非一種對詩的休止、迴避，毋寧說，是「欲拒還迎」，引出另一種作詩法──寫那屬於生活的詩──而這樣的詩，瘂弦並非沒有寫過：

> 整整的一生是多麼地、多麼地長啊
> 縱有某種詛咒久久停在
> 豎笛和低音簫們那裡
> 而從朝至暮念著他、惦著他是多麼的美麗
> ──〈給橋〉

（原刊載於《聯合報》副刊，2024年10月13日）

◎蕭玉品，曾任《遠見雜誌》記者，跑過科技、服務、文教，左手寫科技，右手寫文化，現為自由撰稿人。宜蘭人，自 2020 年起過著蘭城內外的通勤生活。

追悼詩人瘂弦
他是華文現代詩啟發者，也是推動文化的編輯者

◆蕭玉品

約一九七〇年代中期，《創世紀》與《詩宗》同仁歡宴楊牧回臺。前排左起：彭邦楨、羊令野、楊牧、商禽；後排左起：洛夫、羅門、張默、葉維廉、瘂弦、碧果、辛鬱。（文訊‧文藝資料研究及服務中心提供）

第27屆「臺北文化獎」得主中，年紀最大者為已高齡九十一歲的瘂弦，作為華文現代詩的啟發者，獲頒此殊榮當之無愧。瘂弦於2024年10月11日早晨於溫哥華逝世，享耆壽九十二歲。

回憶距離旅居溫哥華的瘂弦上回返臺，已匆匆過了八年。2023年他獲得「臺北文化獎」，藝文界一片叫好，許多老友紛紛盼他能親自回臺領獎，藉此再聚。

可惜當時九十一歲的他已不適合長途飛行，僅以文字簡單回覆獲獎感言。儘管臺北市民無法在頒獎典禮親炙這位華文現代詩啟發者的風采，但瘂弦促使臺北成為文壇重鎮、使臺灣成為全球華人現代文學故鄉的成就，絕對是值得大家更為了解。

生於河南南陽的瘂弦，本名王慶麟。十七歲那年，中共解放軍進城，他也隨著學校南遷流亡，就此與父母不復相見。來臺後，他進入復興崗學院（現為國防大學政治作戰學院）影劇系就讀。1954年，參與創立「創世紀詩社」，發行《創世紀》詩刊，與張默、洛夫獲封「詩壇鐵三角」，為一九五〇年代的臺灣帶來新詩和超現實主義思潮，對臺灣現代詩的發展帶來深遠且關鍵的影響。

詩，關心人生意義、欠缺與自我批判

瘂弦主張，文學中有小說、散文等各種文類，「那麼詩呢，是文類裡面相當風光的。」

他強調，詩、文學作為和人類思想生活相關的文體，關心的一定是人生的意義與欠缺，以及那些值得自我批判的時刻，要是拿這些做為創作主題，會格外有意義。

都說成名要趁早，瘂弦的詩作集中在1953至1965年間，1967年後就未再發表任何作品。回首自己的創作生涯，瘂弦謙稱外界喜歡以「詩」來總結他的工作，但他始終覺得寫得不夠，原因之一是他過去花了許多時間在編輯工作上，耽擱了寫作，「詩的創作是嬌嫩的藝術，不能停，停了就接不上了。」

已故文學大師余光中曾依瘂弦生命內容的分量輕重，將其成就分成詩作、編輯、評論和劇藝四部分。他認為，瘂弦寫詩，是揚己之才；編報刊，是成人之美，不僅鼓勵名家、挖掘新秀，還負起培植繼任的後輩責任；評論主要為研究新詩發展、為人作序；至於劇藝，則以從事廣播事業、主演《國父傳》聞名。

如同余光中給出的評價，瘂弦自《創世紀》、《幼獅文藝》到《聯合報》副刊，一路從事編輯工作近四十年，培育文壇青年後輩向來不遺餘力，例如規畫籌辦「聯合報文學獎」，鼓勵全球華人作家投稿、主編多部重要選集，力助臺北成為全球華文文壇重鎮。

跨域思維與廣闊視野，為華文創作走向定槌

瘂弦具備了跨域思維與廣闊視野。像是他編纂《當代中國新文學大系‧詩卷》時，廣泛收錄來自新加坡、馬來西亞、菲律賓、越南、香港、英國和美國等海外華僑、華裔詩人的作品；又或者在聯合報文學獎中附設「中國大陸短篇小說獎」，鼓勵兩岸作家間的交流。

這些做法在當時的社會環境、氛圍下，均有劃時代意義，亦為華文創作、文學的未來走向，埋下關鍵種子。

儘管移民溫哥華已逾二十年，瘂弦對臺北仍分外有情。要說他鍾情的永恆一隅，他會想起詩人周夢蝶在武昌街「明星咖啡館」門口那個舊書攤，瘂弦說：「當時說誰最了不起，明星咖啡館門口擺書攤的那個老頭──周夢蝶先生可是不得了！因為他所追求的，完全和我們平常追求的繁瑣東西不一樣。」

每回瘂弦造訪，總要坐在小板凳上和周先生聊天，直至酣暢，再信步走上明星咖啡館，看看裡頭聚集一票寫作的人。他知道，總會有幾位老友藏身其中，接著他們互亮新作、抬槓子、念叨，好不熱鬧。他懷念道，文人在那個場域中互相激勵、孕育創作靈感，成為臺北城獨特的文化一景。

他提醒有心投入寫作的後進要掌握時間，「別認為時間夠用，寫作的時間很快都會消失。有時你有情感，但沒有文章的構思，有時有構思，卻沒有精神，偶爾還會給自己編許多藉口。一個作家對於時間的流失，需要特別敏感。」

瘂弦曾在臺北文化獎的得獎感言中說到「希望臺北文化獎能持續辦下去，發掘更多得獎者介紹給大家」，他說：「當人們因著獎而去讀被嘉獎人的文章，變成更大的動力，就能為社會與文化帶來最大的貢獻。」

（原刊載於《VERSE》，2024年10月12日）

◎張錦忠，生於馬來西亞。臺灣大學外國文學博士，現為中山大學外文系退休教授兼約聘研究員。近著有短篇集《壁虎》、詩集《像河那樣他是自己的靜默》、隨筆集《查爾斯河畔的雁聲：隨筆馬華文學二集》。

瘂弦詩集、黃崖、《蕉風》、《中國學生周報》及其他

◆張錦忠

收入瘂弦詩的馬華詩選集《郊遊》（左）；一九六〇年代初的《蕉風月刊》。（張錦忠提供）

《苦苓林的一夜》是瘂弦第一本詩集，1959 年 9 月在香港出版。1981 年，詩人在《瘂弦詩集》作者〈序〉提及這冊諸多傳説的第一本詩集時寫道：「詩集裡一部分作品，最早收在《苦苓林的一夜》（民國 48 年 11 月 1 日由香港國際圖書公司出版），當時是因為香港詩人黃崖先生的推介才出版的。」接下來這本書的歷史許多人都引述過了：書印成後出版社寄運三百本給瘂弦，但清關過程多波折，詩集「擱在海關半年，等取出來時，封面都受潮腐壞了」，堪用的大概也只有兩百多本，後來瘂弦自己另外做個封面，改書名為《瘂弦詩抄》分贈詩友。《苦苓林的一夜》的確是「傳説中的詩集」，因為大家看到的，是封面為巫汶勞夫（Charles Umlauf）雕塑《悲傷者》的《瘂弦詩抄》（封面仍然寫「香港圖書公司出版」出版），而不是《苦苓林的一夜》。

1977 年出版的《瘂弦自選集》有個「年表」，裡頭所記 1959 年的事件是「詩集《瘂弦詩抄》由香港圖書公司出版」，漏植出版社名「國際」二字。楊牧在〈《深淵》後記〉也説「他〔瘂弦〕的《詩抄》在香港出版，又題《苦苓林的一夜》」。顯然楊牧認為那是同一本詩集。所謂「又題」，乃因「詩抄」除了封面書名為《瘂弦詩抄》之外，扉頁也題為「瘂弦詩抄」。根據瘂弦給楊牧的信，1971 年的《深淵》（增訂本）原本想叫《瘂弦詩存》。不過，瘂弦在《瘂弦詩集》自序説《苦苓林的一夜》「民國 48 年 11 月 1 日由香港國際圖書公司出版」，可能有誤，《苦苓林的一夜》版權頁所誌出版

日期為「1959 年 9 月」。

「國際圖書公司」應該是前友聯人小說家黃崖在香港時主持或參與的出版社，他的詩集《敲醒千萬年的夢》就是國際圖書公司出版品，短篇小說集《祕密》（1959）與《彈琴的人》（1960）也由國際出版。《苦苓林的一夜》在1959 年底出版，很可能黃崖那時或 1960 年初才下南洋。他編《中國學生周報》時，與臺灣作家時有聯絡。瘂弦的詩在 1958 年中至 1962年期間經常出現，到了 1964 年還有一首〈鹽〉。後來黃崖在馬來西亞編《蕉風月刊》，多登臺灣作家稿件，其中不乏轉載文章，但也有不少是應邀或自行投稿之作，如瘂弦與葉珊的詩。許多年後黃崖離開友聯，離開馬來西亞，移居曼谷，仍有稿件在《聯合報副刊》出現，想係瘂弦難忘故人之情。他在詩集〈序〉上說，「後來的若干年我寫詩的精神會那麼勇壯，和黃崖的鼓勵有很大的關係；黃崖是我最早的知音，也是一位燃燈者」。黃崖無疑是他的「香港伯樂」。

《苦苓林的一夜》不曾在臺灣書肆流通，但香港應該還是有人經銷。黃崖在 1959 年底或 1960 年就下南洋，自己的書或經手出版的書大概就交給經銷者去處理了。我記得十年前社媒臉書上就有人推想《苦苓林的一夜》當年的印量。例如，如果出版社印了一千本或五百本，寄給瘂弦三百本，還剩多少本在香港流通？

這令我想起，一九七〇年代下半葉，我剛到八打靈再也二一七路十號編《學生周報》改版的《學報月刊》與《蕉風》的往事。某日，《學報》另一小編許重山帶我去認識環境時，我在馬來亞印務公司倉庫一角落發現幾疊早期的蕉風文藝叢書（如方天小說集《爛泥河的嗚咽》、

常夫詩集《牆外集》）以及香港友聯出版品（如中國學生周報主編的「中國學生叢書」），書封面多陳舊，紙張泛黃，有的書邊或書角已遭蟲蛀，顯然棄置多年，只差沒當廢紙處理掉。倉庫沒有恆溫設備，悶熱、潮濕，書擺了十多二十年，狀況當然不可能好到哪裡去。

後來我從這批陳年庫存中挑了一些還堪翻閱的回編輯室，作為贈品送給《學報》長期訂戶，其中一種就是瘂弦《苦苓林的一夜》。有時讀者來學報社參訪，也會送書給他們留念，所以這批舊書應該也頗有一些在星馬流通。馬印倉庫為甚麼會有《苦苓林的一夜》？極可能友聯旗下的書店就是詩集的南洋經銷者。

我當《學報月刊》編輯時已是一九七〇年代下半葉，彼時黃崖早就離開友聯了。1959年，白垚在《蕉風》高喊新詩再革命，為現代詩搖旗。不久黃崖南來，擔任《學生周報》編輯，黃崖初來時，暫住友聯宿舍，與白垚閒聊多談文論藝，那些年的馬華文學第一波現代主義浪潮就這樣捲湧而來。後黃崖接替黃思騁主編《蕉風》，一方面譯介西方現代主義文學，另一方面刊登現代創作詩文，這些作品多出自港臺作者手筆。

《中國學生周報》1964年5月29日第619期刊出瘂弦的〈鹽〉編者按語。（張錦忠提供）

61

文學運動如果只有宣言，沒有作品支撐，很容易淪為「虛張聲勢」。六○年代初，馬華現代主義文學的創作與論述實在不多，因此借助譯介與刊載域外文學作品，乃填補在地文庫彙編之不足的做法。這是文學系統運作法則。下文提到的「蕉風文叢新詩選」即編輯政策與場域運作法則的反映。

黃崖主編《蕉風》，從 1960 中到 1969 年中，幾乎長達十年，足以主導文學場域趨勢。《蕉風》被目為「現代派」刊物，馬華現代詩有「蕉風派」，可說是白垚、黃崖在六○年代推波助瀾的結果。1959 年，《蕉風》推出第 78 期革新號之後，在接下來半年內隨刊附贈兩冊「蕉風文叢新詩選」──《美的Ｖ形》（第 80 期）與《郊遊》（第 83 期）。這兩本馬華現代詩史上最早的詩選集編者應該是白垚。不過，兩本小書收錄的詩，並非都是馬華作品，還包括了周夢蝶、葉珊、夐虹、瘂弦、余光中、王憲陽、向明、覃子豪、阮囊、上官予、夏菁、袁德星、馬覺、徐柏雄、逯耀東等港臺詩人的創作與譯作。因此，扣掉非臺灣詩人，二書可能也是臺灣現代詩人最早集結的選本，比《六十年代詩選》還早兩年。

「蕉風文叢新詩選」編者選的瘂弦詩是〈讀《獵人日記》〉，收入《郊遊》。〈讀《獵人日記》〉原發表於 1959 年 4 月 3 日的香港《中國學生周報》第 350 期，《深淵》與《瘂弦詩集》都沒收入，形同「瘂弦佚詩」。瘂弦第一首在《蕉風》發表的詩則是〈舵邊〉，刊在 1960 年 6 月號的《蕉風》第 92 期。這或許也可以作為推斷黃崖自 1960 年中開始主編《蕉風》的證據。〈舵邊〉共五節，首兩節如下：

「你的鬍子是鹹的！」
那些吻我的姑娘們這樣喊。
因此斷定我是一個水手。

我將舌下藏了整個春天的話，
在一夕之間傾倒給她。

〈舵邊〉不是瘂弦唯一寫「鹹鬍子」的詩。這首詩也是沒收入《瘂弦詩集》的「瘂弦佚詩」。從 1960 年 6 月到 1965 年 9 月，從〈舵邊〉到〈藍色的井〉，瘂弦在《蕉風》總共發表了二十一首詩，平均每三個月就有一首（如果扣掉沒有他的詩的 1962、1963 兩年，幾乎每一個半月就登一首），見刊率之高，就當時臺灣詩人在馬華刊物的發表情形而言，可謂無人能出其右，足見黃崖對他的欣賞。

不過，《蕉風》所刊二十一首瘂弦詩作裡頭，有十二首沒有收入《瘂弦詩集》，「淘汰率」相當高。《瘂弦詩集》有五個「詩抄本」前世與一個「自選本」，版本系統雖然不像《紅樓夢》那樣複雜，還是頗有做文章的空間。「詩抄前世」為眾所周知的《苦苓林的一夜》、《瘂弦詩抄》、眾人本《深淵》、晨鐘甲本《深淵》、晨鐘乙本《深淵》，「自選本」即《瘂弦自選集》。《瘂弦自選集》由黎明文化公司於 1977 年 10 月出版，列為「中國新文學叢刊」第十四號，同時由國防部總政治作戰部印行一個「非賣品軍中版」，因此有兩個版本，不過除了封面顏色與印行單位不同之外，兩個版本並沒甚麼差別，不需分Ａ本與Ｂ本。《深淵》倒是可分《深淵》Ａ本、《深淵》Ｂ本與《深淵》Ｃ本。

A本含序詩共收瘂弦詩作六十一首，幾乎是《苦苓林的一夜》的兩倍。B本再增加九首詩與瘂弦〈詩人手札〉，但刪掉王夢鷗跋與楊牧後記。C本將刪掉的王夢鷗跋與楊牧後記補回。

換句話說，無論是「詩抄本」系統或「自選本」系統，還是最後的「欽定本」《瘂弦詩集》（各版次裝幀與封面設計不同），坊間流傳的八十八首瘂弦詩並不包括原刊《蕉風》二十一首詩中的十二首，或收入《郊遊》的〈讀《獵人日記》〉。

〈讀《獵人日記》〉原刊香港《中國學生周報》。瘂弦從 1958 年到 1964 年，總共在《中國學生周報》發表了二十六首詩，但《瘂弦詩集》只收入其中十首（這十首中有七首已收入《深淵》）。瘂弦詩在《中國學生周報》出現的時間，集中在 1961 年以前。其實，1964 年 5 月 29 日在《中國學生周報》「詩之頁」刊出的名篇〈鹽〉，早在 1958 年就已刊登於《南北笛》周刊了，不知為何六年後才在香港發表。值得一提的是，〈鹽〉刊出時附有編按，説那是一首「叫人喜歡得不得了的詩。……寫這詩的瘂弦果然是我們中國現階段的可喜的詩人。」彼時黃崖早已下南洋了，文藝版或「詩之頁」編者不知是誰，但那按語，開頭頗有西西文字的味道（我記得西西編過），我請教香港友聯故人陸離，她説編者可能是盛紫娟。

1990 年 6 月，瘂弦訪馬，姚拓宴請河南同鄉，彼時《蕉風》執編許友彬在餐桌邊訪問詩人，可惜沒有問他那些發表在《中國學生周報》與《蕉風》的詩為何多首沒收入定本詩集，如今詩人已逝，問題就讓瘂弦研究者來解答吧。

（原刊載於《文訊》470期，2024年12月）

瘂弦自己設計《瘂弦詩抄》封面採用巫汶勞夫的雕塑《悲傷者》。（張錦忠提供）

瘂弦第一本詩集《苦苓林的一夜》，1959年9月在香港國際圖書公司出版。

◎秀實，創「婕詩派」。曾獲「香港大學新詩教學獎」、「新北市文學獎新詩獎」。著有詩集《與貓一樣孤寂》，詩評集《現代詩話》，並編有《當代臺灣詩選》等。

記住我的詩，忘記我
有感於瘂弦的過去

◆秀實

有一種流行的說法是，悼念一個詩人，最好的方法是閱讀或研究他的作品。所謂悼念，已不把真情置於首位，而落入一個「形式」裡去。如果是形式，便得看各人與死者的關係而決定。有的緬懷昔日交往、追思其生活點滴，有的談八卦瑣事或披露不為人知的軼事。當然，談其詩、論其人也是可以的，然當中並無所謂「最好的方法」。我與詩人瘂弦並無任何交集，自然只可以談論其詩作。我不以為這樣會比，把瘂弦當日贈予簽名本詩集、或把某些文學活動場合，與瘂弦合照貼在臉書來得更有意義。然瘂弦於我看來，確實達到了「記住我的詩，忘記我」的詩人境界。

大學時期瘂弦的《深淵》是必讀的現代詩集，我買的是「晨鐘版」，精裝硬皮。但詩太晦澀，我讀不懂，便沒有讀下去。現在看來，當時的不懂是因為我的學問不夠，而不是作品的問題。這本詩集連同那時很多的詩集，後來在我家庭變故時，一併丟失了。人與書，也是有緣的，「命」在其中矣！後來我攻讀博士時，專門研究散文詩，瘂弦的〈鹽〉與商禽的〈長頸鹿〉，自是研究臺灣散文詩不可繞過的

作品。我的博士論文已然蒐集了相當的資料，包括專書與大量的單篇論文。當時，論文大綱也通過考核。但在書寫的過程中，發覺香港的散文詩實在糟糕，絕大部分是抒情小品，甚或不如一篇精彩的散文。我實在不想花時間去研究這種水平的作品，然後為了學位，昧著良心寫「史」。我想，文學研究有它基本的底線，不能棄優而近劣。研究的目的就是發掘優秀作品的優點，以昭彰於世，影響後人，而非頌讚平庸，蒙混過關，誤導來者。我提出改題，然實行不易，終於放棄了，只保留「博士學歷」的說法。但我留下不少評論散文詩作品的簡短筆記。瘂弦的〈鹽〉即是其一。抄錄如後。

鹽 / 瘂弦

二嬤嬤壓根兒也沒見過退斯妥也夫斯基。春天她只叫著一句話：鹽呀，鹽呀，給我一把鹽呀！天使們就在榆樹上歌唱。那年豌豆差不多完全沒有開。
鹽務大臣的駱隊在七百里以外的海湄走著。二嬤嬤的盲瞳裡一束藻草也沒有

瘂弦《深淵》，於1971年4月由晨鐘出版社出版。

瘂弦《Salt》，1968年5月由愛荷華大學出版社Windhover Press出版。

瘂弦著，鄭樹森主編《如歌的行板》，1996年9月由洪範出版。

過。她只叫著一句話：鹽呀，鹽呀，給我一把鹽呀！天使們嬉笑著把雪搖給她。一九一一年黨人們到了武昌。而二嬤嬤卻從吊在榆樹上的裹腳帶上，走進了野狗的呼吸之中，禿鷹的翅膀裡；且很多聲音傷逝在風中：鹽呀，鹽呀，給我一把鹽呀！那年豌豆差不多完全開了白花。退斯妥也夫斯基壓根兒也沒見過二嬤嬤。

當中的三位角色，各具不同的性質，因而各有其「象徵」。二嬤嬤是無知的老百姓，退斯妥也夫斯基是寫有《罪與罰》、《卡拉馬助夫兄弟》等小說的俄國大作家，天使有操控人間的能力，與妖精相對，代表善良。作品的藝術性體現於「敘事」的手法上。退斯妥也夫斯基是一位關心貧苦大眾的小說家，但與二嬤嬤兩不相交：首句「二嬤嬤壓根兒也沒見過退斯妥也夫斯基」，末句「退斯妥也夫斯基壓根兒也沒見過二嬤嬤」。同一故事裡的兩個主角竟然互不相識的敘事，如此設計自當另具含意。這裡出現了對作家的嘲諷：書齋的書寫，無助於水深火熱中的百姓，惟有革命的實際行動才可能。二嬤嬤在 237 個字元的篇幅裡，三次呼喊：「鹽呀，鹽呀，給我一把鹽呀！」詩人獨以「缺鹽」反映時代的苦難，這正演示了文學創作上「節約」的手法。平庸的總想沉甸甸地一網打盡，機智的詩人卻知道如何舉重若輕。天使在這裡做了兩件事：「天使們就在榆樹上歌唱」與「天使們嬉笑著把雪搖給她」，表達命運對苦難者的捉弄。「鹽務大臣」在這裡為我們提供了線索，我國在清宣統元年（西元 1909 年）11月始設鹽政大臣一職。這是政治革新之一項。詩裡正反映清末民初武昌起義前的社會動盪局面。全詩寄寓對革命的冀望，不靠天（天使），且看革命能否為百姓（二嬤嬤）帶來好運。文本很簡短，內涵卻極其豐富，而因為深具故事性，也可以作為一個「微型小說」來讀。

當時我還搜到詩人另外一篇散文詩作品〈廟〉，也是極好的。但不在這裡再談了。瘂弦有閃亮的句子，留在我記憶哩，是兩行詩〈曬書〉：

一條美麗的銀鼕魚
從《水經注》裡遊出來

　　瘂弦作品，就是這樣具有強烈的藝術性：
節約的述說、濃稠的內涵、清晰的條理、嘹亮
的節奏。詩人三十三歲後，便擱筆不寫詩。我
以為詩人的擱筆，是因為他已自覺抵達個人的
峰頂。在約九十首詩作中，當中優秀詩作所占
比率極高，除了大家傳誦的〈如歌的行板〉、
〈給超現實主義者〉、〈深淵〉、〈上校〉、〈給
橋〉等，〈給 R.G.〉、〈鐘鳴七句時曾一度想
到耶穌〉、〈獻給馬蒂斯〉、〈鼎〉、〈劇場，
再會〉、〈婦人〉、〈殯儀館〉、〈船中之鼠〉、
〈耶路撒冷〉等（遺漏尚多），幾乎沒有人談
論。一生一冊詩稿，而具極高水平者，有白話
詩以來，惟瘂弦一人。

　　瘂弦走了，又一個著名詩人殞落，華語
詩壇即將進入一個沒有「大詩人」的時代。那
時的余光中、楊牧、鄭愁予、洛夫等，都普遍
被認為是大師級的。如今臺灣的不說，大陸哪
位詩人的詩江湖地位，有被公認是「大詩人」
的！詩壇已然邁向群雄割據的時代，詩江湖遍
地山頭，非但白話詩的優劣漫無準則，從精致
動人的意象到鄙俗不堪的口語，都麇聚一班人
在吶喊叫囂。詩人的評價也是眾說紛紜，各走
極端，各為王者。大陸詩壇更瀰漫著歪風，所
謂大咖詩人只因為其在作協或官方刊物上供有
要職，而非因為「文本」的出眾。無論如何，
一個詩歌的時代已經消逝，我們真誠於詩歌的
後繼者，只能緬懷，如安史亂後，閒坐長廊簷
下，喝茶、聽雨、搦著紙扇，說說當年的「天
寶舊事」！

2024年10月15日晚11：20水丰尚
（原刊載於「策略風知識新聞網」，
2024年10月26日）

1974年6月4日，瘂弦與文友參訪馬祖村，談戰地文藝。左起：
牛哥、李牧、李中和、朱介凡、陳紀瀅、劉枋、梁中銘、金哲
夫、瘂弦、高月。（文訊‧文藝資料研究及服務中心提供）

1988年，聶華苓走出黑名單陰霾重返臺灣，與曾參加「國際作家
工作坊」的文友會面。左起：方梓、瘂弦、聶華苓、向陽。（向
陽提供）

◎鍾國強,筆名鍾逆,香港大學文學院畢業。曾獲青年文學獎,香港中文文學雙年獎,香港藝術發展獎藝術家年獎等。著有《生長的房子》、《雨餘中一座明亮的房子》、《字如初見》、《浮想漫讀》、《默讀餘溫》、《動物家族》等。

讀詩悼瘂弦

◆鍾國強

瘂弦《弦外之音:瘂弦詩稿、朗誦、手跡、歲月留影》,2006年5月由聯經出版。

瘂弦辭世。在我心目中,他是那一代臺灣最好的四位詩人之一(其餘三位乃周夢蝶、商禽和楊牧);隨著他也離去,光照一代詩歌的輝煌終告正式謝幕。

紀念瘂弦最好的方式,便是重讀他的詩。瘂弦名作頗多,後出越益精進,如〈如歌的行板〉,如〈深淵〉。展卷重讀,除了欣賞他用力猛厲的後期作品外,還特別偏愛他前期的詩,尤其是卷一「野荸薺」、卷二「戰時」和卷五「側面」裡的作品。

這幾卷詩無論內涵題旨和行文結構俱沒有後期的力作那麼複雜,但簡單自有簡單的好處,就是文字比較自然,用喻也簡煉清新,如〈春日〉:「主啊,嗩吶已經響了/冬天像斷臂人的衣袖/空虛,黑暗而冗長」;如〈婦人〉:「那婦人/背後幌動著佛羅稜斯的街道/肖像

般的走來了」;如〈乞丐〉:「只有月光,月光沒有籬笆」;如〈鹽〉:「鹽呀,鹽呀,給我一把鹽呀!天使們嬉笑著把雪搖給她」;如〈上校〉:「在蕎麥田裡他們遇見最大的會戰/而他的一條腿訣別於一九四三年」,「而在妻的縫紉機的零星戰鬥下/他覺得唯一能俘虜他的/便是太陽」……意象文字,俱見鮮異,而且點到即止。

瘂弦這時期的詩,也開始建立了屬於自己的節奏與韻味,如〈野荸薺〉:「送她到南方的海湄/便哭泣了/野荸薺們也哭泣了」;如〈秋歌〉:「秋天,秋天什麼也沒留下/只留下一個暖暖//只留下一個暖暖/一切便都留下了」……這些詩喜用排比、覆疊、頂真、擬人等手法,且很多時充滿童真的意趣,帶著一種極其溫柔的「甜味」。

一九八〇年代中期，瘂弦（前排中）同「創世紀」詩人應中央廣播電臺之邀，參加「詩人節詩朗誦」節目錄製。前排左起：羊令野、瘂弦、向明；後排左起：管管、辛鬱、張默。（文訊・文藝資料研究及服務中心提供）

所以楊牧在《深淵》後記裡形容其詩既「甜蜜」又「冷肅」。就以〈春日〉來說，即使後段有這樣的詩句：「沒有渡船的地方不要給他們製造渡船／讓他們試一試你的河流的冷暖／並且用月季刺，毛茛藜，酸棗樹／刺他們，使他們感覺輕輕的痛苦」，也難掩在試煉背後的溫柔用心。至於童真，瘂弦的詩經常採用童稚的視角，如〈殯儀館〉：「食屍鳥從教堂後面飛起來／我們的頸項撒滿了鮮花／（媽媽為什麼還不來呢）」，這種童稚的聲音，無論浮在表面或潛藏在底，也無非是以一種「輕」來化解命運與死亡之「重」。

瘂弦還好用「們」字，如「雲們」、「酒們」、「狗子們」，以增添一種童趣。這也跟他刻意採納歐化句有莫大關係。不少詩人或學者經常標榜所謂純正的，清通的中文，認為「們」字很多時其實可以避開，以免讓中文矮化成一種惡質的翻譯體，瘂弦顯然不在此列。試看「賜男孩子們以滾銅環的草坡／賜女孩子們以打陀螺的乾地」（〈春日〉），「每個婦人詛咒她在每個城裡」（〈坤伶〉），都可見出瘂弦藉歐化句加強了中文詩在表現上的自由與彈性。

楊牧還在《深淵》後記裡讚揚了瘂弦「另創新意」的精神，又指出「瘂弦的詩前後所表現的是不同面貌而又一致的文學，如早期的〈秋歌〉和〈山神〉，彷彿濟慈或三〇年代中國新詩的回響，但通過他純淨的語言，投之於

六〇年代的詩壇，依舊清澈美好。」

　　楊牧這裡所説的「純淨」，或許只是相對而言。我以為瘂弦在這時期所試驗的詩語言，正正是不以「純淨」為鵠的，而是追求一種變化與彈性，讓語言變得更富表現力，讓尖新反常的詩句反過來豐富我們原來的語言，令它變得更優美，更有生命力。

　　這也跟何其芳的影響有關。楊牧所提的〈山神〉，正是臨摹何其芳〈秋天〉之作。〈秋天〉聚焦在一個季節，〈山神〉則化為四季。論文字意象，瘂弦的仿作顯然已高出一個臺階，但論結構與表現手法（如音色節奏與自由韻腳），卻也得力於何詩打下的基礎。何詩的歐化程度，如「秋天遊戲在漁船上」、「秋天夢寐在牧羊女的眼裡」，比瘂弦更甚；瘂弦的歐化句在這裡稍稍收斂和因用詞轉易而變得較為圓熟（如「俚曲嬉戲在村姑們的背簍裡」相對於「秋天遊戲在漁船上」），這或許就是楊牧所説的「純淨」吧。

　　〈山神〉之外，瘂弦同一年所寫的〈懷人〉也深受何其芳啟迪。此詩末註「重讀何其芳《預言》後寫」，參考的文本，正是何其芳的〈歲暮懷人（一）〉和〈歲暮懷人（二）〉，除了詩題亦步亦趨外，詩中的「驢子」、「啄木鳥」、「籐椅」、「北方」，亦來自何詩。〈懷人〉是瘂弦懷想北方故鄉，及其亡母、老祖母以至「在河邊遇見的那個濯足女子」之作，無論在題旨展現、氛圍烘染、意象營造、節奏處理上，俱得力於何其芳這兩首〈歲暮懷人〉。

　　瘂弦在《瘂弦詩集》序中也承認：「中國新詩方面，早期影響我最大的是三〇年代詩人何其芳，〈山神〉等詩便是在他強烈的籠罩下寫成。」然而，在他「知道何其芳的一些事情後」，這偶像終於「幻滅」。其實，我們也不必過於深究「幻滅」的情由，因為從藝術的角度而言，何其芳的《預言》是奠定瘂弦早期詩風的一大養分來源，已是不爭的事實。正如瘂弦在序中所言：「人生朝露，藝術千秋」，我們還是讀詩好了。

　　瘂弦雖然很早停筆，只留下薄薄的一冊《瘂弦詩集》，但其影響卻是巨大而深遠，不獨在臺灣，於香港亦然。蔡炎培就是一個最好的例子。他五〇年代曾赴臺留學，得葉維廉介紹而認識瘂弦，從此時有往還，彼此鼓勵。無獨有偶，蔡炎培寫詩所追摹的對象，除了他尊稱為「文星師」的吳興華外，便到何其芳了。記得蔡爺在世時的許多個聚會上，經常聽到他在詩友面前反覆唸誦何其芳的〈預言〉：「告訴我，用你銀鈴的歌聲告訴我，／你是不是預言中的年輕的神？」蔡炎培自己也説過，他在 1953 年寫下的〈我為我們這一代歌唱〉，「你一定看得清清楚楚『何派』的痕跡」。

　　這樣，何其芳、瘂弦、蔡炎培，便可連在一條線上了。蔡炎培極其欣賞瘂弦，説「作為詩人，若論二十世紀中國詩壇影響力之深之遠，也是瘂弦」，並推舉瘂弦的〈上校〉為「經典中的經典」。蔡炎培的詩，有不少受到瘂弦影響的痕跡。如〈風逝〉的開首，便引用了瘂弦〈鹽〉裡的一句：「且很多聲音傷逝在風中」（蔡的版本為「有許多聲音傷逝在風中」）。〈將星沉〉的這一段：「加農砲在尋找／排砲的火點／死去的人再一次死去／眼睛尋找著眼睛」，便啟迪自瘂弦的

1975年6月,瘂弦應邀出席第二屆「中國現代詩獎」頒獎典禮。前排左起:蓉子、吳晟、施友忠夫婦、管管、紀弦;後排右起:辛鬱、林亨泰、商禽、瘂弦、羅門、張默、洛夫、羊令野。(文訊·文藝資料研究及服務中心提供)

〈深淵〉:「在鼠哭的夜晚,早已被殺的人再被殺掉」。而瘂弦獨特的節奏與音色,也可在蔡爺的詩中找到同樣精采的回響,最具代表性的例子莫如名詩〈弔文〉了:「然後是花、是路、是腳跡/……/是旗、是髮、是民族/是要通過鹽來確認的鋼/是要通過革命來考驗的缽/作它最初的槍」……這種連綿的排比,多以單音節詞(間中輔以雙音節詞來調節)收結的句式,也可在瘂弦的〈深淵〉裡看到:「而你是風、是鳥、是天色、是沒有出口的河。/是站起來的屍灰,是未埋葬的死」,「這是窗,這是鏡,這是小小的粉盒。/這是笑,這是血,這是待人解開的絲帶!」蔡爺的句式可能是對

瘂弦的致敬,但其中的延衍迫力與反覆變奏,以及以之貫通全詩根脈的處理,顯然已走出瘂弦這種句式的範疇。

當然瘂弦對蔡炎培的影響不僅在語言、音色和節奏上。瘂弦對故鄉風物人情的緬懷,對不仁戰爭的熱腸冷眼,對小人物和弱勢的關懷,以至對命運現實的存在主義式觀照,也可在蔡炎培的詩中找到同中有異的聲音。

瘂弦的影響可能還包括也斯。翻開《雷聲與蟬鳴》早期的詩,如〈夏日與煙〉、〈風與老人〉等,都或多或少看到瘂弦的若干影響。也斯早期詩的味道,跟其後的〈香港十首〉、〈蓮葉組詩〉並不相同:〈香港十首〉

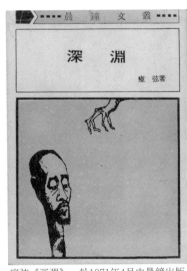

瘂弦《深淵》，於1971年4月由晨鐘出版社出版。

陳義芝、何寄澎、唐捐著《紅玉米之歌：瘂弦詩作展演選讀本》，於2015年6月由趨勢教育基金會出版。

著重細微的外在觀察，文字平白放鬆許多；〈蓮葉組詩〉卻綿密羅織，轉而著力於出入心象與外物的象徵與隱喻——雖然它們都是好詩，但早期那種比較渾然天成，文字意象俱清新簡煉，在在透顯一種靈光的筆法，又好像漸漸失落了——這也跟瘂弦的情況相通，後期的作品即使突破成功，成就斐然（強如〈深淵〉），也難免有一種刻意而為、苦苦經營的況味，是「力」的寫作，多於放任地倚仗一種靈光的精準捕捉；看楊牧也是「對瘂弦的早期作品一直偏愛」（見《深淵》後記），就可見出詩的天秤往哪傾斜的端倪了。

中國三四〇年代詩人，何其芳，瘂弦，以至蔡炎培，也斯⋯⋯我們就會慢慢整理出這條有味道，有質感，有文學的「真」的跨地域現代中文詩的線索，乘時代之變，借外文與翻譯之助，或更新語言，或錘打節奏，或融鑄音色，海納百川又認祖歸宗，以優秀的詩讓中文變成更好的中文。

如今雖然瘂弦也走了，但我彷彿還聽到比他早走三年的蔡爺的朗讀聲：「呵，你終於如預言中所說的無語而來，／無語而去了嗎，年輕的神？」

他們不會無語而去的。他們留有詩和傳承。

2024年10月18日
（原刊載於「虛詞」，2024年11月1日）

◎王岫，1950年生，曾任國家圖書館採訪組、參考組編審、主任，現已退休。著有散文集《鐘生》、《酒敘》、《跑腿的爸爸》、《愛上圖書館》、《迷戀圖書館》等，作品散見各報刊。

悼念瘂弦，
兼談報紙副刊的重要性

◆王岫

2010年5月8日，瘂弦在臺北紀州庵文學森林舉行的林海音文學展開幕典禮上致詞。（翁翁攝影）

著名詩人及前《聯合報》副刊主任瘂弦，於10月11日病逝溫哥華，全國文壇悼念不已。

瘂弦是一位現代詩人，他是臺灣歷史最久的《創世紀》詩刊三位創辦人之一，自1954年創刊到現在，從未中斷。這本詩刊培育、延續、團結了臺灣詩人和詩界，是臺灣今日新詩盛行不輟的基礎。後來，瘂弦應邀擔任《聯合報》副刊主任，從此棄詩從編，但他當編輯人，卻也掀起了臺灣報紙副刊繁榮興盛的一代，他與《中國時報》高信疆先生主持的《人間副刊》，兩強良性競爭，使得傳統副刊從純文藝性帶進新聞和社會話題；純粹作家投稿的副刊，也變成主編在從事企畫編輯，這帶給臺灣文學史上一個世代的新風貌。

瘂弦的詩雖不多，但在文壇早已定位，他是時代的詩人。但其重要的貢獻，應是主編「聯副」的二十年期間。他不僅提拔了許多文學新人，也把副刊事業創辦成綜合文藝、社會議題及國際文壇報導的知識、休閒兼具的版面。他主編「聯副」時代，也是臺灣報業最興盛的時期，許多人都是衝著副刊買報、看報的。以當時「聯副」而言，每日若讀五、六千字，我不愁跟人比閱讀量，一年即讀了20到30本文學書的分量了。若加上「聯副」第二、三、四版面，如繽紛、家庭、健康版等，內容之廣泛，如古希臘所倡導的三學四藝之博雅教育，其實亦可從讀「聯副」獲得。

後來報業雖然衰退，但《聯合報》永遠知道副刊對民眾精神陶冶的重要，「聯副」同

仁也秉持瘂弦主編「聯副」的精神，繼續維持著四種副刊的篇幅，還在美國開闢了《世界日報》副刊和家園版等版面，讓海外華人也能讀副刊。這年頭，國內其他報紙副刊，不是一周缺三或欠二的，就是過年會休個六天假，有的副刊更變成小開本版面，只有「聯副」，365天都有，而且維持著其大氣魄的開創精神。這精神正是瘂弦傳承下來的。

副刊對人心的影響和知識的成長，是春雨潤物細無聲的，我們向瘂弦致敬，也要向作家出身，受過「聯副」栽培的文化部長小野（李遠）呼籲，文化經費，應有部分拿來補助各報紙多開闢一些副刊版面才是，因為文學的影響是不容忽視的。

（原刊載於「草根影響力新視野」，
2024年10月18日）

2005年11月於碧湖公園，左起：瘂弦、廖咸浩、張默、封德屏。（張默提供，張國治攝影）

◎楊樹清，報導文學作家，金門燕南書院院長，廈門朱子書院學術顧問，《金門報導》社長，《金門文藝》編輯總顧問，《金門學》總編輯；歷任洪建全教育文化基金會出版部企畫主任暨雜誌部總編輯，宜蘭佛光大學、金門大學駐校作家等職。著有《金門島嶼邊緣》、《番薯王》、《小記者獨白》、《阿背》等30餘種。曾獲金鼎獎圖書主編獎、時報文學獎報導文學評審獎、聯合報文學獎報導文學首獎、梁實秋文學獎散文首獎等。

創世紀詩刊 70 周年

瘂弦的存在就是一個巨大的鄉愁

◆楊樹清

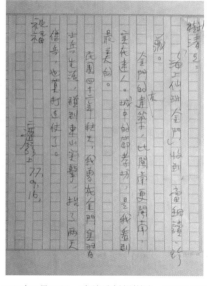

1988年9月16日，瘂弦致信楊樹清，透露1953年曾在金門實習兵生活。（楊樹清提供）

「一直擔心擔心擔心……噩耗還是來了！」周末臺北清晨 6 點 25 分，收到溫哥華詩人宇秀傳來訊息，並附了一首詩〈槌衣石〉。

就在《創世紀》詩刊 10 月 12 日在臺北紀州庵文學森林喜迎 70 周年社慶之際，與洛夫、張默共同創辦《創世紀》的詩壇重鎮瘂弦（1932～2024）傳出過世消息，享耆壽九十二歲。「瘂弦」臉書凌晨發文，瘂弦安然自如的於溫哥華時間 11 日早晨回到神的家中。

1988 年，詩人瘂弦（王慶麟）給我寫了封信，透露 1953 年秋天，東山島突襲戰，他在金門下坑（夏興）當實習兵，抬了兩天傷兵，「也算打過仗了」。戰地、戰鬥的島，瘂弦寫了首詩〈金門之歌〉。從金門再換幕。1998 深秋，我自溫城返臺領取一座文學獎，瘂弦在聯合報附近一家餐館設晚宴後，兩人站在聯合

報大樓前抽菸，他告知即將從主編了 20 年的《聯合報》副刊崗位退休，準備追隨《創世紀》詩壇老戰友洛夫的腳步移居加拿大溫哥華了，「人必須學會『消失的藝術』！」吐了口菸，瘂弦幽幽嘆道。

溫城歲月，驀然回首。1998 年 6 月 29 日，小說家白先勇從美國飛來加拿大出席溫哥華國際電影節，赴約詩人瘂弦以夫人橋橋命名的橋園新居後院午宴與詩魔洛夫、寫《芙蓉鎮》的古華及丁果等文友歡聚。異地相見歡，那天，瘂公不知那兒弄來一瓶金門陳高，驚呼聲四起，他舉杯向白先勇介紹「楊樹清是金門主義者」；2016 年 8 月 6 日出席加拿大漂木跨文化論壇，瘂公在我文學留言本再寫下「又見樹清，金門主義者」。旅居溫哥華的詩人同時在兩岸出版簡、繁體字版《瘂弦回憶錄》，「我認為我們經歷的悲劇超出了人類的負荷極

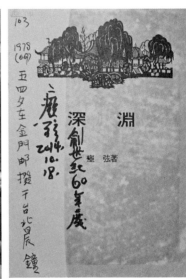

1978年五四文藝節前夕，尚就讀國中的楊樹清用稿費到金門郵局劃撥了本晨鐘版瘂弦詩集《深淵》，36年後，2014年10月18日，《創世紀》詩刊60周年慶，才拿給瘂公簽名書。

限。説得上悲慘中的悲慘」。電影看完我就走。2014 年 10 月 16 日，他們在島嶼寫作第二系列，目宿媒體出品，王婉柔導演，一代詩魔洛夫《無岸之河》，臺北國賓影城長春戲院首映，接續瘂弦《如歌的行板》登場，電影看完後，我們赴約童子賢的晚宴。

致敬瘂公。2023 年 8 月，《幼獅文藝》創社 70 周年前夕，作家林文義與詩人白靈，歷 9585 公里飛行，從臺北飛溫哥華，訪談前總編輯、九十一高齡的瘂弦，沒想到，溫城歸來 4 個月，老字號《幼獅文藝》來不及歡度 70 大慶，去年 12 月出滿 840 期後熄燈，瘂公的人生舞臺也在 2024《幼獅文藝》發刊 70 周年謝幕了。

別矣，瘂公！溫哥華詩人宇秀：在余光中先生去世第三天，瘂公電話裡跟我説

2010年，林海音文學展在臺市北紀州庵文學森林，左起王金鍊、瘂弦、翁翁(翁國鈞)、楊樹清合影。(翁翁提供)

的第一句話就是：「光中過了，鄉愁去了」；我説，「沒有，您還在，鄉愁還在」。他連忙説：「對對對，我的存在就是一個巨大的鄉愁」。

（原刊載於作者臉書貼文，2024年10月12日）

◎東行，國立屏東大學企業管理學系兼任副教授、日本安田女子大學文學博士。著有《風鈴季歌》、《時光皺褶》等詩集。

讓作家逐漸成長的人
紀念瘂弦老師

◆東行

據媒體報導，詩人瘂弦於本（10）月 11 日在溫哥華辭世，享年九十二歲。回想起不久前辭世的詩人曾貴海醫師，臺灣文壇因此少了兩位卓越的大師，令人不禁感到惋惜與哀思。

瘂弦是筆者大學時教新詩的啟蒙師。個人雖也寫幾首新詩，但那時純粹是屬於強說愁的年代，只是很感性的去書寫，根本不知所以然，當然退稿時居多；而真正接觸到新詩含有韻律感節奏的，就是上瘂弦老師的新詩課了。記得那時候使用的教科書是鄭愁予的詩選集，透過瘂弦老師清脆的朗讀聲「我打江南走過／那等在季節裡的容顏如蓮花的開落／（略）我達達的馬蹄是美麗的錯誤／我不是歸人，是個過客」，詩的韻律如歌，迴盪在教室空間，全班寂靜無聲，詩歌彷若空谷回音，又彷如天空架起了彩虹般，詩句如天籟之音從彼端拋錨似地，回歸到靜止的一端。那種感覺雖時隔四十多年，現回想起，仍記得老師捧書朗讀〈錯誤〉的那一幕，如影歷歷。

瘂弦老師當上報社及雜誌的編輯以來，雖少創作，但是提拔新人不遺餘力。託老師的福，個人的作品也曾刊登在老師主編的某報及雜誌上，而即使退稿，老師也會附上字條，說繼續加油，不要氣餒等的勉勵話語。他不拘文稿格式，碩大的字溢出格局，筆跡粗獷，顯示他在忙中仍不忘記對作者的關懷，足感心。記得村上春樹在《雜文集》的前言曾寫道，有一位編輯對他說：「作家是在一面領稿費中逐漸成長的。」對個人而言，瘂弦老師的退稿回條，也是對作者的一個無形中的鼓勵與成長：凡事堅持下去，不氣餒；這與詩人曾貴海醫師的社運作風有異曲同工之妙。

1973年夏，瘂弦（前排左一）與文友接待訪臺的美國詩人羅森堡。前排左起：瘂弦、葉維廉、羅森堡及其女友、沈志方；後排左起：管管、張默、辛鬱、張漢良、洛夫、商禽、大荒。（文訊‧文藝資料研究及服務中心提供）

1987年筆者留學日本，仍與老師書信聯絡。當他知道筆者研究川端康成時，還特定從中牽線要我與當時住在大阪的喬遷教授聯繫，因而得到喬遷教授的一些書籍及研究資料。瘂弦老師對後輩的提攜，真是點滴在心頭。筆者回國後，因老師已移居溫哥華，便少聯絡。但是偶爾在網路上看見對老師的相關報導，有時有一股衝動想寫信問候老師的住址，不過還是忍住了。

哲人日已遠，典範在夙昔。在此，感謝瘂弦老師曾給予後輩們的鼓勵與啟發。在這失去的時刻，我們不僅悼念他的離去，也深切祈願他的靈魂在另一個世界中安息。願他的作品與精神永存，繼續激勵著未來的詩人和文學愛好者。

（原刊載於《自由時報》，2024年10月23日）

◎ 一切引力中保持真我 ◎

◎林文義，曾任《自立副刊》主編等。曾獲臺灣文學館圖書類散文金典獎、吳三連文學獎。著有散文《南崁手記》等、小說《革命家的夜間生活》等、詩集《旅人與戀人》等、漫畫《逆風之島》等。

十月十一日

◆林文義

1975年12月，瘂弦應邀赴維也納參加國際筆會大會，途經香港，在余光中家作客。左起：余光中、戴天、瘂弦、也斯。（創世紀詩雜誌社提供）

為自己倒一杯酒，遙敬一老一少之人仙逝……。陽光明亮的午後睡起，手機開啟，友伴 LINE 來──詩人瘂弦九二高壽仙逝，去年八月初相伴詩人白靈前往溫哥華歡見學院年代老師的美麗時光切入記憶；白髮、笑語、雙手緊握助行器，那般堅毅而溫柔的面相，與我深擁，我，還是忍不住落淚了。

瘂弦老師老去，比他年輕二十二歲的張友驊竟然同時別世；他們會在天國欣然相會是否？2024 年 10 月 11 日，哀傷的心思交相沉溺。

人生究竟是怎麼一回事呢？我，一再反問自己，無言以對的茫然怔滯……厭寫多讀的近時，只能重讀：《瘂弦詩集》、自立晚報老同事張友驊最後一書，《綁架蔣經國？》，寄以無限的悼念。

如若一切歸於遺忘
死亡終究是最後的幸福
愛恨情仇那般寂寥
你是最美麗的完成

我和妻子，向晚時分在京都鴨川畔即將的晚餐，手機突兀響起？附耳傾聽──溫哥華隔著萬里之遙的瘂弦老師來話，如同吟詩之時的朗雅嗓音（溫哥華的午時吧？）猶若多年夜未眠之我總在臺灣子夜三時每周一次去話請安，他與我歡悅共尋往昔美麗回憶……我說：老師，我現在日本京都，此時黃昏，鴨川畔的古老扇子店。他說：京都是千年文學留存唐代的遺景啊！我如同四十年前大漢溪畔臨水記憶，沉靜的回話老師，描述鴨川向晚的水色抒情。

2023年8月林文義伉儷，於溫哥華慶賀瘂弦老師九十一歲生日午宴留影。（林文義提供）

　　三十六年前，解嚴之後的報禁新創：《自立早報》，群英匯集的政經研究室，對座的是首訪中國大陸的傑出記者徐璐，鄰席的是精研近代史的張友驊，他的軍事專研，加持時任立委的陳水扁，對抗郝柏村任職行政院長之質疑……一個「外省子弟」，秉持良知與正義，如此凜冽，史學修持但求真相而不畏！他的理想之夢止於 2006 陳水扁貪瀆案而破碎，這是如同我絕望於 DPP 只說「民主」實為「民粹」，真正的知識分子由衷的良知初心。

相信不相信如花凋萎
詩人與記者撕裂
相約辭世這破裂的島鄉
臨別，流不流淚？

還是要問：瘂弦老師，何以豪筆停住青春時終止寫詩？就堅執留下僅有的一本詩集？……靜靜的微笑，溫柔的面對那繁複的塵緣多色，隱忍且包容地直向人生。

　　也要再詢：張友驊，歷史真偽的信實解析，主流不說真話，藍拙綠巧，這一世代，盡是謊言與抹黑的丑角演示；島鄉一片虛無，下一代人，如何詮釋我們？

　　我，日以繼夜，想念你們，都是最為可以交換真心實意心事的師友至情。2024 年 10 月 11 日，前一天國慶，借問，是誰的國慶？虛幻的巧言妄語，只有你倆之心，最真。

（原刊載於《中國時報》，2024年11月5日）

◎葉步榮，1976年與楊牧、瘂弦、沈燕士共同創辦洪範書店，專營純文學書籍，為臺灣出版社「五小」之一。

詩人多情的一面
懷念瘂弦

◆葉步榮

　　三四十年前，瘂弦陸續存放一些大紙箱封裝的物件在洪範倉庫，五六年前，他問說是不是有三箱東西在洪範，他是忘了數量，其實共有三十四個郵局大型瓦楞紙箱。2020年他委由秦賢次先生和我共同開箱整理，箱內十分雜亂，有歷經《幼獅文藝》和聯合副刊期間的書籍、雜誌、剪報、文稿、筆記、信件、照片等等，也有同事的假條、簽呈、紙片和其他雜物，看來就是重情念舊，似乎所有他經手的東西都不忍捨棄，他的編輯工作太忙，就先拉雜裝箱，待他日有空再整理。秦先生和我則狠心丟棄了大部分，將之粗略分類，總數僅剩三分之一。

　　在這批文件中，有一張B4大小的厚紙，用朱筆揮寫「欲祭疑君在天涯哭此時　月亭死後第一個生日　四三、六、七，復興崗醉後」，十分醒目，是瘂弦手筆，時在七十年前。月亭即李月亭，《瘂弦回憶錄》中有述寫。1953年3月，瘂弦和幾位一起流亡從軍的同學考入政工幹校，三個月軍事訓練後，全體學生派往金門實習，適逢國軍最後一次反攻大陸，從金門出兵突襲福建東山島，瘂弦所屬部隊未參戰，自幼同窗好友李月亭和馮鍾睿齊赴戰場，他們同是美術系，任務是負責在攻占地寫標語。戰鬥因共軍快速增援，前後激戰三天，國軍撤退，傷亡數千，李月亭據稱中彈成為烈士，馮鍾睿幸得生還。瘂弦痛失好友，悲傷之餘，盡力為他爭取權益，保存了他許多「遺物」。

　　其實李月亭並未陣亡，而是被俘遣返故鄉河南唐河，在瓦窯裡挑磚頭，做苦工。瘂弦在解嚴後返鄉探親，會見了老同學，李月亭說：「一場戰爭把你我打到了兩個世界，你看你多風光，我挑了一輩子磚頭。」瘂弦回道：「你在家鄉陪你媽媽過了一輩子，如果讓我換，用我一輩子的浮名換我和我媽媽過一輩子，我肯定換。」不久之後，李月亭去世，瘂弦特意去了東山島，看當年的戰場，在海灘

徘徊，帶回兩包沙子，一包送馮鍾睿，一包送給李月亭遺孀。

瘂弦和他幾位一起流亡從軍的同學們，情同手足，他們早年的合照，很多題名「合家歡」，他們在臺灣多無親人，互相視為家人。在春節期間，我約瘂弦餐聚，有幾次他回說不行，他們那些流亡兄弟要在家裡聚餐，這似乎早成慣例。瘂弦旅居加拿大之後，每次返臺，都是住在南昌街巷子裡的李金聚家，也是一起流亡的同學。

驟聞瘂弦遠行永別，茫然中記起那張朱筆哭月亭的感人手跡，特地找了出來，同一紙袋裡還有李月亭的「遺物」，和相關的信件。有一本李月亭的小日記簿，翻開首篇就寫著：

今日是慶麟的生日，該是多麼值得紀念的啊！幾個同學格外的興奮，大家把錢湊合起來，總數是四元五角，真是慚愧萬分。在往日，麟的家境我是曉得的，父母疼愛得如掌上明珠，每逢生日，父母早就鋪張起來，現在不同了……一瓶酒一包花生米……

當時是 1941 年，瘂弦十九歲，他們這些小兵月薪只有十元左右，大家都窮。瘂弦說過他自小頑皮，從李月亭的記述才知他在家鄉過生日的鋪張。

馮鍾睿旅居美國，早在瘂弦返鄉探親之前就先回過河南，見到了李月亭，1984 年 10 月，他有一信致瘂弦，信中說：

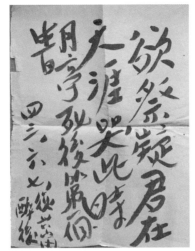
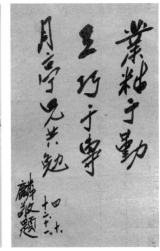

李月亭傳聞在東山島戰役陣亡，瘂弦於好友生日醉哭寫下感人手書。（葉步榮提供）

瘂弦十八歲時題贈好友李月亭手跡。（葉步榮提供）

他（李月亭）現在務農，如大多數人，生活不寬裕，為了會見美國回來的朋友，前一天特別理了髮，穿的上裝也是向別人借的。他回述我們去臺北考幹校時的情形，說隔窗看你考表演，題目是太太打孩子時你怎麼辦。這我都忘記了……

《瘂弦回憶錄》記當年報考戲劇系有術科，需表演，所舉的例子，並非太太打孩子，或許他自己已忘了。

瘂弦存放在洪範的紙箱裡，有好幾封封好沒寄出的信，可見他的忙亂。其中一封給馮鍾彥（馮鍾睿的哥哥，兩兄弟都是自幼與瘂弦同窗，一道流亡入伍的膩友），是《聯合報》副刊的制式信封，封好未寫地址。我把它拆開，短信之外附了李月亭昔日愛唱的〈從軍伍〉對唱歌詞，他們一直沒忘李月亭。馮氏昆仲是著名哲學家馮友蘭的姪兒，是瘂

洪範書店創辦人葉步榮（前左）、瘂弦（前右）、楊牧（後左）、沈燕士（後右），於洪範成立周年時（1977）合影。2004年，洪範書店成立28周年，瘂弦與共同創辦人按照剛創業時的照片，再度合影，位置不變，風範依舊。（文訊・文藝資料研究及服務中心提供）

弦口中的大戶人家；李月亭的祖父當過鎮長，父親是鄉長；從李月亭的日記，可知瘂弦家境也很好，他們都因戰亂而別離父母和故鄉，經歷了人所難以負荷的苦難。李月亭很優秀上進，若不是參與東山島之役，或許能有馮鍾睿、瘂弦般的成就也不一定。

　　·

　　瘂弦在臺北家中書房設有父母的靈位，常焚香祭拜。早年兩岸隔絕，連通信都禁止，瘂弦常託在美國的友人如馮鍾睿、楊牧等和故鄉家人取得聯繫，其實父母早已亡故，是代筆的親戚瞞著好一段時間。斷絕往來四十多年後，返鄉探親，從親戚口中得知母親是盼著他回來，在絕望和貧困中去世的，父親則是更早死在青海勞改營中。瘂弦在加拿大的庭院裡，有一塊巨石，那是從小看他母親使用的擣衣石，他費了好大的工夫才把它搬到加拿大，安置在身邊。

　　兩岸開放初期，可以在香港與親人見面，瘂弦安排了僅有的至親兩位姨媽在香港會面，同去的橋橋回來後說，在姨媽面前瘂弦好像變了一個人，對她好兇，其實她知道那是瘂弦在姨媽前，就像在母親面前，自然表現出當家主人的威嚴。

　　橋橋不只一次說他們對待女兒，是父慈母嚴；橋橋很有個性，有話直說。她說女兒的裙子都是瘂弦親手熨的，每次看他低頭拿著熨斗專注的模樣，真是好笑，也很可愛，瘂弦在旁聽了略顯靦覥，似乎裝著沒聽見，他們鶼鰈情深，羨煞人。之所以父慈母嚴，瘂弦或許在

考幹校表演「太太打小孩」時已經成竹在胸，疼愛兩女不在話下，洪範版《瘂弦詩集》序文末段，他說：

> 在長女景苹出生十年後的今天，二女景縈翩然來臨，家裡充滿著新生嬰兒的啼聲，似乎又預示著生命是那樣細細地、溫柔觸動而激盪⋯⋯

　　瘂弦晚年兩個女兒都在身邊陪伴照顧，比起許多孤獨的老人是幸福了許多。

　　·

　　瘂弦工作之餘喜歡骨董，偏好民俗用品，逃難一直是他的夢魘，故不收易碎的瓷器，喜歡不會破損的銅器。有一年他到印度旅遊，帶回許多大銅鈴，那是掛在牛脊背上的印度牛鈴，特別巨大，他送了我一個，好重好重，不知他是怎麼能背那麼多、那麼重？早期大陸流入大量銅製手爐，他買了很多，以致橋橋下了禁收令，這類中低價位的舊物，的確是買了太多，但他還是不時再買，常交我暫時保管，等候時機趁橋橋不經意時再帶回家。他說那些手爐，大大小小造型、色調、圖案，每個都不同，看了喜歡，雖然已有一大堆，忍不住還是買。

　　瘂弦多情，略舉友情、親情、物情數例；如此多情，也許是他能寫出那麼好的詩的基本因素。

2024年10月15日
（原刊載於《文訊》469期，2024年11月）

◎白靈，本名莊祖煌。已自國立臺北科技大學化工系教職退休，仍兼任東吳大學中文系副教授。作品曾獲國家文藝獎、新詩金典獎等。著有詩集《女人與玻璃的幾種關係》、《昨日之肉》等十八種，散文集四種，詩論集十種。

布衣有詩輕王侯
送瘂公

◆白靈

2023年8月，瘂弦（前）與白靈留影於溫哥華民宿後院。（白靈提供）

嫻熟得像個老鼓手

　　窗外是嚴冬，好些天都飄著細雨，偶而才落一點雪。這時的溫哥華哪裡都不好去，我們在室內閒聊，同樣旅居加國的詩人徐望雲偶而穿過我持的手機鏡頭。瘂弦臉上堆滿笑，精神奕奕坐在柚木低矮長櫃上，背後牆壁高掛著四大長片鎏金中國古代木刻雕窗，他雙手抱著比橄欖球再大一些、周邊有繩紋的桶式皮鼓，輕鬆地拍擊著，左手伴奏右手快拍，嫻熟得像個老鼓手。他說這時候若朗誦詩一定很有節奏、且大快人心。他的左邊是電視，右邊是按摩椅及室內腳踏車，除了客廳及與廚房間的大書桌外，這大概就是他經常休閒的地方。窗戶望出去是面積不小的後院，此外就是安安靜靜，聽不到任何吵雜的廣大社區，臨近就有可散步深入很遠的森林。

　　那是 2020 年的 1 月底，新冠疫情初初萌芽，加國還在安全範圍，我與 Iris 及她的英籍先生 Ray 特地去拜訪瘂公，在溫哥華待了十來天。臨回臺時想買些口罩帶回臺灣，卻已遍尋不得，其後就是幾年起起伏伏的瘟疫亂全球。那回的拜訪，是由 Iris 提議及安排行程的，且皆由 Ray 開車，他們是瘂公家的熟客，因與橋橋有數十年交情，已曾多次來訪。那回我會去，主要是帶去我寫的剛出版的《風華——瘂弦經典詩歌欣賞》，他一直希望此書能有臺灣版本，沒想到離 1998 年的大陸版一隔就二十餘年。十來天中瘂公兩度來我們住的民宿小聚、喝酒和晚餐，有說有笑，八十八歲的他行動還算方便，有時我還幫他背後整個拔罐，放鬆他的背脊，他的胸背有軍人或農民的厚實。

　　我想起 1973 年，我二十二歲，參加在那年暑假於銘傳舉辦的復興文藝營，第一次

認識當時的營主任瘂公時，也第一回見到他的大女兒小米在學校裡跑來跑去，我突問她：「幼稚園讀大班小班？」「中班！」然後轉眼就不見了人。文藝營長達十天，見到洛夫、商禽、羊令野等很多詩人。也因瘂公為人的親和力和溫暖笑容，我們詩組有一回單獨找了瘂公在他辦公室「聊天」，不免俗就會大膽問到他不再寫詩的原因。記得他好像說有人可能幾十年不再寫詩，卻在後來告別式時突然擺出一本詩集來。這個回答讓當時年輕的我覺得「好戲劇性」，甚至有不敢想像的「驚悚」效果。

營隊結束後，我被瘂公找去《幼獅文藝》辦公室再見了面，並告訴我得營隊首獎的詩作會登在刊物上。後來又被派作代表去救國團總部開會，竟大膽提議文藝營當給學員山林氣氛而非城市的吵雜，結果聽說隔年營隊果然改去了霧社，營主任當然還是瘂公。也因參加復興文藝營的機緣，得使讀理工而苦無文友的我結識了幾個同好（包括封德屏），甚至草創「橋訊」的油印通訊，相與往還了幾年，也因緣際會於 1975 年進入耕莘青年寫作會再學習並投注精神於其中，從此展開與文學半世紀的不解之緣。

流淚最多的一代人

2020年1月，瘂弦於家中擊鼓。（白靈提供）

流光容易把人拋，歲月不曾饒過誰，疫亂後的 2023 年 7 月底，二度跟 Iris 及 Ray 夫婦及其二孫兒、也邀了林文義、曾郁雯夫婦同行，再次前往溫哥華拜訪瘂公，以彌補未及幫他過九十大壽的遺憾。此回瘂公因染上新冠，住院多日剛癒，疑有腦霧現象，行動遲緩許多，已與三年多前的談笑風生不能同日而語。此次行程仍由 Iris 安排，但一路由

去到回，因 Ray 過了八十，眼睛已衰退，反應也慢了，不再能開車，就改由我租了七人休旅車，全程當起司機來。才幾年的時光，就有這麼大的變化，真出人意料之外。

到達加國第二日近中午時訪瘂弦，見那麼多人由臺灣來，像乍然見到老家親人一樣，竟然放聲大哭。到客廳坐下，又哭了幾次。文義送上朱天文的信，由郁雯唸。又送上幼獅的信及茶，應幼獅要求說了一段祝福幼獅 70 年的話。一點多在他家吃午飯，由一位請來做飯的北京大媽煎的韭菜圓餅，約 12 公分直徑，不油，好味道。又弄了盤白菜梗及有菇的魯肉。最後來了很大碗的蕎麥麵，配了麻醬等。味道都好，瘂公吃了兩個餅一碗麵，這等食量我都做不到。陪他回平常坐息、可打鼓的小客廳後面的房間（後來隔的）。他說要睡了，之後聽小米說，他睡到四五點起來，說餓了，真好的食欲啊。

在臺灣因已聽說他剛病癒，因此帶了鱘魚精及高濃縮魚油 DHA1000 來給他。才隔了兩天，下午六時左右，二女兒小豆攙著瘂弦師來我們在附近臨租的民宿森林後院野餐，肩已不若三年前堅挺，略鬆垮下彎。坐下來談起他另起爐灶的《聯合文學》創刊（1984 年 11 月），因一起初打出「文學魯濱遜：木心」專號即一炮而紅，就幽默地說木心是個「妖怪」，又開始有些本色了。

又隔二日，到市區餐廳幫他先過生日，點的是帝王蟹北京烤鴨大餐，蟹來自俄羅斯，汁弄了麵，肉甚鮮美。他跟大家齊唱生日快樂，最後幾句讓他一人獨唱，尾音拉很高，真還中氣十足！再隔幾日，小米晚間來民宿小坐，

說瘂弦師近日大有改善，又開始再站起來東翻西掀，會讚美做飯的大娘帥或漂亮，也願出門散步去了，甚至又愛開起玩笑來。

後來我們臺灣來的一行同去洛磯山脈旅行，之後阿義夫婦另有行程，我與 Iris 等一家則續搭遊輪往阿拉斯加觀賞冰河，等 8 月下旬再回到溫哥華，才早晨，回臺航班在晚上，便準備在瘂公家盤桓一日。十時左右到，見他精神似更好，家人也都說真是奇蹟。中午吃兩個女兒前一晚弄的她們二姨教的招牌牛肉麵，湯頭及肉皆好吃極了，還配了自製酸菜及小黃瓜，大家讚不絕口，因量不多，連瘂弦也謙讓說吃飽了。Ray 很給面子，吃了個精光。下午去森林沼澤區繞了一圈，散步聊天，花了二小時多，連內陸小溪聽說也有鮭魚，在加拿大，鮭魚幾乎無所不在。

瘂公快六時才午睡醒來，我幫他背後從肩大椎穴及兩旁往下至腎俞拔了兩排罐，再摩擦精油，他說舒服。晚七時半小豆回來，帶回一大盒約 50cmx30cm 的各色壽司，另有生鮭魚切片，每片均在 16 公分長，小米煮了豆腐海帶湯，味噌是日本加韓國大醬，另有豬皮凍切片，皆夠味，末了還來個水果加紅豆桂圓紅棗當 ending。晚上來飯桌坐時，他說「大家看起來都很慈祥」，而下午談到他們那一代人的精采一生和 2009 年我如何因小米及張默而才開始「認真」學起針灸來等事時，他說他們那一整代人的感情有時「好到像同性戀」一般，依然幽默如故。

等晚上近十時，跟瘂弦師辭行，他竟又像要遠離老家親人般痛哭起來，Iris 抱他親額，我也撫他手肘安慰。新詩百年史上，他

們那代大概是屬於流淚最多、也最熱情的一代人。

一切引力中保持一個真我

被瘂公一夕捧紅、也被他開玩笑戲稱為「妖怪」的木心曾說：「歲月不饒人，我亦未曾饒過歲月」。其意思或是，人終將會老，但將日子過得豐富多采，就可了無遺憾，非只是歲月拋了我、看我不也拋去了歲月？有兩不相欠之快慰。但天下天才不少，若無伯樂識才，時間之流淹沒而來，也只能自嗨一陣，終究隨之而去。而說瘂弦是臺灣文學史上最殊異

1981年6月，林泠返臺，與「創世紀」詩人於臺北漳州街陸羽茶室小聚。前排坐者：林泠；後排左起：辛鬱、羅行、瘂弦、商禽、葉泥、羊令野。（創世紀詩雜誌社提供）

或最大咖也最親民的伯樂，應該沒人有異議。

1964年，在瘂公進入編輯生涯的前五年，為挽留詩人及詩評家季紅（1927～2007）不要離開詩壇、在寫給季紅的兩千字長信中即談及詩人不能「祇啖果子而不種果樹」，「因為要在『取』後有『予』，因為要盡那份文化傳遞的『責任』」，「只要能抱著『無心插柳柳成蔭』的心情，無所為而為的態度」，就能在煩擾與喧囂中「保持一己鳳凰的獨鳴」，「在『一切引力中保持一個真我』」，這些話早已預告了他願「為別人種樹」、「無所為而為」的人生觀，和如何在世俗煩擾中保持「獨鳴」和「真我」的處世哲學，也為自己往後數十載歲月先寫下了前言。

他於 1980 年至 2004 年所寫的厚厚近七百頁的兩冊《聚繖花序》是為老中青三代文人所寫之 82 篇書序合集，光詩就占了一整冊

的篇幅。且均非短製，常長達數千言，認真到不行，篇篇都在痛苦中、數月或半年乃至一年才寫就。有 70 篇是在他擔任忙碌的《聯合報》副刊主編生涯（1977 年 10 月至 1998 年 8 月）中完成的，其中文章中提及的三因說（自因／共因／他因）、三層界說（三我說：小我／大我／無我）、三階段說（美學的／文化的／哲學的）、三業說（學業／事業／德業）、三質素說（美／力／思），乃至秀美與崇高、狂放與謙沖……等的討論，均顯現了他生命及美學的智慧靈光。而詩永遠是他的第一位，他說：

對於詩的愛好，除非你沒有接觸、沒有深入，深入以後大概終其一生都不會改變對詩的重視，而且會把詩放在第一位，其他的文類都是居於次要地位。

這段話可說是他對詩忠誠一生的「誓言」。但因他要在「人間」建立「道場」，保

持一個「不滅之真火」，其結果是使詩創作成了「未竟之業」，從寫詩的「狹義的詩人」成為過得如詩般純真的「廣義的詩人」，其最終是引領臺灣文壇在 1987 年解嚴前後創造了「空前絕後」的「文學副刊」乃至「文化副刊」的輝煌史，也同時寫下了文化界恐怕是最多的、近五十萬字的書序。

「不是說不認真所以不寫了，而是太認真不敢再寫了！」他應不會在他的告別式上擺出一本詩集來，但已把自己活得像一首詩了。他前半生，即從事編輯生涯前寫的詩，已成了兩岸新詩史上的一則傳奇，他歷經自我嚴篩苛選才留下的一本詩集（即所寫的比大家看到的多很多），卻為臺灣詩語言的現代化創造了一個高峰，他詩中出現的「兩個遠方」（大陸與西方）比他同時代的詩人都要走得「遠」，

1960年冬，瘂弦與文友接待來訪的鄭愁予，合影於高雄左營。左起：章斌、鄭愁予、瘂弦、張默。（創世紀詩雜誌社提供）

出現在他詩中的「現代名詞」（比如按鈕、證券交易所）比他同時代的詩人也多了很多，甚至比後起的諸多詩人都要來得「現代」得多。他的詩是「從上帝那裡借來的語言」（陳芳明），他寫盲婦、瘋婦、修女、水手、戲子、軍人、小丑……等，皆與時代的不幸、人生的悲劇有關，他詩中寫的每個「我」很少是他自己。那時瘂弦説「詩人的全部工作似乎就在於搜集不幸的努力上」（〈詩人手札〉）。到了後半生投入編輯工作，他則説「編輯本身是個事業，是個偉業，是個勳業，是個霸業」、要「三軍路線」（真理／真相／真情）齊出，要「下的功夫比我在詩方面下的功夫還大。我就是要作一個犧牲者，作一個文學的傳道人」，這些話説得很像「殉道者」似的，但無論如何是「悲壯」的。而「悲壯」二字正是那時詩人間回應強加在他們身上之殘酷年代的流行語。

他兼編《聯合文學》時也主張「文學不應只是少數文學人口的奢侈品，而應是全民生活的必需品；文學不應只是象牙塔裡的雕琢與吟詩，而應主動與整個社會脈動溶為一體」，瘂公赤子般親民的文化理想當然不可能完全實現，卻願意用一生戮力貼近之，已足以使任何一個存在過的政客或工商大老汗顏了。

「陋室無酒驚諸子，布衣有詩輕王侯」，這是歡慶林文義夫婦南崁新居時我送他們的一副對聯。國家不幸詩家幸，那年代詩家不只瘂弦一人，是整個時代一起成就了一群活在「悲壯感」中的詩人們，未來他們勢必繼續「輝煌」那個年代！

（原刊載於《文訊》469期，2024年11月）

◎張力，現為中央研究院近代史研究所兼任研究員，國立東華大學榮譽教授。著有《國際合作在中國：國際聯盟角色的考察，1919～1946》等。

陌地生書簡
懷念瘂弦老師

◆張力

1990年9月30日攝於西安機場，左起：橋橋、瘂弦、張力。（張力提供）

最早知道瘂弦老師，是在 1970 年一個臺視由姜文主持的「藝文夜談」晚間節目裡，受邀作家暢談主編文學期刊的經驗，也朗誦自己的作品。如隱地介紹《青溪雜誌》，瘂弦介紹《幼獅文藝》，而瘂弦朗誦〈紅玉米〉一詩，使我留下深刻印象。之後，我參加過高雄澄清湖的救國團青年活動中心舉辦的一次文藝座談會，終於有機會見到瘂弦，但隔得很遠，也記不得座談內容。這都是我高中時的回憶。

就讀政大時，瘂弦曾應文藝研究社邀請，連續兩周在新聞館禮堂演講中國新詩發展，十分精采，尤其是他朗誦何其芳的〈羅衫〉、〈預言〉、〈花環〉，還有綠原的〈小時候〉；抒情的詩，好聽的聲音，讓我耳目一新。可能因為何其芳仍在大陸任要職，因此瘂弦並未多談其背景，倒是指出〈羅衫〉裡名字「眉眉」，竟被共產黨改成了「紅紅」，顯然是政治壓力使然。

1976 年 7 月楊牧找我去洪範書店工作，先介紹我認識其他三位負責人：瘂弦、葉步榮、沈燕士。瘂弦隨即要我找幼獅的黃力智先生，由黃先生指導我編輯即將出版的洪範文學叢書工作。自那時起，我就跟著幼獅的朋友叫瘂弦「王老師」。

1976 年 8 月底，洪範第一批叢書出版，9 月中旬，王老師前往美國威斯康辛大學陌地生分校（University of Wisconsin-Madison）東亞系攻讀碩士，隔年 5 月 20 日通過論文考試。他在陌地生時常寫信給我，交辦一些事務，有公事也有私事。我手邊留存的來信總共有三十封，另外有一封橋橋師母來自新加坡的長信。老師來函中有二十八封寄自陌地生，就是他獨自在異鄉埋頭苦讀的那段日子所寫的。

老師的陌地生書簡中有十封是一般的航空信件，另外的十八封為郵資較便宜的航空郵簡。所謂郵簡其實就是一張 A4 大小的淺藍色信紙，兼作信封用，一面空白，另一面有印刷的郵票，寫完信後隨手將信紙摺疊成三等分後黏妥，大小有如一般信封，然後在

89

1999年，瘂弦（前排右一）參與第九屆梁實秋文學獎贈獎典禮。（李昌元攝影）　1982年3月28日瘂弦在臺北市長風萬里樓出席張力與周素鳳結婚喜宴。（張力提供）

郵票那一面寫上收件人姓名地址。郵簡不能另加任何附件，因此重量是固定的一張紙的重量，郵資也是固定的。老師的郵簡幾乎都寫得滿滿的，總是意猶未盡地延伸到信封那一面的另外兩折空白處，淋漓盡致地發揮「物盡其用」的原則。

陌地生書簡的第一封寫於 9 月 29 日，老師在信中關切他出國前趕工的《瘂弦自選集》（黎明文化出版），提醒我注意書中的「作品年表」。同一信中也告知，威斯康辛大學東語系即將舉辦他的詩作朗誦會，他想提供三首詩（〈鹽〉、〈上校〉、〈深淵〉）的不同英譯版本，但資料都放於家中，需要我跑一趟永和找出來影印，以航空寄過去。老師不忘提醒我影印後註明譯者，以及原載何書何刊。信中還強調此次朗誦會對他甚為重要，要我轉告師母，請她大力「支持」，因為「橋橋平日最討厭我影印」。其實師母只是認為老師的收藏癖有點超過，什麼東西都要影印收藏，有時還會重複印。老師喜歡收藏資料，家裡的收藏一箱

一箱堆疊，非常可觀。今（2024）年年初，老師的大女兒從溫哥華回臺時，我們聊到老師的影印癖，小米說她有回開車經過家裡附近的影印店，赫然看到老爸就在裡面影印，旁邊站著載他過去的教會朋友。她說老師的收藏癖一如往昔，依舊習慣將他認為應該保存的資料影印下來，裝在牛皮紙袋裡，然後在封袋上面工工整整地寫幾個字註明內容，依照他自己的分類邏輯擺放，這個流程數十年如一日。

老師給我的第二封陌地生書簡於 10 月 6 日寄出，他將在班上報告「共匪批判杜甫的情形」，需要我幫忙找郭沫若批判杜甫和李白的文章，他提示可能是汪學文或王章陵寫過相關文章。幸好當時我在政大念研究所，對於查找文獻資料略有經驗，很快就找到蔡丹冶的《共匪文藝問題論集》，以及王章陵的《郭沫若著「李白與杜甫」索隱》，影印後迅速寄到美國。

11 月 9 日的來函中老師告知，他需要

1998年9月，文友於臺北北京樓設宴歡送瘂弦自《聯合報》副刊退休。第一排左起：許露麟、辛鬱、商禽、張默；第二排左起：舒暢、無名氏、瘂弦、周夢蝶、張拓蕪；第三排左起：向明、麥穗、疾夫、楚戈、碧果、沈臨彬、尹玲；第四排左起：魯蛟、隱地、李錫奇、古月；第五排左起：汪啟疆、李瑞騰、蕭蕭。（創世紀詩雜誌社提供）

書架靠唱片櫥那一部分，有一套創世紀詩刊，其中有一本最厚的，封面是丁雄泉所設計，非常豔麗，其中有我的一篇文章，『從象徵到現代』（論戴望舒），請速將此文找出影印，以航空寄我。」有了王老師清晰的座標導引，還有各種細節輔助，我的「尋寶撈寶」經驗很愉快，總能迅速掌握目標。之後老師陸陸續續要我寄去有關劉半農、李金髮、綠原、劉大白、康白情等人的文章。到了 1977 年 2 月 15 日，老師收到所有論文相關資料，來信說：「我手頭寫論文的資料已全部齊了，以後的半年，可能沒有什麼別的再麻煩你寄」。5 月 24 日，老師來信說他已經通過碩士考試。他在 6 月 17 日的信說：「這個學位，對我的意義並不大。當然，不管它的『實用』，把它當作一種『意志的完成』還好些。」

除了拼學位論文，老師還掛心洪範的出書事宜，當時老師負責編選一本朱湘的散文集，他與楊牧、葉步榮先生反覆討論，從收錄的散文和評論的比例調整，到評論朱湘的幾篇文章如何取捨，請什麼人寫序，幾位老闆來來回回討論，鉅細靡遺。光是取一個讓大家都滿意的書名就琢磨許久，老師最初的建議是《朱湘遺稿》，經過幾度修改，考慮以《朱湘散文集》為書名時，老師在信中提醒我：「書名如確定改為《朱湘散文集》，我贊成，沒有異議，但葉珊的書名一定也請

完成三篇論文，其中兩篇是碩士論文，他決定將論文鎖定在三、四〇年代的作家。事實上，1973 年時老師曾經在《創世紀》詩刊上陸續介紹過幾位名家，他計畫以這幾篇文章做基礎，發展成完整的論文，於是我銜命到老師家尋找。

老師的記憶力很好，對於家中滿牆滿室的藏書和資料收放的位置了然於心，總是能精準指示。例如他需要家裡那套當時很流行的英語學習書籍：「我家書房一進門左手從裡面向外面數第二格下方（從地面往上數第二），有一套《英語九百句型》的書，請幫我以水運寄來，大概不全了，有幾本寄幾本好了，不必補齊。」又如：「在我書房的左手那排

叫《葉珊散文集》⋯⋯現在不知道葉珊的書是叫《葉珊散文》呢？還是叫《葉珊散文集》？有沒有『集』？」老師從整體的角度考量，認為一致性很重要。又經過一陣討論，最後決定的書名是《朱湘文選》。

朱湘個性沉鬱，工作上頗不得志，只活到二十九歲。老師在 5 月 1 日的信中感嘆：「這本書實在太好，校訂工作不得、也不忍（對投江的詩人朱湘）不慎重。因此在大考的前夕，放下一切功課，將此書又通校一遍。」老師在焦頭爛額準備考試之際將書稿又看了一遍，列出幾點修正和提示：「朱湘作品四十年來第一次重印，我何能不慎重。辛苦你了。」老師對於文字十分尊重，一絲不苟的態度實在讓人佩服。

那段時間老師在信中頗常提到二殘，就是在威斯康辛大學東亞系任教的劉紹銘教授，他答應將其《二殘遊記》第二集以及另一本《小說與戲劇》交給洪範出版。《二殘遊記》被稱為現代章回體諷諭小說，連載時很受歡迎，編輯方面問題不大，但《小說與戲劇》討論到的戲劇家是曹禺，當時出版書刊有《出版法》規定的審查制度，如何才能避免惹上麻煩，老師下了很多功夫才想出解方。其實《朱湘文選》的序文也提到多位留在大陸的學者作家，如魯迅、聞一多、巴金、茅盾等人，王老師要我改用周樹人、聞家驊、李沛甘、沈雁冰，簡單改用他們的本名、字號，熟識者不多，就能避免麻煩。

老師來函屢屢提到另一件他掛心的事就是中國新詩書目的編輯，這是他念茲在茲的一個大計畫，而且已經花了十年收集不少資料。他在 11 月 5 日的信中提到楊牧告訴他，華盛頓大學東亞圖書館對這個新詩書目有興趣，引發王老師的「急迫感」，覺得此事刻不容緩，急著想把放在臺灣的資料拿到手，開始工作。他在信中說「很後悔當時帶那麼多衣服而沒有

2007年5月5日，瘂弦應邀擔任香港浸會大學「國際作家工作坊」駐校作家，出席「新詩創作與活用文字」專題討論會，會後與主辦單位「國際作家工作坊」及香港詩人合影。前排左起：飲江、關夢南、葉輝、瘂弦、蔡炎培、鍾玲、許迪鏘；後排左一為梁志華，左三起：何秀珍、洛楓、王良和、林幸謙、劉偉成、廖偉棠、黃燦然、呂永佳。（創世紀詩雜誌社提供）

把那些書目帶出來」，要我到家裡找出兩三箱有「新詩書目」字樣的紙箱，以水運寄去。可是心思細密的王老師擔心運寄過程中若有什麼閃失的話，會讓他「無語問蒼天」，於是他要我分一小包一小包寄，「這樣萬一丟了，也不會全丟」，他同時吩咐我不要同時寄，也不要在同一個郵局寄，真是想得很周全。最後說：「這事很煩瑣，但除了勞動你沒有別的法子」。其實我對包書捆書寄書之事頗熟練，並不以為苦。倒是在那個時代沒有網路可以搜尋，1949 年之前的諸多詩人身在「匪區」，相關資料在臺灣不容易找到，老師手邊資料如何核對、修正、更新，在當時大環境的種種限制下困難重重。當然最主要還是我自己能力有限，加上研究所課程不算輕鬆，洪範的編輯校對也花去不少時間，實在沒有太多餘力可以編新詩書目，因此一直沒有積極執行，很愧對老師。

老師在 4 月 20 日的信中提到師母帶著女兒到新加坡，可能會在她姊姊家住幾個月。如此一來永和家裡沒人住，問我能否幫忙「看家」，他擔心屋子沒人住，久了會招賊，「我放心不下那些書」。我答應之後，老師來了一封長信，叮嚀一些小事情，例如大雨或颱風來時，需要將裝資料的紙箱用磚頭墊高，又如晚上不在時可以開個小燈，防止小偷入侵。老師說我可以自由取閱他所有的書，但提醒我不要借給別人，也不要告訴別人他有多少書，「我在這方面，十分自私，世上有『守財奴』，他自己的錢包，連他自己的女兒都不知道放在何處，我不守財，我守書，我是守書奴，一笑。」老師安身立命的地方就是他一點一滴建立起來的書的城堡，他癡心不悔地守著文字守著書，那是一個守書奴最簡單的幸福。

我從洪範辭職之後，就很少有機會見到老師，倒是 1990 年 9 月在西安機場的一次巧遇，至今記憶猶新。那一天我在西安準備搭清晨班機到香港，在機場門口竟然看到一群人簇擁著老師和師母。我上前叫了一聲：王老師！師母。他倆也很訝異我也在此，但是異地重逢，我們都很高興。到了候機室後，師母抱怨：「瘂弦一直抽菸，不停地抽。」之後又嘀咕：「人家給他什麼，他都拿，行李箱都裝不下了。」老師則無奈地說：「都是鄉親送的，他們拿的都是自認為最好的東西，我推不掉呀。」他們的隨身行李大包小包，老師手上還捧著一個大提籃，裡面裝了一些食品之類的東西，旁邊還有一個很搶眼的大蘋果。師母遞給我一些小糕餅和兩袋黑米，然後幾乎是以命令的口氣要我拿走大蘋果。我苦笑著把蘋果拿過來，努力在登機前吃完。在機上我和老師的位子正好隔著走道，於是就聽他講述返鄉之行，及從河南到陝西的行程，不勝唏噓。當他提到「老家的牆上掛著紅玉米」，我即低誦「宣統那年的風吹著，吹著那串紅玉米。」彷彿我跟著他一齊望見那串紅玉米。

最近幾年，我只見過老師兩次，一次是多人聚會，老師興高采烈地說著他曾經參加過國民黨特種黨部會議，竟然和「新疆王」盛世才睡上下鋪，很是得意。同時交代我查找幾份資料，他寫回憶錄會用到。一、兩年後老師回臺，著急地從下榻的旅館打來電話，詢問資料查找情況，我趕忙親自送去幾份影印的文件，完成了最後一次老師交辦的事。

（原刊載於《聯合報》副刊，2024 年 12 月 7 日）

◎喬書明，河南省魯山縣文化局創研究室主任，平頂山市第五屆具有突出貢獻的專業技術拔尖人才。先後在北京《劇本》、《曲藝》、《作家文摘》、美國《世界日報》、泰國《世界日報》、臺灣《明道文藝》、香港《大公報》等報刊雜誌上，發表小說、散文、大戲、小戲、小品數百萬字，並多次榮獲國家文化部、河南省文化廳群星獎、中國曲協金獎。

瘂弦大師與山城小作者的交往

◆喬書明

2000年5月，瘂弦（左）與喬書明於南陽合影。（喬書明提供）

1999年12月15日，瘂弦致喬書明信函。（喬書明提供）

沒有見到瘂弦大師之前，我總以為瘂弦既是詩壇泰斗，又在話劇《孫中山》裡，飾演過推翻封建帝製、締造一代共和的偉人孫中山，很可能是器宇軒昂、風度翩翩，誰料 2000 年 5 月，借詩壇泰斗回南陽故里探親之便，我應約在南陽跟瘂弦大師見了面，並且和我這個山城小作者拍照了合影，誰料事實與我想象的落差很大，瘂弦大師竟然樸實得像個農民，談吐親切和藹，舉止平易近人，當瘂弦大師得知這個印象後，2001 年 3 月 6 日，他在回信裡，豁達幽默地告訴我：「你說我言談舉止像個農人，我很高興你有這樣的印象。我是不折不扣的豫西老土，把老叫驢拉倒世界上轉一圈，回來還是個老叫驢，人不能忘本啊。」

南陽是河南有名的「曲子窩」，自幼熱愛本文化、在家鄉野臺子下長大的瘂弦，更是個如癡如醉的「曲子迷」，他特別愛跟著海連池的光盤。學唱「卷席筒」中「蒼娃起解」一段，並且多次在信函裡告訴我，往後如果去魯山，一定露一手。當瘂弦得知我除了寫小說、散文外，前些時創編的曲劇《安安送米續集》、《河南戲曲順口溜》、《城隍爺斷案》……經劇團排練後，已由《黃河音像出版社》公開發行，就在 2004 年 9 月 16 日的來信中，告訴筆者：「我幼時看過『杜校長』（因為這個演員，本來是小學校長，迷上曲劇後，放著校長不幹，進入劇團唱旦角）和『大金牙』（藝名）的《安安送米》，看一次哭一次，我媽也哭，我奶奶也哭。所謂『賺人眼淚』，這出戲是徹底做到了。你續編的《安安送米》，我極想看，為了免得郵寄途中損壞，請夾入書本寄我。」

我按照瘂弦大師的交代安排，先後將曲

劇《安安送米續集》、《河南戲曲順口溜》、《城隍爺斷案》等光盤，寄往加拿大溫哥華，瘂弦大師看過後，2005年10月25日在回函寫道：「《安安送米續集》光盤收到，多謝。郵路迢遙，光盤因為你包紮仔細，一點也沒有破損。我收到後，一口氣欣賞完畢，非常喜歡。劇名雖用『續集』，但基本上是一個創作的新戲，一切都按老規矩編寫演唱，既熟悉又新鮮，我看得津津有味。全劇有些美中不足的地方，這裡記下來供參考：一，兩家堂屋用的是屏風，好像是同一個，或者是類似的圖案，不妨換一換，以示區別。二，飾演安安的演員唱得很好，因是女孩子，人比較胖，穿上質料薄的衣衫，乳房明顯看出來，其實可以改穿質料硬一點的衣服，就可以避開這個印象。三，全劇各段選用的調子都很合適，唯最後大審，犯人唱的調子太過花梢，最後判得也輕了點。不妨在下次演出時考慮改一改。不過我是外行，一個普通觀眾的建議而已。」

瘂弦大師看罷我創編的《河南戲曲順口溜》，2006年8月28日在回函裡寫道：「書明先生，謝謝你送給我的『戲劇順口溜』，我看了好幾遍，看得耳朵流油。這個戲編演俱佳，娛樂之外，猶能批評社會不良風氣，有立場，敢進言，十分難得。李天方（洛陽著名演員）確是奇才，李小雙（李天方的堂妹）也不弱，他二人搭配得宜，是最佳拍檔。希望你多編幾齣給他們演唱。」瘂弦老師最後勉勵我說：「戲劇編寫是專業，得有另外一套的修養和章法，我看你編起戲來，駕輕就熟，有板有眼，希望你在這方面發展，作為你散文寫作之外的另一種興趣和追求。」

我知道詩壇泰斗特別喜愛草根藝術，就將魯山泥塑大師王忠富的泥塑照片寄給了瘂弦。瘂弦大師看罷泥塑照片後，盛贊王忠富的泥人古樸大氣，稱得上「北有泥人張，南有泥人王」。2003年3月8日，瘂弦大師又在回函裡，體貼關懷地寫道：「王忠富的泥人很純淳樸古拙。我有一位朋友喜歡陶藝泥塑，還造了一座園子，名叫『泥莊』，專門陳列泥塑作品。他們應該認識的。這位朋友叫劉作泥，連名字都泥巴化了。」爾後，瘂弦又將劉作泥的地址告訴我，讓我轉告給王忠富，以方便這兩位泥塑大師的藝術交流。

2014年11月5日，是徐公120周年誕辰，紀念日之前，平頂山市徐玉諾研究會，讓我給瘂弦大師寫封信，請詩壇泰斗為徐公120周年誕辰做一則賀詞。可嘆這封信寄往加拿大溫哥華後，直到12月初，我才接到瘂弦大師的回音：「書明先生，我去臺灣一個月，收到你的信遲了，無法為徐玉諾先生120周年誕辰做賀詞，十分抱歉。這次研究會如有相關文字（大會手冊等），請以水運賜我一份，留作紀念。」每次往加拿大郵寄書本材料前，瘂弦大師總是再三交代我用水運：「儘管用航空信只需十餘天就能到達，海運卻需要六個星期，可九九歸一，水運比航空較節省郵費呀。」瘂弦大師對山城「窮秀才」的體貼關懷之情，溢於言表，實在讓我終生難忘。

（原刊載於《聯合報》副刊，2024年12月12日）

◎徐望雲，本名徐嘉銘，輔仁大學中文系畢業。曾任中學教職、媒體編輯多年，獲優秀青年詩人獎、藍星屈原詩獎。著有詩集《望雲小集》、《革命前後》、情詩集《傾訴》、散文集《如果有人問起》、詩學評論集《帶詩蹺課去──詩學初步》和《決戰禁區》、《快攻》、《林書豪與 NBA》和《絕殺 NBA ──徐望雲運動文學集》等多種。

告別瘂弦，在深秋

◆徐望雲

1989年，徐望雲（左）替《小說族》雜誌採訪瘂弦。（徐望雲提供）

一段聖經經文接一段詩歌，輕緩的音樂流淌在瘂弦的告別式上，我坐在來賓席，一邊聆聽，一邊想靜下來……自瘂弦老師走了後，有好一段時間，無法靜下心來！

2024 年對我來講，是很殘忍的一年，兩個高我一屆的大學學長走了，雙十節慶剛過，就是瘂弦……

而瘂弦老師的遠遊，讓我感觸更多！

說來也算是一種緣分，《創世紀》三巨頭中，洛夫與瘂弦跟我有「間接」關係，他們與先父都是 1949 年到臺灣那批大時代的流浪者，我的大伯跟洛夫早年曾是同袍朋友，叔叔則是瘂弦在政工幹校的同期同學，也是同寢室的室友，瘂弦的一個外甥女還是我大學同班同學。

也就是這些看似錯綜但又不算複雜的關係，加上在臺灣寫稿和投稿都與兩位前輩時有互動，1998 年移民到溫哥華，彼時洛夫和瘂弦都已在大溫哥華定居，洛夫與瓊芳師母住列治文（Richmond），瘂弦與橋橋師母住三角洲（Delta），初來乍到的我，自然得先拜望前輩詩人。

真相大白

記得剛來溫哥華那年春天，約了兩對前輩夫婦出遊，我開著 TOYOTA 那款 ECHO 小車，先去列治文載洛夫夫婦，再去三角洲接瘂弦夫婦，當瘂弦帶著一個小型氧氣瓶出來時，我怔了一下，他笑著說：「這是橋橋要用的。」

因為很早就知道橋橋師母的肺功能不太好，我沒有多問。瘂弦看著我那外型可愛卻弱不禁風的小車，連連笑著說：「橋橋很瘦的，擠得下擠得下。」

我其實不介意，只是以前都是在各種文章裡略知橋橋師母的身體狀況不佳，卻不知她日常需要依賴氧氣瓶。

2004 年 8 月 8 日，我聽説橋橋師母身體不太理想，買了盒蛋糕去瘂弦家，一起為師母祝禱。

那次是我最後一次見到橋橋師母，隔年（2005 年）1 月 7 日橋橋師母過世。22 日告別式上，瘂弦頂著滿頭的白髮致詞時語帶覷覷地説，其實他的頭髮早就白了，但有橋橋師母為他染髮，所以頭髮一直是黑的，讓不少人以為他「青春永駐」，「橋橋過世後，我也不想再染髮了，這下『真相大白』了。」

有女承衣缽

瘂弦兩個女兒中，大女兒承下了詩的衣缽（也寫小説），但我剛來加拿大時，大女兒小米不在溫哥華，只有小女兒豆子與瘂弦夫婦住在一起，豆子於卑詩大學（UBC）畢業後，在銀行工作，我則因新聞工作關係，與豆子反而最常連絡。

有一女替父親傳下詩人的行業，瘂弦想必已滿足了，他總是跟我回憶起第一次知道小米寫詩，是來自小女兒的「爆料」：「有一次豆子跟我説：『爸！我看到姊姊偷偷寫一些奇怪的東西。』哈哈！我才知道，小米也在寫詩。」

橋橋師母過世後，瘂弦與豆子住一起，我在給任職的報社提新聞專題計畫時，偶而會「設計」出可以有理由找瘂弦（和洛夫）採訪的題目，在工作之餘順便去探望，例如父親節專題，還有長者運動養生專題、兩代相處專題……

有一次配合父親節，去跟瘂弦做訪問，採訪內容已記不清了，但過程中要拍一張瘂弦看著女兒幼時照片的鏡頭，我還記得瘂弦端詳著小米和豆子的照片時，一直呵呵笑著「長大了長大了」，一行淚也從他的眼角裡爬了出來……

對詩，有所堅持

廣西教育出版社在 1998 年出版了我與白靈合寫的「中國現代作家作品欣賞叢書」《瘂弦、鄭愁予》，瘂弦説他原來有一本，但忘了給誰了，我便在 2007 年 11 月一次採訪的機會中，帶了一本送他。（註）

那次他也回送了我一本洪範版的《瘂弦詩集》，笑著跟我説：「這是我的全集。」

我順口問他，在「全集」的作品之後，真

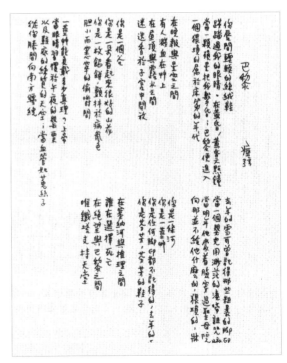

1958年，瘂弦〈巴黎〉手稿。（文訊·文藝資料研究及服務中心提供）

的沒有再寫詩了嗎？

他的回答是，偶而塗個鴉還是有的，但因為編輯工作太忙，根本成不了詩，通常就是寫了就扔了，瘂弦對寫詩，一直看得很神聖，生活中的靈光一閃，除非能將它發展成正兒八經的一首詩，否則就沒必要拿出來「炫耀」。

他對自己不滿意的作品也是如此。

一個研究新詩的學者，想要研究《瘂弦詩集》外的作品，曾委託

2020年1月，瘂弦（右）與徐望雲聚於瘂弦三角洲（Delta）家中。（徐望雲提供）

我就近問瘂弦，有沒有未收入《瘂弦詩集》的作品，他直言「有」，但不想拿出來示人，「收在《瘂弦詩集》的作品，都是經過我精挑細選過，那些沒收入的作品都是瑕疵品，我就不想拿出來『禍害』讀者了。」

他希望讓讀者看到的瘂弦作品，都是最好的，給讀者最美的印象，不想讓這印象摻有雜質。

笑談感情

在橋橋師母過世後，「瘂弦會不會再娶」的問號一直在文壇中流竄，我也曾當面問過。我很驚訝他沒有避諱，坦言是有一名女子曾跟他表白過，印象中他告訴我：「感情面，我對橋橋的愛很深，不可能走出來，現實面，我這個年紀了，也沒有必要耽誤人家，是吧！」

瘂弦對待自己的感情相當認真且堅定，但在看待世間情愛時，時不時也會發出他的幽默金句，2020 年初白靈來訪，我們在瘂弦家聊了不少臺灣文壇的八卦，聊到某個詩人的感情糾葛時，瘂弦笑著脫口而出：「人生苦短，總要搞點事兒出來，弄點樂趣嘛！」

白靈那次訪瘂弦，讓我想起第一次跟瘂弦深談，是 1989 年我幫《小說族》雜誌做的採訪，跟瘂弦約在聯合報附近的一家咖啡廳，我們還合拍了一張照片，藉著白靈的到訪，我跟瘂弦提到那年的採訪，希望能再拍一次不同時間不同地點但拍攝位置一樣的照片。

最後一面

白靈回臺灣之後不久，新冠肺炎（COVID-19）疫情撲向全世界，加拿大衛生部門特別

提醒民眾，長者若感染，後果比年輕人感染更嚴重……

疫情期間，我幾次想去探訪瘂弦，打電話去他家，都沒人接，有一次小米在回電中解釋，瘂弦一直在家防疫並靜養，但因詐騙和騷擾電話很多，如果兩個女兒不在家，瘂弦不接電話。

疫情之後，大概是2023年初，瘂弦打電話給我了，寒暄了兩句，我感覺他說話沒有那麼利索，心想這與年紀大有關，也不敢聊太久，便匆匆掛了電話。

今年初，住舊金山的詩人張堃問我瘂弦的情況，因為他幾次打瘂弦家電話，一直沒人接，託我問問，我跟豆子連絡上之後，才知道瘂弦老師住院了，她們姊妹倆輪流照顧，我還問豆子，需不需要去幫忙，也被謝絕了。

9月18日，瘂弦的臉書帳號上有他在閱讀《創世紀詩雜誌》創刊七十周年紀念專號的照片，並寫著「我們幾個在詩壇耕耘七十多年，對於創世紀詩刊，我們從來沒有離開過」，啊！我想，瘂弦老師終於又要活蹦亂跳了，心也安了不少。

沒想到，不到一個月，雙十節剛過，10月11日，我在瘂弦的臉書上看到他「回到神的家中」的消息……頓時如遭痛擊！

一回想，距離橋橋師母的離世，整整二十年，而2020年白靈來訪那次，竟是我與瘂弦老師的最後一面了！

告別的季節

洛夫老師2016年回流臺灣之前，在溫哥華近二十年間，本應該與瘂弦多所往來，實際上他們住的地方分屬兩個城市，相距約25公里，洛夫雖然在加拿大考了駕照，但開車範圍只限於列治文市，瘂弦的出行則需要有人接送，因此兩人通電話的機會比見面多。

但無論如何，創辦《創世紀詩刊》的革命感情長在，因此2018年洛夫傳來辭世的消息時，那是深夜，我第一個打電話給瘂弦，電話那頭他傳來一聲輕歎：「唉！」

那一個字，我卻聽出了千言萬語。

如今，瘂弦也揹起了行囊遠去了。儘管知道九十二歲已屬高齡，不應該太過悲傷，但在有那麼些許因緣的晚輩心裡，仍然隱隱作痛！

小米的夫婿John、豆子和小米在臺上以和緩的語氣分別穿織他們對父親的萬般不捨，在臺下的我，腦海裡卻不斷晃動著洛夫、瘂弦，以及更早的羊令野、商禽、辛鬱，與父親那一輩的形象……

在臺灣，還有向明、鄭愁予、碧果、張默……持續傳遞那一個世代的人情、詩意和溫暖，但在溫哥華……

已是霜降時節，就要入冬了！

完稿於2024年10月26日瘂弦告別式後

註：本書原是簡體字版，2019年由秀威資訊公司將瘂弦和鄭愁予的部分拆開來，改以正體字版《風華──瘂弦經典詩歌賞析》、《傳奇──鄭愁予經典詩歌賞析》面市。

（原刊載於《聯合報》副刊，2024年11月23日）

溫柔之必要　肯定之必要

瘂弦追思紀念會暨文學展特刊

資料輯

瘂弦文學年表

◆文訊編輯部·文藝資料中心整理

1932　9月29日（農曆8月29日），生於河南南陽縣楊莊營東莊，為家中獨子，乳名明庭。父王文清，母蕭芳生。

1937　本年，在父親的指導下，開始閱讀《幼學瓊林》、《古文觀止》、《唐詩三百首》，及上海兒童文學家陳伯吹等人的童話著作、商務印書館出版的「幼童文庫」。

1938　本年，就讀楊莊營小學，在作文方面，受王彥如老師啟發最多。

1941　本年，轉入陸官營村陸營中心國民小學，使用學名「慶麟」，開始讀詩寫詩，後轉讀南陽公安中心國民小學（清代崇正書院舊址）。

1942　本年，父親任職南陽縣民眾教育館，擔任漢畫及圖書館管理工作，創立以兒童、少年讀物為閱讀重點的「牛車」圖書館，巡迴各鄉鎮，免費供兒童、少年看書。瘂弦隨車前往，與小朋友一起閱讀，開始接觸了一個開闊的知識世界。

1947　7月，畢業於南陽公安中心國民小學，考入復興中學，受國文老師葉堯東鼓勵最多，為生平第一位恩師。後因時局影響，轉讀南都中學。

1948　11月4日，國共內戰，南陽吃緊，城中16所中學集合約五千名師生離鄉南下，與父母永訣，自河南流亡至湖北，再至湖南。

1949　2月，跋涉撤退至湖南零陵，由教育部主持成立豫衡聯合中學，排除萬難復課。

　　　8月，離校從軍，隨軍至廣州黃埔碼頭乘惠民輪來臺，編入陸軍第80軍340師1020團通信連，任上等兵。

1953　3月，考入復興崗學院業科班戲劇組第二期。

　　　10月，參加中華文藝函授學校，師從詩人覃子豪。

　　　本年，在王紹清、李曼瑰、張英、張徹、崔小萍的教學啟發中，從事劇本編撰，選讀中國古典戲曲、希臘悲劇、莎士比亞及易卜生戲劇。參加校內新詩比賽，獲首獎。

1954　2月，詩作〈我是一勺靜美的小花朵〉以「瘂弦」為筆名發表於《現代詩》第5期，結識詩人紀弦。

　　　4月，詩作〈那時我們將從金色的地平線上升起〉發表於《中國一周》第207期。

　　　4月，散文〈金門散筆（外三章）〉發表於《幼獅文藝》第2期。

　　　8月，詩作〈預言〉發表於《現代詩》第7期。

　　　9月，詩作〈牧歌〉發表於《文藝月報》第7期。

　　　10月，畢業於復興崗學院業科班戲劇組第二期，以少尉銜分發至海軍陸戰隊，先後擔任政治部主任辦公室幹事，及海軍左營軍中廣播電臺編輯兼外勤記者。

　　　11月，結識張默、洛夫，加入創世紀詩社，為創世紀詩社創始人之一。

　　　11月，詩作〈夜〉發表於《當代青年》雜誌第8期第4期。

1955　2月，組詩「劇場素描」：〈燈光〉、〈卸妝〉、〈劇終〉發表於《創世紀》第2期。

　　　2月，長詩〈我們要回去〉發表於《文藝創作》第47期。

　　　6月，詩作〈鬼車〉、〈魔夜〉發表於《創世紀》第3期。

　　　6月，詩作〈甜夜〉發表於《新新文藝》第1卷第6期。

　　　8月，詩作〈火把，火把喲〉獲國防部總政治部第44年度「軍中文藝獎金」官佐組詩歌獎。

　　　8月，詩作〈瓶〉、〈鼎〉發表於《文藝月報》第2卷第8期。

　　　10月，組詩「陣地吟草」：〈碉堡裡〉、〈擦槍〉發表於《創世紀》第4期。

1956 3月，詩作〈火把，火把喲〉刊載於史紫忱主編之《中國一周》第307期。

3月，詩作〈鬼劫〉、〈棺材店〉發表於《創世紀》第5期。

5月，詩作〈冬天的憤怒〉發表於《文藝創作》第61期，此作同時獲中華文藝獎金委員會第45年度「五四文藝獎金」詩歌類長詩獎。

6月，詩作〈屈原祭〉發表於《創世紀》第6期。

9月，詩作〈劇場，再會〉發表於《創世紀》第7期。

11月，詩作〈祖國萬歲〉獲國防部總政治部第45年度「軍中文藝獎金」進修級組詩歌類首獎。

12月，〈詩集的故事〉發表於葉泥主編之《復興文藝》創刊號。

1957 1月，詩作〈新春風景繪〉發表於《今日新詩》創刊號。

2月，以「春日・外一章」為名，詩作〈春日〉、〈四月〉發表於《今日新詩》第2期。

2月，詩作〈紡花車〉發表於《復興文藝》第3期。

2月，詩作〈夜〉、〈土地祠〉發表於《藍星宜蘭分版》第2期。

3月，組詩「短歌集」：〈寂寞〉、〈晒書〉、〈流星〉、〈世紀病〉、〈神〉、〈火葬場〉、〈嬰兒車〉、〈動物園〉、〈天空〉、〈雨〉、〈歸去〉、〈時間〉發表於《創世紀》第8期。

3月，詩作〈印度〉發表於《今日新詩》第3期。

3月，以「諧奏兩章」為名，詩作〈羅馬〉、〈野荸薺〉發表於《藍星宜蘭分版》第3期。

4月，詩作〈一九八〇年〉發表於《今日新詩》第4期。

4月，以「朝花夕拾」為名，詩作〈季候病〉、〈斑鳩〉、〈秋歌——給暖暖〉發表於《藍星宜蘭分版》第4期。

5月24日，詩作〈季候病〉發表於《公論報》「藍星」周刊第150期。

5月24日，詩作〈殯儀館〉發表於《現代詩》第18期。

5月，以「斷柱集」為名，詩作〈阿拉伯〉、〈巴比倫〉發表於《今日新詩》第5期。

6月2日，詩作〈印度〉（此作英譯曾於印度甘地墓前朗誦）獲中國文藝協會頒贈詩人節優秀詩人獎。

6月，詩作〈我的靈魂〉發表於《創世紀》第9期。

6月，組詩「壞人及其他」：〈壞人〉、〈煙士波里純〉發表於《今日新詩》第6期。

6月，詩作〈死了的蝙蝠和昔日〉發表於《藍星宜蘭分版》第6期。

8月，以「斷柱集」為名，詩作〈耶路撒冷〉、〈希臘〉發表於《藍星詩選：獅子星座號》。

9月6日，詩作〈歌〉發表於《公論報》「藍星」周刊第165期。

9月13日，詩作〈船中鼠〉發表於《公論報》「藍星」周刊第166期。

7月，詩作〈血花曲〉獲國防部總政治部「文藝創作獎金」詩歌類第一獎。

9月，詩作〈憂鬱〉、〈吠月〉發表於《今日新詩》第8、9期合刊。

10月4日，詩作〈山神〉、〈戰神〉發表於《公論報》「藍星」周刊第169期。

10月，詩作〈海婦〉、〈遠洋感覺〉、〈死亡航行〉發表於《藍星詩選：天鵝星座號》。

11月1日，詩作〈五噚之下〉發表於《公論報》「藍星」周刊第172期。

1958 1月，詩作〈春燈〉發表於《文星雜誌》第1卷第3期。

1月，詩作〈紅玉米〉發表於《文學雜誌》第3卷第5期。

2月7日，詩作〈音樂〉發表於《公論報》「藍星」周刊第186期。

3月，詩作〈乞丐〉發表於《文星雜誌》第1卷第5期。

3月，詩作〈在中國街上〉發表於《現代詩》第21期。

4月4日，詩作〈馬戲的小丑〉發表於《公論報》「藍星」周刊193期。

4月11日，詩作〈賭場〉發表於《公論報》「藍星」周刊第194期。

4月25日，詩作〈京城〉發表於《公論報》「藍星」周刊第196期。

4月，詩作〈蛇衣〉發表於《文學雜誌》第4卷第2期。

4月，組詩「無譜之歌及其他」：〈無譜之歌〉、〈剖〉發表於《創世紀》第10期。

5月16日，詩作〈苦苓林的一夜〉發表於《公論報》「藍星」周刊第198期。

6月1日，榮獲藍星詩獎；詩作〈無名的歌〉發表於《公論報》「藍星」周刊第200期特刊。

6月20日，詩作〈蕎麥田〉發表於香港《中國學生周報》第309期第10版。

6月，詩作〈殘酷的海蒂〉發表於《幼獅文藝》第43期。

7月4日，詩作〈傘〉發表於香港《中國學生周報》第311期第8版。

8月10日，詩作〈巴黎〉發表於《公論報》「藍星」周刊第208期。

8月，詩作〈我的繆斯只會歌唱薔薇〉發表於《中國勞工》第187期。

8月，詩作〈水手·羅曼斯〉發表於《海洋生活》第4卷第8期。

9月，詩作〈巴黎〉發表於《文學雜誌》第5卷第1期。

9月，詩作〈船中之鼠〉發表於《海洋生活》第4卷第9期。

10月1日，詩作〈海之宴〉發表於《海洋生活》第4卷第10期。

10月3日，詩作〈音樂〉發表於香港《中國學生周報》第324期第8版。

10月31日，詩作〈錨吟〉發表於《海洋生活》第4卷第11期。

11月28日，詩作〈棄婦（外一章）〉、〈一隻深藍的咖啡壺〉發表於香港《中國學生周報》第332期第8版。

12月5日，詩作〈三色棒下〉發表於香港《中國學生周報》第333期第10版。

12月，詩作〈倫敦〉發表於《文學雜誌》第5卷第4期。

12月，詩作〈早晨——在露臺上〉發表於《藍星詩頁》第1期。

1959　1月16日，詩作〈酒巴的午後〉發表於香港《中國學生周報》第339期第10版。

1月，詩作〈海神〉發表於《海洋生活》第5卷第1期。

2月6日，詩作〈給超現實主義者〉發表於香港《中國學生周報》第342期第8版。

2月27日，詩作〈小城之暮〉、〈鬼眼〉發表於香港《中國學生周報》第345期第10版。

2月，詩作〈芝加哥〉發表於《文星雜誌》第3卷第4期。

4月3日，詩作〈讀《獵人日記》〉發表於香港《中國學生周報》第350期第8版。

4月10日，詩作〈亡〉發表於香港《中國學生周報》第351期第10版。

4月24日，詩作〈麥田〉發表於香港《中國學生周報》第353期第8版。

4月，詩作〈從感覺出發〉發表於《創世紀》第11期。

6月，詩作〈一八八〇〉發表於《海洋生活》第5卷第6期。

6月，詩作〈那不勒斯〉發表於《筆匯》革新號第1卷第2期。

6月，詩作〈瘋婦〉發表於《藍星詩頁》第7期。

7月，詩作〈深淵〉發表於《創世紀》第12期。

7月，詩作〈鐘是偷春天的賊〉發表於《海洋生活》第5卷第7期。

9月18日，詩作〈一九五八年餘稿：西班牙；弗洛倫斯〉發表於香港《中國學生周報》第374期第12版。

9月，加入「中國文藝協會」，任研究委員。

9月，經香港《學生周報》主編黃崖推介，第一本詩集《苦苓林的一夜》由香港國際圖書公司出版。該書贈送作者300份，由港寄臺，因領取手續繁雜，擱置海關半年之久，導致詩集封面嚴重受潮，瘂弦乃另行設計封面，改書名為《瘂弦詩抄》，並於正文後附錄勘誤表，分送親朋，未於臺灣坊間發行。

10月16日，詩作〈劇場〉發表於香港《中國學生周報》第378期第14版。

10月，詩作〈出發〉、〈夜曲〉、〈給R·G〉以「瘂弦詩抄」為輯名發表於《創世紀》第13期。

12月4日，詩作〈詩論〉發表於香港《中國學生周報》第385期第14版。

1960　2月，〈詩人手札〉發表於《創世紀》第14～15期。

7月29日，詩作〈諸神：海神；風神〉發表於香港《中國學生周報》第419期第14版。

8月，詩作〈劇場——為海光話劇隊而歌〉發表於《海洋生活》第6卷第8期。

9月，以「側面」為名，詩作〈C教授〉、〈水夫〉、〈坤伶〉、〈上校〉、〈修女〉、〈故某省長〉發表於《筆匯》革新號第2卷第2期。

12月30日，詩作〈亡兵及其他：亡兵；織；斷想〉發表於香港《中國學生周報》第441期第14版。

12月，詩作〈酒巴的午後〉、〈船中之鼠〉、〈土地祠〉收錄於余光中編譯 New Chinese Poetry，由臺北Heritage Press出版。

1961　1月6日，詩作〈夜曲：夜章；甜夜〉發表於香港《中國學生周報》第442期第12版。

1月，與張默合編《六十年代詩選》，由高雄大業書店出版。

本年，以少校銜調任復興崗學院，於影劇系講述「中國戲劇史」、「藝術概論」、「名劇選讀」等課程，兼任晨光廣播電臺臺長。

1962　2月23日，詩作〈盲者〉發表於香港《中國學生周報》第501期第11版。

8月，詩作〈船中之鼠〉、〈遠洋感覺〉發表於《海洋生活》第8卷第8期。

8月，詩作〈戰時——一九四二·洛陽〉、〈鹽〉以「瘂弦作品」為輯名發表於《創世紀》第17期。

8月，補修復興崗學院影劇系大學學分。

9月，詩作〈乘醉航行〉、〈酒吧的午後〉發表於《海洋生活》第8卷第9期。

10月，詩作收錄於胡品清編譯 La Poésie Chinoise Contemporaine，由巴黎Seghers出版。

1963　6月，詩作〈獻給H. MATISSE〉發表於《創世紀》第18期。

1964　1月，筆錄〈覃子豪遺囑〉發表於《創世紀》第19期（詩人覃子豪追念特輯）。

1月，詩作〈另一種的理由〉、〈紀念T.H.〉、〈所以一到了晚上〉以「一九六三詩抄」為輯名，發表於《創世紀》第19期。

5月29日，詩作〈鹽〉發表於香港《中國學生周報》第619期第7版。

6月，詩作〈下午〉、〈非策畫性的夜曲〉、〈如歌的行板〉以「一九六四詩抄」為輯名，發表於

《創世紀》第20期。

6月，詩作「一九六三詩抄」、〈獻給H. MATISSE〉獲香港「好望角」文學創作獎。

6月，完成復興崗學院影劇系大學學分補修，擢升少校教官。

12月，詩作〈焚寄T.H.〉、〈庭院〉以「瘂弦詩二帖」為輯名，發表於《創世紀》第21期。

1965　1月31日，獲中國青年反共救國團第一屆「青年文藝獎金」詩歌獎。

2月，詩作〈復活節〉、〈一般之歌〉、〈死屍〉以「一般之歌（外二首）」為輯名，與〈二月之獻〉一併發表於《幼獅文藝》第134期。

4月，與張橋橋女士結婚。

5月，〈在鋼盔與桂冠之間〉發表於《新文藝》第110期。

5月，於文藝節前夕談「文藝」交棒，發表〈從「歷史意識」說起〉於《幼獅文藝》第137期。

5月，擔任《幼獅文藝》編輯委員，負責畫展與文藝活動的介紹。

6月，〈看韓湘寧的畫〉發表於《文星》第16卷第2期。

6月，〈現代藝術的歸趨──兼論畫家馮鍾睿〉發表於《幼獅文藝》第138期。

6月，詩作〈復活節〉、〈一般之歌〉、〈給橋〉以「一般之歌」為輯名，發表於《創世紀》第22期。

9月，應邀參加話劇《國父傳》，飾演孫中山，巡迴演出七十餘場。

9月，〈青青的桂葉──評文藝營新詩組作試品〉，〈破牆而出的太陽──龍思良畫室印象〉以「王星吾」發表於《幼獅文藝》第141期。

12月5日，應邀出席國際青年商會中華民國總會主辦之第三屆「十大傑出青年」頒獎典禮，獲頒金手獎。

1966　1月，開闢「中國新詩史料掇拾」專欄於《創世紀》第23期，每期介紹一九三〇、一九四〇年代大陸詩人作品，首篇為〈廢名詩鈔〉。

2月，出席教育部話劇欣賞演出委員會主辦的第二屆「話劇金鼎獎」頒獎典禮，以《國父傳》的演出成績獲頒「最佳男演員獎」。

3月15日，出席《幼獅文藝》於「現代藝術季」舉辦的「現代文學座談會」，探討現代文學創作趨勢與創作態度等議題，與會者有侯建、朱西甯、司馬中原、陳映真、鄭愁予、王文興、鄭文雄、張菱舲、段彩華等人。該藝術季由中美文化經濟協會發起，以慶祝青年節。

4月，「中國新詩史料掇拾」專欄文章〈朱湘詩抄〉發表於《創世紀》第24期。

7月，〈畫頁〉（介紹趙二呆，胡奇中，張杰作品）發表於《幼獅文藝》第153期。

8月，「中國新詩史料掇拾」專欄文章〈王獨清詩抄〉發表於《創世紀》第25期。

9月，應美國國務院之邀，赴愛荷華大學「國際寫作計畫」研習兩年。

9月，詩作〈大衣〉發表於《幼獅文藝》第153期。

1967　2月，與張默合編《中國現代詩選》，由臺北創世紀詩社出版。

6月，詩作〈屈原祭〉發表於《幼獅文藝》第162期。

7月，特欄「詩之外」之五刊出給羅門的一封短信於《星座》第12期。

9月，與洛夫、張默合編《七十年代詩選》，由高雄大業書店出版。

11月，詩作〈頌歌〉發表於《幼獅文藝》第167期。

1968   1月，〈旅人小札〉發表於《幼獅文藝》第169期。

3月，特約訪問〈安格爾談創作〉發表於《幼獅文藝》第171期。

5月，詩集*Salt*由美國愛荷華大學出版社Windhover Press出版。

5月，特約訪問〈田村隆一論詩〉發表於《幼獅文藝》第173期。

6月，結束愛荷華大學研究工作，展開訪書之旅，前後去了華盛頓D. C.國會圖書館，及耶魯、芝加哥、哥倫比亞等多所美國大學圖書館蒐集中國早期新詩史料，收穫甚豐。

11月，〈兩萬里的行旅：美國初記〉發表於《幼獅文藝》第179期。

12月，詩集《深淵》由臺北眾人出版社出版。

12月，〈兩萬里的行旅：愛荷華小誌〉發表於《幼獅文藝》第180期。

1969   1月，擔任中國青年寫作協會總幹事。

1月，〈兩萬里的行旅：囊宮中的作家〉發表於《幼獅文藝》第181期。

2月，擔任教職於國立藝術專科學校廣播電視科，講授「藝術概論」、「廣播寫作」、「詩歌朗誦」等課程。

2月，〈兩萬里的行旅：美國詩壇的新流向〉發表於《幼獅文藝》第182期。

3月5日，出席文藝月刊社於臺北文藝樓舉辦「文藝作者理想中的出版者」專題座談，與會者有吳癡、嚴友梅、張直厂、藍採鈺、饒培中、劉其偉，座談會記錄刊於7月《文藝月刊》第1期。

3月16日，進入幼獅文化公司服務，主編《幼獅文藝》。

3月，應邀擔任《幼獅文藝》主編。

3月，與張默、洛夫合編《中國現代詩論選》，由高雄大業書店出版。

5月20日，出席中國青年寫作協會臺北師專分會舉辦之文藝座談會，與會者有商禽、鄧文來、鍾梅音、段彩華、林懷民、梅新等人。

6月，擔任「復興文藝營」營主任，並連任多年。

7月14日，擔任耕莘文教院第四屆暑期寫作研習會講師。

4月，專訪夏志清，訪談文章〈夏志清談散文〉發表於《幼獅文藝》第196期。

6月，詩作〈紅玉米〉發表於《中央月刊》第2卷第8期。

6月，詩作〈屈原祭〉發表於《幼獅文藝》第162期。

1970   6月，主編散文選《風格之誕生》，列為幼獅文藝叢書，由臺北幼獅文化公司出版。

7月3日，長女景苹出生。

9月，應白先勇之邀，擔任晨鐘出版社編輯顧問。

10月，詩集《深淵》增訂本由臺北晨鐘出版社出版。

11月，詩作〈上校〉、〈水手〉收錄於笠詩刊社編譯《華麗島詩集──中華民國現代詩選》，由東京若樹書房出版。

11月，詩作收錄於葉維廉編譯*Modern Chinese Poetry*，由美國愛荷華大學出版。

1971   2月8日，應邀出席教育部文化局於臺北中國大飯店舉行之「保障文藝作家版權」座談會，與會者有何凡、王藍、林適存等。

4月，詩集《深淵》增訂本由臺北晨鐘出版社再版。

7月，擔任黃荷生創辦之巨人出版社《中國現代文學大系》編輯委員。

瘂弦文學年表

9月，擔任第一屆「詩宗獎」評審委員。

9月，於臺灣西湖工商等五所職業學校主講「中國的儒商傳統」專題。

11月，以少校銜退伍。

12月，兼任教職於復興崗學院影劇系。

1月，「名詩人作品回顧展」專欄刊出「瘂弦詩選」：〈巴黎〉、〈下午〉、〈鹽〉、〈如歌的行板〉、〈酒吧的午後〉、〈紀念T.H.〉於《水星詩刊》第7號。

1972　3月8日，應邀出席由王文興主持，《大學雜誌》於耕莘文教院舉辦的「文學與社會」座談會，與會者有余光中、邢光祖、高準、彭歌等六人，座談會記錄後刊載於7月《大學雜誌》第55期。

3月，兼任教職於世界新聞專科學校廣播電視科，主講「詩歌朗誦藝術」、「聲音美學」等課程。

6月，創世紀詩社召開《創世紀》復刊會議，決議由蘇武雄任發行人，瘂弦任社長。

7月，詩作〈深淵〉收錄於許世旭編譯《中國名詩選》，由漢城同和出版公社出版。

8月，應中國文化學院中國文學系新文藝組主任史紫忱之邀，講授「新詩概論」等課程。

9月28日，「華欣文藝工作者聯誼會」於臺北成立，擔任聯誼會委員。

9月，「中國新詩史料掇拾」專欄文章〈未完工的紀念碑──孫大雨的〈自己的寫照〉〉發表於《創世紀》第30期。

11月11日，應邀出席臺灣師範大學於臺北中央圖書館舉辦的「第二屆文藝創作展覽」，主持「新詩座談會」，與會者有紀弦、余光中、商禽、大荒、羅門、周鼎等人。

12月，「中國新詩史料掇拾」專欄文章〈開頂風船的人──辛笛的《手掌集》及其他〉發表於《創世紀》第31期。

1973　1月6日，出席中國青年寫作協會舉辦的「鄉土文學座談會」，與會者有林適存、魏子雲、潘琦君、蓉子、鄧文來等以及各大專院校學生。

3月，「中國新詩史料掇拾」專欄文章〈濺了血的「童話」──綠原作品回顧〉發表於《創世紀》第32期。

6月，「中國新詩史料掇拾」專欄文章〈中國象徵主義的先驅──李金髮作品回顧〉發表於《創世紀》第33期。

9月，「中國新詩史料掇拾」專欄文章〈早春的播種者──劉半農作品回顧〉發表於《創世紀》第34期。

9月，詩作經楊牧翻譯，刊於美國麻州大學比較文學刊物（*Micromegas*）第5卷第3期。

9月，詩作收錄於榮之穎編譯*Modern Verse From Taiwan*，由美國加州大學出版。

11月，「中國新詩史料掇拾」專欄文章〈從象徵到現代：三十年代以「純文學」對抗「紅文學」的詩人──戴望舒作品回顧〉發表於《創世紀》第35期。

11月，擔任第一屆「中國現代詩獎」評審委員。

1974　1月，「中國新詩史料掇拾」專欄文章〈蛹與蝶之間：過渡期的白話詩人──劉大白作品回顧〉發表於《創世紀》第36期。

1月，兼任華欣文化公司所屬的《中華文藝》等報刊總編輯，並邀張默、陳迺臣等任職。

3月，主編《幼獅文藝二十周年目錄索引》，由臺北幼獅文化公司出版。

7月，「中國新詩史料掇拾」專欄文章〈康白情詩選〉發表於《創世紀》第37期。

7月，擔任國軍第九屆「文藝金像獎」評審委員。

10月，「中國新詩史料掇拾」專欄文章〈康白情作品編目〉發表於《創世紀》第38期。

12月，應邀出席中華民國文藝界東南亞訪問團，訪問菲律賓、越南、新加坡、泰國、香港等地區的華人作家。

1975　1月，幼獅文化公司成立期刊部，升任總編輯，統籌《幼獅文藝》、《幼獅月刊》、《幼獅學誌》、《幼獅少年》四份刊物。

4月，〈李金髮先生年譜〉發表於《創世紀》第40期。

6月，擔任「中國文藝協會」常務理事，與陳紀瀅、趙友培、王藍等受嚴家淦總統接見，會談文藝問題。

7月，「中國新詩史料掇拾」專欄文章〈芙蓉癖的怪客——康白情其人其詩〉發表於《創世紀》第41期。

8月，擔任華欣文化公司編審委員會委員，設計華欣文學叢書系列。

8月，擔任國軍第11屆「文藝金像獎」評審委員。

8月，擔任第一屆「國家文藝獎」新詩類評審委員。

9月，兼任教職於東吳大學中國文學系，講授新文藝批評等課程。

12月，〈民國以來出版新詩集總目初編——民國六年至民國三十八年〉發表於《創世紀》第42期。

12月，應邀出席維也納國際筆會大會，同行者有中華民國筆會會長彭歌、殷張蘭熙、王藍、朱立民等。

12月，詩作收錄於齊邦媛編*An Anthology of Contemporary Chinese Literature*，由臺北國立編譯館出版。

12月，與廖玉蕙合編《中國古典小說論集第一輯》、《中國古典小說論集第二輯》，由臺北幼獅文化公司出版。

1976　2月，詩作〈深淵〉、〈紅玉米〉收錄於許世旭編譯《中國現代詩選》，由漢城乙酉文化社出版。

2月，〈編輯人語〉發表於《幼獅文藝》第266期。

3月，〈民國以來新詩總目初編‧詩論、翻譯、史料及其他〉發表於《創世紀》第43期。

3月，主編文集《資治通鑑選論》，由臺北幼獅文化公司出版。

4月24〜30日，應邀出席中華民國筆會主辦之第四屆「亞洲作家會議」，主持大會祕書處工作，接待川端康成等國際作家。

4月，主編《現代教育論集》，由臺北幼獅文化公司出版。

6月，與洛夫、張默等合編《八十年代詩選》，由臺北濂美出版社出版。

8月，與楊牧、葉步榮、沈燕士創辦洪範書店。

8月，擔任國軍第12屆「文藝金像獎」評審委員。

8月，詩作〈婦人〉發表於《草根》第2卷第4期。

9月，〈民國以來新詩總目初編‧詩刊部分〉發表於《創世紀》第44期。

9月，就讀美國威斯康辛大學東亞研究所，選修周策縱、倪豪士、劉紹銘等所開的課程。

10月，與梅新合編半年刊《詩學》。

1977　3月，〈民國以來新詩總目初編‧詩刊部分（二）〉發表於《創世紀》第45〜46期。

5月，主編《朱湘文選》，柳無忌撰序，由臺北洪範書店出版。

7月，獲美國威斯康辛大學東亞研究所文學碩士學位。

8月，主編《劉半農文選》、《戴望舒卷》，由臺北洪範書店出版。

10月，應聯合報社之聘，返臺擔任《聯合報・副刊》主編。

10月，詩集《瘂弦自選集》由臺北黎明文化公司出版。

10月，主編《劉半農卷》，由臺北洪範書店出版。

1978　4月1日，策畫《聯合報・副刊》第一次作家雅集：「尋找中國小說自己的路──『小說的未來』座談會」，與會者有七等生、小野、司馬中原、朱西甯、吳念真、季季、花村、東年、周浩正、康芸薇、張恆豪、張大春、馬叔禮、曾心儀、鍾肇政、蕭颯16位作家。

5月23日，應邀出席政治大學西洋語文學系主辦之「中國現代詩的成就與發展」座談會。

5月，〈民國以來新詩總目初編・詩刊部分之三：日據時期臺灣日文詩刊〉發表於《創世紀》第47期。

6月10日，策畫《聯合報・副刊》作家雅集：「中國詩人的道路座談會」，與會者有羊令野、商禽、向明、張默、蓉子、高大鵬、蘇紹連、桓夫、吳望堯、羅行等20人。

8月，〈中國新詩年表──光緒二〇（一八九四）～民國卅八（一九四九）〉發表於《創世紀》第48～50期。

10月8日，策畫《聯合報・副刊》作家雅集：「傳下這把香火──『光復前的臺灣文學』座談會」，與會作家有王詩琅、王昶雄、巫永福、杜聰明、郭秋生、郭水潭、黃得時、陳火泉、陳逢源、葉石濤、楊雲萍、楊逵、廖漢臣、劉捷、劉榮宗。

1979　7月19日，應邀出席星宿海書坊於臺北中心餐廳舉辦之「朱西甯小說：《八二三注》座談會」，與會者有馬叔禮、姜穆、管管、尼洛、朱西甯、趙玉明、吳念真、小野等人。

9月，出席聯合報社28周年社慶，獲頒「特別貢獻獎」。

12月，主編之《幼獅文藝》獲國家文藝基金管理委員會頒發第三屆「全國優良文藝雜誌」榮譽獎。

1980　1月，擔任《聯合報》副總編輯，兼副刊組主任。

3月，〈瘂弦詩觀〉發表於《創世紀》第51期。

4月，主編《當代中國新文學大系》詩卷，並撰長序，敘述光復後臺灣新詩發展史，由臺北天視文化公司出版。

6月，策畫《聯合報・副刊》於臺北碧潭舉辦之「水調歌頭──詩與歌之夜」水上座談會。

7月29日，次女景縈出生。

8月19日，策畫並主持《聯合報・副刊》舉辦之「紅樓夢研究的未來方向」座談會，與會者有余英時、潘重規等紅學專家。

11月15日，出席由蕭蕭策畫於臺北太陽樓飯店舉辦「洛夫詩作座談會」，與會者有張默、辛鬱、余光中、劉菲、李瑞騰、菩提、蕭蕭、洛夫，實錄〈我們的血在霧起時尚未凝結〉刊於次年1月《中外文學》第9卷第8期。

12月，〈序《文學創作新論》〉發表於《創世紀》第54期。

1981　1月，《中國新詩研究》由臺北洪範書店出版。

3月15日，發表〈三十年蔚蕃成林──中華民國文壇現況與省視〉於《聯合報・副刊》8版。

3月，〈《瘂弦詩集》序〉發表於《創世紀》第55期。

3月，應邀至臺南成功大學演講，並重遊曾居住的旭町營房等文學啟蒙舊地。

4月14日，應邀出席耕莘文教院主辦之「七十年現代詩季」，主持「現代詩在臺灣」座談會，與會者有洛夫、季紅、羅門、蓉子、辛鬱、陳義芝、張默，會議記錄刊於次年1月《中外文學》第10卷第8期。

4月25日，應邀出席中央大學主辦之第五屆比較文學會議「詩人座談會」，主講「西方文學與早期現代詩」，與會者有洛夫、余光中、羅門、方莘、羅青、渡也、羅智成，會議記錄〈西方文學與中國現代詩〉刊於6月《中外文學》第10卷第1期。

4月，應邀出席耕莘文教院主辦之「七十年現代詩季」，主持「現代詩在臺灣」座談會。

4月，《瘂弦詩集》由臺北洪範書店出版。

6月6日，應邀出席國軍詩歌研究會聯合全臺詩社舉辦的詩人節慶祝活動，與季紅、余光中、洛夫、張漢良共同主持「詩座談」。

9月，擔任第四屆「吳三連文藝獎」評審。

12月，發表〈中國新詩過眼錄——一九一七～一九四九新詩書刊提要〉於《創世紀》第57期，評陳夢家詩集《夢家詩集》。

12月，應邀出席香港中文大學主辦之「中國現代文學研討會」，與洛夫同行。

12月，詩作收錄於《亞洲現代詩集》第一集，由東京現代詩工房出版。

本年，應邀赴新加坡，參加第一屆「世界華文文學討論會」，並參訪《南洋商報》。

1982 　1月18日，應邀出席臺中市文化中心主辦之「中日韓現代詩人會議——中韓現代詩人座談會」，講述臺灣近三十年來詩壇概況。

3月，兼任教職於國立藝術專科學校廣播電視科與中興大學中國文學系，分別講授「口頭傳播學」與「編輯學」課程。

6月，〈中國新詩過眼錄——一九一七～一九四九新詩書刊提要〉發表於《創世紀》第58期，評臧克家詩集《罪惡的黑手》。

6月，〈臧克家——早期詩人小傳之一〉發表於《現代詩》復刊第1期。

6月，《現代詩》復刊，擔任編輯委員。

6月，在《聯合報》的策畫下，結合臺灣文學史研究者與青年作家，通力完成《聯副三十年文學大系》共28冊，由臺北聯經出版公司出版。

7月，獲教育部頒發副教授證書。

10月9日，與張默共同主持《創世紀》28周年紀念茶會。

10月，〈我的詩路歷程——從西方到東方〉發表於《創世紀》第59期。

10月，〈何其芳——中國新詩早期詩人小傳之二〉發表於《現代詩》復刊第2期。

10月，〈抒情傳統：聯副三十年文學大系詩卷序〉發表於《創世紀》第59期。

10月，當選由《陽光小集》主辦票選的「青年詩人心目中的當代十大詩人」。

本年，《聯副三十年文學大系》獲「金鼎獎」。

1983 　1月，〈中國新詩過眼錄——一九一七到一九四九新詩要籍提要〉發表於《創世紀》第60期，評何其芳、李廣田、卞之琳合著詩集《漢園集》。

2月，論集《青年筆陣——青年的文藝活動》由臺北幼獅文化公司出版。

3月5日，應菲律賓大學與僑社之邀，與尼洛、司馬中原、顏元叔、胡有瑞、程榕寧同行參訪菲律賓。

3月，〈李廣田——中國新詩早期詩人小傳之二〉發表於《現代詩》復刊第3期。

5月，應中國青年寫作協會之邀，與林海音、朱西甯、司馬中原作全省巡迴演講。

5月，論述〈中國人與詩〉發表於《中央月刊》第15卷第7期。

5月，〈中國新詩過眼錄——一九一七～一九四九新詩書刊提要〉發表於《創世紀》第61期，評戴望舒詩集《望舒草》。

7月，〈艾青——中國早期詩人小傳之三〉發表於《現代詩》復刊第4期。

8月，慶祝中國青年寫作協會成立卅周年，〈關於青年筆陣〉發表於《幼獅文藝》第356期。

9月18日，應邀出席現代詩季刊社主辦之「現代派六信條的默察與省思」討論會，與會者有羊令野、辛鬱、林亨泰、梅新、商禽等人。

10月29日，應邀出席詩人覃子豪逝世20周年紀念活動，於會中播放痖弦所錄製的覃氏遺音。

10月，〈中國新詩過眼錄——一九一七～一九四九新詩書刊提要〉發表於《創世紀》第62期，評辛笛詩集《手掌集》。

11月，〈捲起袖子自己來：對尼洛大陸生活經驗作品的體會〉發表於《文訊雜誌》第5期。

12月，應邀出席第三屆「中韓作家會議」。

12月，〈在屋頂與繁星之間——物質生活與我〉發表於《現代詩》復刊第5期。

1984　2月，〈中國新詩過眼錄——一九一七～一九四九新詩書刊提要〉發表於《創世紀》第63期，評陳夢家編《新月詩選》。

2月，兼任教職於國立藝術學院美術系與戲劇系，主講「藝術概論」、「戲劇語言」。

4月22日，出席由文訊雜誌社於耕莘文教院舉辦的「中國現代詩談話會」，與張法鶴共同主持，與會者有白萩、張默、邱燮友、羅門、張健、上官予、林亨泰、胡品清等，談話會實錄刊於6月《文訊》第12期。

6月，〈中國新詩過眼錄——一九一七～一九四九新詩書刊提要〉發表於《創世紀》第64期，評卞之琳詩集《十年詩草》。

6月，〈林徽音——中國早期詩人小傳之四〉發表於《現代詩》復刊第6期。

7月，出席《聯合報‧副刊》與雲門舞集於國立藝術館合辦之「散文朗誦會」，文學前輩梁實秋出席，並作開幕致詞。

8月，〈夜讀雜抄〉發表於《詩人季刊》第18期。

9月，與張默、洛夫、辛鬱等合編《創世紀詩選》，由臺北爾雅出版社出版。

10月6日，主持《創世紀》30周年慶祝酒會。

10月7日，應邀主持中央圖書館主辦之「中國現代詩三十年詩刊、詩集、詩人資料特展」座談會。出席現代詩季刊社與《臺灣日報》副刊主辦之「白萩詩集《詩廣場》討論會」。

10月，〈中國新詩過眼錄——一九一七到一九四九新詩要籍提要〉發表於《創世紀》第65期，評馮至詩集《十四行集》。

11月，《聯合文學》創刊，發行人為張寶琴，任社長兼總編輯，編者瑣語〈把遠處的星光 化作近處

的燈火〉發表於《聯合文學》第1期。

11月，任社長兼總編輯，發行人為張寶琴。

1985 1月4日，應邀出席新加坡第三屆「國際華文文藝營」。

4月，〈美、思、力——蕭蕭編著《感人的詩》序〉發表於《創世紀》第66期。

8月，創辦「臺灣省巡迴文藝營」，連任14年營主任。

8月，應邀至香港國際書展發表演講，並與香港作家座談，同行者有葉慶炳、何寄澎二位教授。

9月21日，主持並參與會談由《聯合文學》舉辦「文學、藝術與同性戀」座談會，與會者有高陽、白先勇、李歐梵、蔡源煌、劉光能、李幼新等，座談會記錄刊於次年1月《聯合文學》第15期。

11月6日，應邀出席文訊雜誌社主辦之「現階段報紙副刊的檢討與展望」座談會，與會者有吳娟瑜、胡秀、黃文範、楊濟賢等人。

1986 1月4日，應邀出席婦女雜誌「讀者午餐會」，演講「媒介傳輸的困境」，莊敏敏記錄刊於2月《婦女雜誌》第209期。

1月，應邀至新加坡參加《南洋・星島聯合報》主辦的第二屆「國際華文文藝營」，擔任講師。

1月，擔任第二屆「金獅獎」決審委員。

2月，擔任行政院文建會文藝委員。

2月，詩作〈所以一到了晚上〉由潘皇龍譜曲為管弦樂，搭配女高音演唱，於德國柏林等歐洲城市演出。

3月21日，主持幼獅月刊於金石文化廣場舉辦「校園景觀與人文風格」討論會，與會者有李政隆、黃有良、米復國等人，林金靜記錄，後刊載於5月《幼獅月刊》第401期。

5月，應泰國《世界日報》社長趙玉明（詩人一夫）之邀，出席曼谷「泰華文壇五四文藝節大會」，發表演講「副刊文化」。

6月7日，應邀出席由李錫奇策畫的「視覺詩十人展」，作品〈時間、木馬、鐘擺、搖籃〉於臺北環亞藝術中心展出。

8月10日，應邀出席「第二屆現代詩學研討會」，擔任講評人。

11月，擔任第21屆「中山文藝獎」評審委員。

12月12日，與夫人橋橋同行，出席韓國中國現代文學會於漢城舉辦的「第一屆國際學術會議」，發表論文〈艾青的文學歷程〉，並與韓國詩人許世旭小聚。

2月16日，主持幼獅月刊於幼獅文化公司舉辦「大學生的課餘生活」座談會，與會者有張博夫、徐平國、何輝慶、朱新民、曾永義等，何芸記錄刊於4月《幼獅月刊》第412期。

1987 2月，周良沛主編《瘂弦詩選》，由成都四川文藝出版社出版。

3月，應邀出席杜十三策畫、導演，於臺北春之藝廊舉辦的「貧窮詩劇場——趙天福有聲發表會」，欣賞詩作〈深淵〉、〈婦人〉經唐鼓及缽伴奏，重新詮釋的表演。

7月4～5日，應邀出席文訊雜誌社主辦之「抗戰文學研討會」，與會者有余光中、葛浩文、許世旭、王潤華、蔡源煌等人。

7月18日，應邀出席國軍詩歌研究會主辦之「從詩歌創作看抗戰精神」座談會，發表專題演講。

8月，發表短文於《創世紀》第71期，為詩與散文的區別下新的定義。

1988 1月，擔任臺北副刊聯誼會會長，率領全體會員拜訪外雙溪的錢穆書房，向大師請益。

2月,〈瘂弦談詩〉發表於《幼獅文藝》第410期。

4月4日,主持聯合文學舉辦「女詩人的心靈──當代女詩人座談會」,與會者有沈花末、席慕蓉、陳斐雯、張香華、曾淑美、夐虹、羅英等,座談會記錄後刊載於6月《聯合文學》第44期。

4月,應邀出席行政院文建會主辦之文藝創作班,主講「新詩和現代詩」。

5月8日,「美國愛荷華大學寫作計畫在臺作家聯誼會」成立,當選理事。

5月22日,應邀出席聯合文學與文訊雜誌社合辦之「當前大陸文學研討會」,擔任引言人,主講「大陸文學的變貌」。

6月,〈藝術家談藝術〉發表於《幼獅文藝》第414期。

7月,主編散文集《女作家的百寶箱》,並撰序,由臺北世界日報社出版。

7月,有感於當年元月報紙開始增張,副刊的型態與地位的轉變,發表〈大眾傳播體系中的文學──從副刊說起〉刊於《自由青年》第707期,後轉載於8月《中國語文》第374期。

8月,應邀出席「出版編輯人聯誼會」演講,王存立重點整理〈文化解嚴後對出版界的影響〉後刊載於《出版界》第21期。

9月13日,與殷張蘭熙共同主持《聯合報・副刊》於新竹南園舉行之「文學大對談」,邀請來臺訪問之國際筆會作家金範士(Francis King)等多人,與臺灣作家彭歌、王藍、紀剛、三毛、陳長房、張漢良、李昂、陳幸蕙等交流文學理念。

11月,獲世界詩人學會頒授榮譽博士學位。

12月,發表〈周公扛鼎〉於《文訊雜誌》第39期,細述與周策縱先生之間的師生情誼。

1989　1月,自美國舊金山大學陳立鷗教授所攜之大陸家書,得知父母雙亡,肝腸欲裂。

3月,主編《聯合報第十屆小說獎作品集》,由臺北聯經出版公司出版。

4月,〈我愛收藏〉發表於《講義》第25期。

7月,擔任耕莘文教院青年寫作班講師,主講「中國新詩的回眸與前瞻」。

8月,〈現代與傳統的省思〉發表於《創世紀》第73、74期合刊。

10月8日,出席《創世紀》35周年詩創作獎決審會議。

11月26日,出席《創世紀》35周年慶祝酒會。

12月,〈溫柔,不需要聲音──讀劉湛秋的散文〉發表於《文訊》第50期。

1990　3月,主編《聯合報第十一屆小說獎作品集》,由臺北聯經出版公司出版。

4月,應菲華千島詩社之邀,赴馬尼拉擔任華文學班講座一周。

6月,策畫《聯合報・副刊》主辦之「海峽兩岸作家文藝座談會」,與會者有大陸流亡作家蘇曉康、祖慰、徐剛、老木、遠志明,及臺灣文藝界人士洛夫、鄭愁予、張默、張曉風、馬森、林載爵等。

6月,主編散文集《一條流動的星河》,由臺北聯經出版公司出版。

6月,〈詩是一種生活方式──鴻鴻作品的聯想〉發表於《現代詩》第15期。

7月,〈長板凳上少一人──悼沉冬〉發表於《創世紀》第79期。

9月,偕夫人張橋橋返河南南陽故鄉,為祖父母、父母、叔叔、嬸嬸掃墓立碑,並與南陽文藝界人士牛雅杰、周熠、周同賓、王遂河、廖華歌等晤談。

10月,〈消除朱湘研究的盲點──讀《詩人朱湘懷念集》〉發表於《創世紀》第80、81期合刊。

1991　3月,主編《聯合報第十二屆小說獎作品集》,由臺北聯經出版公司出版。

3月，應邀出席巴黎「歐洲華文作家協會」開幕式。

5月，獲臺灣省作家協會頒贈第14屆「中興文藝獎章」副刊主編獎。

8月26日，應邀出席創世紀詩社主辦之「沈志方詩作討論會」，與會者有沈志方、洛夫、張默、簡政珍、楊平等人。

12月27日，應邀出席行政院文建會與中國文藝協會合辦之「當前新詩、散文發展研討會」，主持綜合座談。

1992   1月，應邀出席於劍潭舉行之「全國編輯人員研習會」，主講「青年刊物編輯趨勢」。

2月24日，與吳宏一共同主持《聯合報・副刊》與中研院文哲所籌備處合辦之「鄭樹森教授演講會」，該會講題為「西方理論與中國文學研究」。

4月，應邀出席中國古典詩研究會主辦之「文學與傳播關係研討會」，擔任講評人。

4月，〈回到中國詩的原鄉——楊平「新古典」創作試驗的聯想〉發表於《創世紀》第88期。

5月，〈詩人的歷史感——寫在張默編《臺灣現代詩編目》卷前〉發表於《文訊》第79期。

6月5日，應邀主持九歌文教基金會主辦之「詩歌文學的再發揚」座談會，與會者有余光中、李瑞騰、向陽、簡政珍等。

6月14日，應邀出席現代詩雜誌社於臺北客中作茶藝館舉行之「現代詩的危機」座談會，與會者另有梅新、楊澤、羅智成三位副刊主編。

7月6日，擔任耕莘青年寫作會「創作研習課程」講師。

8月24日，主持《聯合報・副刊》於臺北聯合報大樓舉行之「文學又死了嗎」座談會，對談者有鄭樹森、南方朔、廖炳惠、張大春。

8月，偕家人第二次返鄉河南南陽老家，為外公外婆、舅父舅母掃墓立碑，同時應南陽地區文學與藝術界之邀，作有關兩岸文壇交流之演講。

9月，兼任教職於靜宜大學中文系，講授「新聞文學」、「戲劇導論」、「中國現代文學史」等課程。

9月，〈戰火紋身——尹玲的戰爭詩〉發表於《現代詩》第18期。

10月3日，中華民國筆會慶祝會刊The Chinese Pen創刊20周年，於臺灣大學舉行會員大會，並於會中舉辦「文學在臺灣系列座談會」，分回顧、交流與展望三階段進行，分別由林海音、瘂弦、齊邦媛擔任引言人。

10月，任中華民國筆會會刊*The Chinese Pen*編輯委員。

10月，應邀出席香港中文大學主辦之藝文活動，主講「詩與社會——五、六十年代臺灣詩中的社會意識」。

11月26日，《幼獅文藝》與幼獅電臺合作邀請韓秀（Teresa Buczacki）空中導讀其自傳體小說《折射》，瘂弦與魏子雲亦參與討論。

11月，主編《小說潮：聯合報第十三屆小說獎暨附設新詩獎、報導文學獎作品集》，由臺北聯經出版公司出版。

11月，主編《小說潮：聯合報第十四屆小說獎暨附設新詩獎、報導文學獎作品集》，由臺北聯經出版公司出版。

12月22日，主持《聯合報・副刊》主辦之「兩岸文學交流的特殊經驗」座談會，與會者有劉登翰、

瘂弦文學年表

袁和平、白先勇、洛夫、朱西甯、商禽、李瑞騰、蘇偉貞等人。

12月25日，主持創世紀詩雜誌社主辦之「兩岸新詩交流座談會」，與大陸詩評家劉登翰、小說家袁和平暢談兩岸新詩發展。

1993 2月，應邀擔任教育部文學獎評審委員。

2月，兼任教職於政治大學中文系，講授「現代詩」課程。

2月，〈新詩話序老友向明的劄記〉發表於《現代詩》第19期。

3月26日，策畫《聯合報·副刊》主辦之「海是地球的第一個名字──海洋文學座談會」，與會者有黃春明、汪啟疆、東年、夏曼·藍波安、劉克襄。

4月16日，率《聯合報·副刊》組舉行「作家海上聯誼活動」，陪同六十餘位作家至基隆港，登軍艦參觀並出航，在艦面上舉行海洋文學座談。

4月，〈從再現到表現──韓舞麟的大素描生涯〉發表於《藝述家》第215期。

6月4～6日，主持由行政院文建會策畫主辦，《聯合報·副刊》與聯合文學月刊社承辦之「高陽小說作品研討會」，與會者有龔鵬程、蔡詩萍、張大春、楊照、許以祺等人。

6月，策畫《聯合報·副刊》舉辦的「文學出外景──到澎湖」活動，為《聯合報·副刊》繼本年四月「海洋文學座談會」、「海洋文學展」之後，對海洋文學的第二波試探。

6月，與陳義芝合編《八十一年詩選》，由臺北現代詩季刊社出版。

8月29日，應邀出席現代詩季刊社主辦之《現代詩》40周年慶祝活動，擔任「現代主義：國際與本土──現代詩運的回顧與前瞻」座談會引言人。

8月，偕夫人張橋橋女士訪蘇聯10天，拜謁普希金、杜斯妥耶夫斯基、托爾斯泰、柴可夫斯基等文學與音樂家故居，並遊帝俄時期的皇宮等名勝。

8月，〈百合的傳說──懷念三毛〉發表於《明道文藝》第209期。

10月9日，出席中國文藝協會、中華民國新詩學會、現代詩季刊社、藍星詩社、創世紀詩雜誌社、葡萄園詩社、臺灣詩學季刊社、文訊雜誌社合辦之覃子豪逝世30周年紀念活動，前往墓園憑弔並主持「覃子豪與一九五〇年代臺灣詩壇」座談會。

11月15日，主持《聯合報·副刊》與福建省作家協會舉辦的「原鄉行」活動，帶領臺灣作家與福建作家、學者、出版家進行座談，交流族群記憶與文學課題。

12月17日，策畫聯合報系於臺北圓山飯店舉辦之「四十年來中國文學會議」，主持「四十年來新詩匯談」。

本年，與王潤華、何文匯合編《創作與回憶──周策縱教授七十五壽慶集》，由香港中文大學出版。

1994 3月16日～5月30日，擔任彰化師範大學成人教育中心「新文藝師資研習班」講師。

3月，詩作〈永續的宇宙鄉愁──小論姜雲生的〈厄斯曼〉〉發表於《幼獅文藝》第483期。

5月，擔任《宏觀月刊》第一屆「全國僑生散文獎」評審。

7月，主編散文集《散文的創造》（上、下），由臺北聯經出版公司出版。

9月，與簡政珍合編《創世紀四十年評論選：1954—1994》，由臺北創世紀詩雜誌社出版。

9月，蕭蕭主編《詩儒的創造·瘂弦詩作評論集》，由臺北文史哲出版社出版。

10月5日，擔任耕莘青年寫作班「文學與童年故鄉」系列講座講師。

11月，主編《飛翔之光──聯合報文學獎1994卷》，由臺北聯經出版公司出版。

1995   2月12日，主持中國青年寫作協會「現代詩創作營」，擔任講師。

2月，〈脫咒與創發——吳當《新詩的呼喚》〉發表於《文訊》第112期。

5月13日，應邀出席行政院文建會策畫，文訊雜誌社主辦之「臺灣現代詩史研討會」，主持第五場「八十年代」論文發表會。

5月，發表〈鏡頭下的歷史縱深——〈祖父的相簿〉小引〉於《幼獅文藝》第497期。

6月，與余光中、陳秀英合編《雅舍尺牘——梁實秋書札真跡》，由臺北九歌出版社出版。

6月，與張寶琴、邵玉銘合編《四十年來中國文學》，由臺北聯合文學出版社出版。

7月，〈當代中國文藝思潮回顧〉發表於《幼獅文藝》第499期。

11月，主編《我寫故我在——聯合報文學獎一九九五卷》，由臺北聯經出版公司出版。

12月，〈大眾傳播時代的詩——杜十三《地球筆記》的聯想〉發表於《創世紀》第105期。

1996   1月20～21日，應邀出席文訊雜誌社主辦，佛光大學籌備處協辦之「臺灣文學出版研討會」，擔任論文特約討論人。

4月1～3日，擔任中國青年寫作協會「青少年文藝研習營」講師。

4月21日，應邀出席中華民國筆會85年度會員大會，與齊邦媛擔任「文學交流」座談會引言人。

5月3日，應邀出席國立復興國劇團主辦「五四前夕談阿Q」座談會於臺大校友會館，擔任主持人，與談人有黃碧端、馬森、平路，胡惠禎記錄整理部分後刊載於16日《聯合報·副刊》，後完整刊載於7月《復興劇藝學刊》第17期。

5月17日，〈蝴蝶的歷程——讀《世界華文成長小說得獎作品集》〉發表於《中華日報·副刊》。

5月，與陳義芝合編文集《站在巨人肩上》，由臺北聯經出版公司出版。

6月3日，應邀出席《中央日報·副刊》於國家圖書館舉辦之「百年來中國文學學術研討會」，擔任「副刊與中國文學」座談會引言人。

6月，〈蝴蝶的歷程——《世界華文成長小說徵文得獎作品集》小引〉發表於《幼獅文藝》第510期。

8月16日，籌辦第18屆聯合報文學獎新詩類公開評審會。

9月，鄭樹森主編瘂弦詩選《如歌的行板》，由臺北洪範書店出版。

10月，〈天空、大地、河流——讀楊平、馮傑、田原三家詩小引〉發表於《創世紀》第108期。

11月，主編《美麗新世界——聯合報文學獎一九九六卷》，由臺北聯經出版公司出版。

本年，獲《1996臺灣文學年鑑》選為該年度十大文學人。

1997   1月7日，獲行政院新聞局第21屆金鼎獎「新聞類副刊編輯獎」。

1月10～12日，「世界中文報紙副刊學術研討會」於臺北圓山飯店召開，會期三天，由《聯合報·副刊》承辦，行政院文建會、國家圖書館、文訊雜誌社協辦，瘂弦除負責大會祕書處會務外，並擔任「臺灣報紙副刊的未來座談會」主持人。

1月，主編文集《眾神的花園——聯副的歷史記憶》，由臺北聯經出版公司出版。

2月1日，應邀出席八十六年冬令大專青年文藝營，主講「文字與文學的關係」，李文冰整理內容後刊載於5月《幼獅文藝》第521期。

3月29～30日，出席中國青年寫作協會於臺灣師範大學主辦之「當代臺灣散文文學研討會」。

3月，〈金良植女史中譯詩集小引——深耕東方〉發表於《創世紀》第110期。

3月，〈理性與感性的交光互影——期待一個城市〉發表於《遠見雜誌》第129期。

6月1日，卸下《聯合報・副刊》主編職務。綜理聯合報系所屬之《聯合報・副刊》、讀書人專版、美國《世界日報・世界副刊》、小說世界版、泰國《世界日報・湄南河副刊》、湄南詩刊編務行政。

6月21日，出席中華民國筆會會刊*The Chinese Pen*發行100期慶祝會，發表演說談臺灣當前文學現象。

6月，主編《人生散步：聯副「眾生相徵文」作品集》，由臺北聯經出版公司出版。

7月15～16日，〈詩路獨行——莊因詩集《過客》讀後〉發表於《中華日報・副刊》16版。

9月10日，出席中國文藝協會於臺北舉行之「兩岸文藝交流座談會」，與大陸「中國文學藝術界聯合會」進行文學交流。

9月20日，擔任中國青年寫作協會主辦，靈鷲山文教基金會協辦之「小說進階薪傳班」講師。

9月25日，擔任中國文藝協會主辦，行政院新聞局協辦之「編劇研究班」講師。

10月，〈用詩尋找母親的人——悼念梅新〉發表於《創世紀》第112期。

11月8日，應邀出席中國婦女寫作協會主辦之「女性・書寫・新方向——一九九〇年代女作家創作類型」研討會，擔任引言人。

11月，與陳義芝合編《世界中文報紙副刊學綜論》，由臺北行政院文建會出版。

12月3日，擔任中國文藝協會「新詩研究進階班」講師。

12月5～6日，〈披著詩裝的散文家（無名氏）〉發表於《中華日報・副刊》16版。

12月24日，〈用詩尋找母親的人——談梅新思母詩〉發表於《中央日報・副刊》18版。

12月24～26日，《聯合報・副刊》於國家圖書館舉辦「臺灣現代小說史研討會」，擔任「小說家的挑戰」座談會主持人。

1998　1月17～18日，發表〈學院的出走與回歸——讀陳義芝《不安的居住》〉於《中央日報・副刊》22版。

1月，獲行政院新聞局第22屆金鼎獎「新聞類副刊編輯獎」。

3月，〈崇高的女性，引人類上昇〉發表於《文訊》第149期。

4月25日，擔任中國青年寫作協會「小說研究班」講師。

4月，〈懷念老友——朱西甯〉發表於《幼獅文藝》第533期。

5月3日，應邀出席文訊雜誌社主辦之「五四文藝雅集」，獲頒第一屆五四獎「文學編輯獎」。

5月20日，〈故事是思想居住的屋宇——李家同敘事文學的人文意涵〉發表於《聯合報・副刊》37版。

5月23日，應邀擔任臺東縣文化中心主辦，後山文化工作協會承辦之「後山文學營」講師，與會者有吳晟、平路、路寒袖等。

5月30日，年度詩選序言〈為臺灣現代詩織夢〉發表於《聯合報・副刊》37版。

5月，與陳義芝合編《八十六年詩選》，由臺北現代詩季刊社出版。

6月19日，應邀出席聯經出版公司舉辦之「胡適的書信與戀情」座談會，與周質平、廖咸浩、李孝悌對談。

7月，擔任耕莘文教院「暑期寫作班」講師。

8月22日，應邀出席九歌文教基金會、文訊雜誌社、幼獅文化公司、創世紀詩雜誌社、臺灣詩學季刊社、聯合文學出版社與《聯合報・副刊》合辦之「弦歌不斷——瘂弦的編輯歲月」惜別茶會，會中獲中國國民黨頒贈「華夏一等獎章」，肯定文學創作與副刊編輯的成就。

8月29日，屆齡退休。

9月5日，應邀出席行政院文建會主辦，《中央日報・副刊》主編林黛嫚承辦之「文學到校園」系列活動，於臺中女中主講「拿起筆來！你就是作家」。

9月26日，應邀主持中國詩歌藝術協會主辦之「兩岸詩刊學術研討會」，與會者有羅行、丁威仁、向陽、楊牧、楊匡漢、陳紹偉等人。

9月，應邀擔任成功大學首位駐校作家。

10月29日，主持聯合報《副刊》與南華管理學院合辦之「兩岸作家展望21世紀文學研討會」，與會者有莫言、王安憶、蘇童、龔鵬程、陳義芝、馬森等人。

11月9日，應邀擔任「第七屆裕隆文藝季——臺灣詩鄉」徵詩活動評審委員。

11月28～29日，〈一齣「現代的」歷史劇——我看《皇帝變》〉發表於《聯合報・副刊》37版。

12月，赴加拿大溫哥華定居。

1999　1月，主編《天下詩選：1923～1999臺灣》（Ⅰ、Ⅱ），由臺北天下遠見出版公司出版。

2月5日，詩集《深淵》獲選為行政院文建會委託《聯合報・副刊》評選的30部「臺灣文學經典」之一。

3月13日，當選中華民國筆會第三屆理事，並任該會會刊*The Chinese Pen*編輯委員。

3月19日，〈長泳——無名氏的文學時代〉發表於《聯合報・副刊》37版。

3月19～21日，自加拿大回國，出席行政院文建會主辦，《聯合報・副刊》承辦之「臺灣文學經典研討會」，與會者有王文進、王德威、白先勇、白靈、平路等人。

3月26日，擔任「人與書的對話」節目製作單位、李連教育基金會、《中央日報・副刊》合辦之「第二屆青年文藝營」講師。

3月27日，應邀出席九歌文教基金會舉辦之「彭歌作品研討會」，與會者有荊溪人、張作錦、黃文範、彭鏡禧等人。

4月12～13日，發表〈中國新文學的崎嶇旅程——兼論無名氏的崛起〉於《青年日報・副刊》15版。

6月，〈他的詩・他的人・他的時代——論商禽《夢或者黎明》〉發表於《創世紀》第119期。

9月，〈新詩這座殿堂是怎樣建造起來的——從史的回顧到美的巡禮〉發表於《臺灣詩學季刊》第28期。

2000　5月，第三次回故鄉河南南陽，為已故親人掃墓。到舞鋼縣探訪散文家楊稼生，並與當地文藝界友人見面座談，到鄭州會見文心出版社社長詩人牛雅杰、馬新朝、方向真等。

5月，應邀至北京大學中文系發表演講「蝶與蛹之間——臺灣新世代文學」。

6月，應邀出席美中西區華人學術聯誼會之千禧年年會，發表演講「世界上最大的文壇——一家親，一盤棋，華文文學的傳承與展望」。

6月，〈朗誦美學緒論：中國文學的音樂特質〉發表於《創世紀》第123期。

9月，應聘擔任東華大學駐校作家，於創英所主講現代詩與現代散文課程。

2001　2月26～28日，〈夢雨飄瓦——曾麗華散文中的生命美學〉發表於《聯合報・副刊》37版。

4月，應邀至香港城市大學參加文化節活動並發表演講。

6月，〈從徐玉諾到吳瀛濤〉發表於《創世紀》第127期。

7月17日，〈鉤稽沉珠，闢舊闡新——向明詩話新貌〉發表於《中央日報・副刊》18版。

7月19日，「記哈克詩想」專欄文章〈神話復興〉發表於《聯合報‧副刊》37版。

8月2日，「記哈克詩想」專欄文章〈形式的魅力〉發表於《聯合報‧副刊》37版。

8月16日，「記哈克詩想」專欄文章〈想起聞一多〉發表於《聯合報‧副刊》37版。

8月23日，〈以詩為情、以情為詩——龔華作品的內涵與向度〉發表於《中央日報‧副刊》18版。

8月25～26日，〈不容青史盡成灰〉發表於《聯合報‧副刊》37版。

8月30日，「記哈克詩想」專欄文章〈重讀高爾基〉發表於《聯合報‧副刊》37版。

9月14日，「記哈克詩想」專欄文章〈高爾基在中國〉發表於《聯合報‧副刊》37版。

9月27日，「記哈克詩想」專欄文章〈從穿衣服到寫詩——席勒的一段妙語〉發表於《聯合報‧副刊》37版。

9月，擔任育達商業科技大學駐校作家，為期半年。

10月15日，「記哈克詩想」專欄文章〈從造園想到寫詩〉發表於《聯合報‧副刊》37版。

10月25日，「記哈克詩想」專欄文章〈詩是一種製作，一個未知〉發表於《聯合報‧副刊》37版。

11月8日，「記哈克詩想」專欄文章〈飛白的趣味——從書法、電影、戲曲到詩的朗誦〉發表於《聯合報‧副刊》37版。

11月22日，「記哈克詩想」專欄文章〈寫詩像戀愛〉發表於《聯合報‧副刊》37版。

12月6日，「記哈克詩想」專欄文章〈波赫士談片〉發表於《聯合報‧副刊》。〈永不凋零〉（王盛弘採訪整理）發表於《中央日報‧副刊》18版。

12月20日，「記哈克詩想」專欄文章〈百無一用是詩人〉發表於《聯合報‧副刊》37版。

12月，〈把文學的種子播在臺灣的土地上〉發表於《文訊》第194期。

2002　1月3日，「記哈克詩想」專欄文章〈自我思考與寫作〉發表於《聯合報‧副刊》37版。

1月17日，「記哈克詩想」專欄文章〈好文章是咬嚼出來的〉發表於《聯合報‧副刊》37版。

1月31日，「記哈克詩想」專欄文章〈偶像的黃昏——重讀《野草》〉（魯迅著）發表於《聯合報‧副刊》37版。

2月28日，「記哈克詩想」專欄文章〈從抒情到詠史〉發表於《聯合報‧副刊》37版。

3月14日，「記哈克詩想」專欄文章〈細節的藝術〉發表於《聯合報‧副刊》37版。

3月28日，「記哈克詩想」專欄文章〈一首詩的背後〉發表於《聯合報‧副刊》39版。

4月11日，「記哈克詩想」專欄文章〈從大章魚想起的〉發表於《聯合報‧副刊》39版。

4月25日，「記哈克詩想」專欄文章〈最早的與最好的〉發表於《聯合報‧副刊》39版。

5月23日，「記哈克詩想」專欄文章〈詩的瞬間經驗——泰戈爾二三事〉發表於《聯合報‧副刊》39版。

6月6日，「記哈克詩想」專欄文章〈憂鬱的郵筒〉發表於《聯合報‧副刊》39版。

6月20日，「記哈克詩想」專欄文章〈最洪亮的晚禱——從惠特曼的散文想起的〉發表於《聯合報‧副刊》39版。

6月，張默主編《瘂弦短詩選》（中英對照），由香港銀河出版社出版。

7月5日，「記哈克詩想」專欄文章〈前輩風範——惠特曼與愛默生的文學因緣〉發表於《聯合報‧副刊》39版

9月，次女景縈回故鄉河南南陽省親，會見當地文藝人士二月河、周同賓、行者、廖華歌等，並與親

戚蕭先華同行至山西、陝西等地作田野調查，及拜謁司馬遷墓。

9月，〈一種可驚的存在——洛夫小評〉發表於《創世紀》第132期。

2003　3月，〈評〈時間許下的諾言〉〉發表於《藍星詩學》第17期。

3月，〈高全之，學院外文學批評的築路人——從早期寫作生活的發軔到近期「張愛玲學」的建構〉，發表並收錄於高全之著《張愛玲學》，由臺北一方出版公司出版。

4月，〈高全之，學院外文學批評的築路人——讀《張愛玲學》〉發表於《明報月刊》第448期。

7月，〈碧野朱橋幼獅事〉（邱怡瑄整理）發表於《文訊》第213期。

7月，〈飛白的趣味——從書法、電影、戲曲到詩的朗誦〉發表於《臺灣戲專學刊》第7期。

8月，擔任第七屆香港中文文學雙年獎評審委員，在港逗留一周，與詩界老友小聚。

2004　1月，〈瘂弦談詩創作——詩是一種製作，一個未知〉發表於《乾坤詩刊》第29期。

2月14日，應美國德維文學協會之邀，赴洛杉磯參加黃美之主持的「向詩人致敬・閱讀瘂弦」活動，發表演說「詩是一種生命」。

4月，〈細數文藝三十年〉發表於《幼獅文藝》第604期。

4月，序跋集《聚繖花序》（二冊），四十餘萬言，由臺北洪範書店出版。

4月，〈百無一用是詩人〉發表於《乾坤詩刊》第30期。

8月，〈散文的詩人——張曉風創作世界的四個向度〉發表於《明道文藝》第341期。

10月30日，出席《創世紀》50周年慶祝活動，主持「現代詩專題座談」。

11月10日，出席財團法人東元科技文教基金會第11屆「東元獎」頒獎典禮，獲頒「人文類——文學創作獎」，典禮現場由曾永義、洪淑苓二位教授率領臺大學生，朗誦瘂弦代表作〈鹽〉、〈乞丐〉等詩，另有戲曲表演等節目，氣氛熱烈。

11月，應邀赴福建福州參加福建省文聯、福建省文化經濟交流中心主辦，《臺港文學選刊》等承辦之「2004海峽詩會——臺灣詩人海峽西岸行」系列活動，與謝冕共同主持「海洋詩研討會」。

11月，〈從抒情到詠史〉發表於《乾坤詩刊》第32期。

12月，〈寫詩是一輩子的事〉發表於《詩探索》第55～56輯之「瘂弦專輯」。

2005　1月，夫人張橋橋病逝。

3月，〈張秀亞，臺灣婦女寫作的燃燈人——從早期學思生活的發軔到「美文」創作版圖的完成〉，發表並收錄於《張秀亞全集》，由國家臺灣文學館籌備處出版。

7月4日，應邀出席香港大學、武漢大學、徐州師範大學（今江蘇師範大學）合辦之「瘂弦與二十世紀華文文學研討會」，會中分別獲香港大學中文學院、武漢大學文學院、徐州師範大學語言研究所頒贈「二十世紀詩學終身成就獎」、「二十世紀文學經典獎」、「媒體英雄獎」獎項。此次活動由香港大學黎活仁教授籌辦。

10月1～2日，應邀出席國立臺灣文學館主辦之「張秀亞文學研討會」，主持「張秀亞和她的時代」座談會。

11月，當選由臺北教育大學臺文所與《當代詩學》合辦票選的「臺灣當代十大詩人」。

2006　2月，擔任育達商業科技大學中文系客座教授，為期一年。

3月，〈一壺老酒，一小碟時間——讀丁文智時間意識與詩友聚談作品之聯想〉發表於《創世紀》第146期。

瘂弦文學年表

3月，《深淵──瘂弦詩集》由東京思潮社出版。（日本學者松浦恆雄編譯）

5月13日，應邀出席國立臺灣文學館主辦之「2006周末文學對談」，與白靈對談「如何『過』一首詩──我的創作歷程」。

5月，有聲書《弦外之音──瘂弦詩稿、朗誦、手跡、歲月留影》由臺北聯經出版公司出版。

7月，〈臺灣副刊美學設計第一人──我所認識的林崇漢〉發表於《聯合文學》第261期。

8月，〈一塘新荷──第24屆全國學生文學獎大專散文組總評〉發表於《明道文藝》第365期。

9月，〈《六十年代詩選》作者小評〉發表於《創世紀》第148～149期。

本年，擔任第三屆「台積電青年學生文學獎」、第24屆「全國學生文學獎」評審委員。

2007　3月20日～4月24日，主持香港浸會大學國際作家工作坊連續六周舉辦的「學生新詩工作坊」。

3月31日，出席香港浸會大學國際作家工作坊主辦之「獅子山詩歌朗誦會」，發表演講「同行半世紀──新詩給我的人生」。

3月，應聘擔任香港浸會大學國際作家工作坊駐校作家，為期三個月。

3月，〈青春的反顧──林婉瑜作品賞讀〉發表於《創世紀》第150期。

4月14日，出席香港浸會大學國際作家工作坊主辦之「人人可以作詩人」講座活動。

4月21日，擔任香港浸會大學「大學文學獎」決審會議新詩組評審。

5月5日，出席香港浸會大學國際作家工作坊主辦之「新詩創作與活用文字」專題討論會。

5月6日，應香港大學「金庸學術講座系列」之邀，作專題演講，談新詩創作經驗，小說家金庸全程參加，會後並與瘂弦晤談。

9月，〈香港的意義〉發表於《新地文學》第1卷第1期。

2008　6月30日，〈擁抱我們的文訊──從兩個《文訊》說起〉發表於《聯合報·副刊》E3版，後刊載於7月《文訊》第273期「文訊二十五周年專號」。

9月，〈《調色盤》讀後筆記〉發表於《創世紀》第156期。

10月，擔任世新大學中文系駐校作家，發表四場專題演說：「我是怎樣寫起詩來的」、「我的詩觀」、「人人可以做詩人」、「做詩人的條件」。

11月7～9日，應邀赴花蓮，出席第三屆「太平洋詩歌節」活動。

11月11日，應邀出席政治大學中文系與臺文所合辦之「承受與反叛──臺灣現代詩與現代繪畫的回顧」研討會，發表演說「我所知道的臺灣現代詩」。

11月29日，應邀出席聯合報社主辦之「第30屆聯合報文學獎暨第25屆吳魯芹散文獎」頒獎典禮，會後與吳魯芹夫人吳葆珠女士交換有關該獎未來發展的意見。

12月，〈對時間的沉思──《創世紀》54年圖像冊序〉發表於《創世紀》第157期。

12月，〈季紅小評〉發表於《創世紀》第157期。

2009　3月，〈寫詩是一輩子的事〉發表於《新地文學》第7期。

6月，〈吳望堯小評〉發表於《創世紀》第159期。

8月6～7日，〈我·副聯·人間與信疆〉連載於《中國時報·人間副刊》E4版。

9月11日，與林婷婷、劉慧琴、林楠、文野長弓等發起成立「加拿大華人文學學會」，擔任主任委員。

12月，〈從歷史發展條件看華文文壇成為世界最大文壇之可能性〉收錄於林婷婷、劉慧琴主編《漂鳥──加拿大華文女作家選集》由臺北臺灣商務印書館出版。

2010   4月16日，應邀出席行政院文建會、新地文學季刊社主辦之「21世紀世界華文文學高峰會議」，於臺灣大學參與郭楓主持第一場的「作家學者開場談話」，與談人有王蒙、高行健、劉再復、鄭培凱、李歐梵、陳若曦，會議記錄刊於6月《新地文學》第12期；於第四場演講「現代詩的繼承」。18日參與台中中興大學廖振富主持第一場座談會「書寫與跨界──創作者的文學實踐與生命地圖」，與談人有高行健和王潤華；20日參與臺南成功大學陳益源主持第二場王潤華論文〈幻想南洋與南洋幻想：從中國到本土東南亞文學想像〉發表討論會，另一位討論人是謝勉；23日參與花蓮東華大學魏貽君主持作家座談會，與談人有劉心武、劉登翰、黎湘萍、閻連科、葉日松、馬森、詹澈、陳列、陳黎。

5月15日，應邀出席彰化縣文化局主辦之「2010文學彰化──與大師有約」專題講座，主講「新詩創作三字訣：深、真、新──思想要深、感情要真、技巧要新」。

5月，〈夜裡初讀魯蛟《舞蹈》的體會〉發表於《文訊》第295期。

8月，〈大融合──從歷史發展條件看華文文壇成為世界最大文壇之可能〉發表於中國文藝協會主辦之《文學人》第21期。

9月，《記哈客詩想》由臺北洪範書店出版。

9月，《瘂弦詩集》由臺北洪範書店校正出版。

10月17日，應邀出席中國福建省文學藝術界聯合會、海峽文學藝術發展研究中心、臺港文學選刊雜誌社、中南財經政法大學新聞與文化傳播學院主辦之「2010海峽詩會──瘂弦文學之旅國際研討會」，於武漢華中科技大學主講「一日詩人，一世詩人──我的詩路歷程」。

10月18日，應邀出席中國世界華文文學學會、三峽大學、湖北日報傳媒集團主辦之第16屆「世界華文文學國際學術研討會」開幕式，於中南財經政法大學主講「大融合──我看世界華文文學」。

10月23日，在「2010海峽詩會──瘂弦文學之旅國際研討會」承辦人楊際嵐策畫下，臺灣旅美作家潘郁琦、鄭州大學臺灣文學研究者樊洛平等一行人與瘂弦乘火車抵達南陽，此為文學之旅的重要一站。瘂弦為南陽師範學院師生演講，講題為「文化的熱土，詩歌的原鄉──從歷史發展條件看河南成為全國文學大省之可能」，全程以純正的南陽家鄉話發聲，並以當代豫籍作家的作品舉例，引起同學莫大的興趣。

10月24日，在散文家周同賓等人的陪同下，返楊莊營東莊老家祭祖。

10月25日，文學之旅第二場由南陽文藝團體籌辦，會中瘂弦除針對與會人士對其作品所提的問題詳作詮釋外，亦留下許多時間，推介生於南陽地區的臺灣詩人周夢蝶，稱讚他是臺灣最好的詩人之一，也是家鄉的光榮。

10月26日，文學之旅第三場於鄭州大學舉行，主講「大融合──從歷史發展條件看華文文壇成為世界最大文壇之可能」。當晚，鄭州大學文學院籌備數月，形式新穎，極富藝術創意的「紅玉米──瘂弦詩歌朗誦會」登場，瘂弦聆聽鄭大學生與朗誦家的聯合演出，稱讚不已，認為是一次難得的演出。

10月27日，文學之旅第四場仍於鄭州進行，由河南詩歌學會假河南省文學院舉行「瘂弦中原行河南詩歌界座談會」。瘂弦於會中談及蘇金傘、青勃等一九三〇、一九四〇年代河南詩人在詩藝方面的表現已形成一個鄉土文學的可貴傳統，值得傳承、發揚，與會詩人發言踴躍，氣氛熱烈，幾乎觸及當前許多詩創作各層面的問題，收穫豐富。

10月30日，「瘂弦文學之旅」完結篇，從河南移師福州，於福建圖書館演講廳發表演講「人人可以

瘂弦文學年表

成詩人——詩歌大眾化與全民寫作之聯想」，專程赴福建與會的臺灣文藝人士有張默、尉天驄、辛鬱、亮軒、管管、碧果、白靈、古月、落蒂、顏艾琳、須文蔚、李進文等人，有人說是一次「文學的大會師」。

12月，〈踩出來的詩想——懷念商禽〉發表於《創世紀》第165期。

2011 3月20日，出席於加拿大列治文市舉行「華人文學學會新書發布會暨華人作家作品聯展」，以加拿大華人文學學會主任委員身分致詞，並致贈書展贈書的書單給列治文圖書館館長。

3月，〈從歷史發展看華文文壇的邁向〉發表於《孔學與人生》第55期。

4月，〈朦朧的生命，靈魂的悸動——讀鍾玲詩集《霧在登山》〉發表於《文訊》第306期。

5月，〈大融合——從歷史發展條件看華文文壇成為世界最大文壇之可能〉發表於《時代評論》第1期。

6月，瘂弦詩文集《於無聲處》由香港明報月刊、新加坡青年書局聯合出版。

6月，〈初夏探師訪友——鍾鼎文與葉泥小記〉發表於《創世紀》第167期。

12月，〈大融合——從歷史發展條件看華文文壇成為世界最大文壇之可能〉發表於《華文文學與文化》第1期。

12月，〈大哉問，大哉想，大哉寫！——《坐六》賞讀〉發表於《創世紀》第169期。

2012 1月，〈博大與均衡——詩人洪書勤的學思歷程〉發表於《乾坤詩刊》第61期。

7月，〈詩是一種自牧，一種修行——為王露秋新詩集《白描時間風景》作註〉發表於《文訊》第321期，另於10月美國《新大陸詩刊》第132期刊出。

12月28日，《華章》文學專版於加拿大《世界日報》創刊，由瘂弦擔任主編，發表發刊詞〈為世界華文文壇添磚加瓦——掀起《華章》的蓋頭〉。

12月，獲第二屆「全球華人文學星雲獎貢獻獎」，該獎由「公益信託星雲大師教育基金」設立，貢獻獎旨在對於在文學領域有持續性、累積性貢獻，或是文學成就具卓越性者，給予肯定。

12月，〈張堃詩美學的三個向度〉發表於《創世紀》第173期。

2013 7月31日，出席加拿大華人文學學會與列治文圖書館合辦的「徐學清教授講座」，徐學清教授演講：「華裔小說中的歷史想像」後，瘂弦致贈感謝狀。

11月，獲「中坤國際詩歌獎」，該獎由中國大陸中坤詩歌發展基金會創設，北大教授詩論家謝冕主持。

12月，封德屏總策畫、陳義芝編選《臺灣現當代作家研究資料彙編37·瘂弦》，由臺南國立臺灣文學館出版。

2014 3月，與南陽散文家楊稼生30年間通信集《兩岸書》由鄭州河南文藝出版社出版。

9月，《創世紀60年同仁詩選》序文〈詩美學的大磁場〉發表於《創世紀》第180期。

10月，〈築巢引鳳——回憶《創世紀》草創時期的那些日子〉發表於《文訊》第348期。

本年，接受丁名慶採訪，訪談文章〈瘂弦訪談錄：我不能做偉大的詩人，但願做偉大的朋友〉後刊於10月《印刻文學生活誌》第134期。

2015 6月25日，受邀出席臺北國家圖書館與趨勢教育基金會合辦的「2015向瘂弦致敬」系列活動記者會及「一個時代的舞臺」展覽開幕典禮。

6月27日，出席於國家圖書館國際會議廳舉辦的「傳薪與傳世——向瘂弦致敬鼎談會」，上午由王德威院是主題演講，瘂弦致詞，陳芳明教授引言。

2016 1月，《瘂弦詩集》簡體字版由桂林廣西師範大學出版。

1月，〈《聯合報》有個詩窩子──讀趙玉明先生《學徒辦報》二書之聯想〉發表於《文訊》第363期。

9月25日，出席於列治文圖書館舉辦的《眾筆匯華章》暨學會委員新書發佈會。

8月，〈只種文學作物，不種其他莊稼──說說洪範的出版觀〉發表於《文訊》第370期。

12月，〈皓首勤耕一詩翁──為張默的詩書畫集作註〉同時發表於《文訊》第374期，《創世紀》第189期。

主編《眾筆匯華章──加拿大華人文學學會華章月刊文集第一卷（2012-2015）》由加拿大華人文學學會出版。

2017 7月12日，〈對時間的沉思〉發表於《環球華報》B5版。

7月16日，出席由加拿大華人文學學會主辦「創世紀詩人與加西文友相見歡座談會」，致詞歡迎《創世紀》創社元老張默，詩人辛牧、徐瑞、紀少陵的到訪。

7月22日，創世紀詩人與加西文友相見歡座談會致詞：〈珍惜那交會時互放的光亮〉，由馮玉整理發表於《大華商報》B11版。

2018 1月，口述〈憶雪桑──與我一起寫詩的哥兒們〉，王則翔記錄整理發表於《文訊》第387期。（按：雪桑本名施明正）

3月，序跋集《聚繖花序》（Ⅲ），由臺北洪範書店出版。

4月5日，出席洛夫先生追思會。

4月20日，〈讀洛夫的書法〉發表於《環球華報》B7版。

9月4日，〈《聚繖花序Ⅲ》〉（節錄）發表於《自由時報·自由副刊》D7版。

2019 1月25日，〈我的詩路歷程〉發表於洛杉磯《世界日報》A22版，《華章》第39期。

5月24日，〈《愛的旋律──洛夫情書選》讀後小感〉發表於洛杉磯《世界日報》F2版，《華章》第43期。

7月，《瘂弦回憶錄》由南京江蘇鳳凰文藝出版社出版。

2020 1月24日，〈一個時代的舞臺〉發表於洛杉磯《世界日報》F2版，《華章》第51期。

2021 1月22日，〈詩有什麼用處〉發表於洛杉磯《世界日報》F2版，《華章》第63期。

2022 2月，《瘂弦回憶錄》（繁體字版）由臺北洪範書店出版，本書獲第35屆梁實秋文學散文大師獎優選。

2023 5月，《瘂弦書簡Ⅰ──致楊牧》由臺北洪範書店出版。

8月9日，獲第27屆「臺北文化獎」。

2024 10月11日，於加拿大溫哥華家中辭世。

11月9日，加拿大華人文學學會暨《華章》編委會舉辦雲端「瘂弦先生追思會」，由江嵐主持，劉慧琴致詞。與會者來自加拿大、美國、中國大陸、臺灣、香港及瘂弦故鄉南陽60餘位作家、詩人、學者、文學評論家。臺灣與會者為《創世紀》創辦元老之一張默，瘂弦聯合報副刊副手與繼任者陳義芝，前臺灣文學館館長、中央大學教授李瑞騰。

11月23日，於溫哥華中華文化中心文物館舉行「詩人瘂弦先生追思會」，由加拿大華裔作家協會、加拿大大華筆會、加拿大中華詩詞學會、加拿大華文作家協會、加拿大華人文學學會、大溫哥華中華文化中心共同舉辦。會中溫哥華地區文學團體的代表和瘂弦先生的文藝界好友致悼念詞，同時有瘂弦詩作名篇朗誦。

瘂弦著作目錄及提要　　◆文訊編輯部·文藝資料中心整理

【論述】

中國新詩研究
臺北：洪範書店
1981年1月，32開，249頁
洪範文學叢書70

本書結集作者早期針對現代詩、一九三〇年代中國詩人所作之詩論及新詩年表。全書分「詩論」、「早期詩人論」、「史料」三卷，收錄〈現代詩的省思——《當代中國新文學大系》導言〉、〈現代詩短札〉、〈禪趣詩人廢名〉等14篇。

青年筆陣——青年的文藝活動
臺北：幼獅文化公司
1983年2月，25開，174頁
青年工作叢書8

本書作者整理救國團近三十年所推行青年文藝工作史料，包括介紹中國青年寫作協會、復興文藝營、青年期刊編輯人研習會、幼獅文化公司、《幼獅月刊》、《幼獅文藝》、《幼獅學誌》、《幼獅少年》，以及臺澎金馬當時22縣市藝文活動簡況。全書分第一章緒論、第二章救國團與青年文藝活動、第三章青年的筆隊伍、第四章筆隊伍的各地支部、第五章結語、後記。

聚繖花序（I、II）
臺北：洪範書店
2004年6月，25開，296頁、376頁
洪範文學叢書317

本部書共兩冊，結集歷年所作之序跋文論。第一冊「詩與詩論」卷收錄〈現代詩的省思——《當代中國新文學大系》詩選導言〉、〈《瘂弦詩集》自序〉、〈美、思、力——蕭蕭編著《感人的詩》序〉、〈待續的鐘乳石——讀白靈的長詩《大黃河》〉等32篇。正文前有楊牧〈序《聚繖花序》〉。第二冊分「散文」、「小說」、「文學藝術論述」三卷，收錄〈時間草原——讀席慕蓉的《有一首歌》〉、〈大地的性格——陳義芝散文作品印象〉、〈為有源頭活水來——關於《如何測量水溝的寬度》後設小說選〉、〈盛放的風華——談聯合報小說獎創設緣起及第十屆獲獎的九個短篇〉、〈神祕經驗——讀黃炳寅的《文學創作新論》〉等50篇。

聚繖花序（III）

臺北：洪範書店

2018年3月，25開，296頁

本書結集歷年所作之序跋文論，全書分「詩與詩論」、「遊學散記及其他」、「世界華文文學遠眺」三卷，收錄〈《朱湘文選》校訂跋〉、〈在紀弦先生左右〉、〈覃子豪先生的遺音〉、〈初見愛荷華──五十年前的一段回憶〉、〈一物之微，人情之常──讀馬逢華《景山集》有感〉等27篇。

【詩】

苦苓林的一夜

香港：國際圖書公司

1959年9月，32開，98頁

本書為瘂弦的第一本詩集，後於臺灣經多次書名更易與內容增訂，而有多樣面貌。全書收錄〈春日〉、〈秋歌〉、〈斑鳩〉、〈野荸薺〉等32首。

瘂弦詩抄

香港：國際圖書公司

1959年9月，32開，98頁

香港國際圖書公司贈予作者《苦苓林的一夜》300份，由港寄臺，因領取手續繁雜，擱置海關半年之久，導致詩集封面嚴重受潮，瘂弦乃另行設計封面，改書名為《瘂弦詩抄》，分送親朋，未於臺灣坊間發行。正文內容同《苦苓林的一夜》，正文後新增「勘誤」。

Salt

Iowa：愛荷華大學出版社Windhover Press

1968年5月，20×27公分，21頁

本書為瘂弦於1966～1968年留愛荷華時期的自譯詩作成果。全書收錄"Starting"、"Wartime"、"Afternoon"等十首，正文前有"Introduction"，正文後附錄"Notes to the Poems"。

深淵

臺北：眾人出版社
1968年12月，12.4×17.5公分，193頁
眾人文庫2001

臺北：晨鐘出版社
1970年10月，10.5×18公分，256頁
向日葵文叢26

臺北：晨鐘出版社
1971年4月，13.5×18.5公分，269頁
晨鐘文叢26

本書以《苦苓林的一夜》為基礎，新增〈三色柱下〉、〈紅玉米〉、〈鹽〉等28首新作。全書分「野荸薺」、「戰時」、「遠洋感覺」、「斷柱集」、「側面」、「徒然草」、「從感覺出發」七卷，收錄〈婦人〉、〈蛇衣〉、〈殯儀館〉、〈早晨〉、〈土地祠〉等60首。正文前有瘂弦〈剖——序詩〉，正文後附錄王夢鷗〈寫在瘂弦詩稿後面〉、葉珊〈《深淵》後記〉、〈作品年表〉。
1970年晨鐘版：改「遠洋感覺」卷為「無譜之歌」卷，新增〈憂鬱〉、〈歌〉、〈無譜之歌〉、〈佛羅稜斯〉、〈西班牙〉、〈赫雪魯夫〉、〈懷人〉、〈所以一到了晚上〉、〈獻給H. MATISSE〉九首。正文後刪去王夢鷗〈寫在瘂弦詩稿後面〉、葉珊〈《深淵》後記〉，新增附錄：瘂弦〈詩人手札〉。
1971年晨鐘版：內容與1970年晨鐘版相同，正文後補回王夢鷗〈寫在瘂弦詩稿後面〉、葉珊〈《深淵》後記〉。

瘂弦自選集

臺北：黎明文化公司
1977年10月，32開，264頁
中國新文學叢刊14

本書分「野荸薺」、「戰時」、「無譜之歌」、「斷柱集」、「側面」、「徒然草」、「從感覺出發」、「二十五歲前作品集」八卷，收錄〈春日〉、〈秋歌〉、〈斑鳩〉、〈野荸薺〉、〈歌〉等74首，另附一篇文章〈詩集的故事〉。正文前有作家素描畫像、生活照片、手跡、〈年表〉，正文後附錄羅青〈理論與態度〉、范良琦訪問瘂弦〈有那麼一個人〉、〈作品評論〉。

瘂弦詩集

臺北：洪範書店
1981年4月，32開，370頁
洪範文學叢書69

臺北：洪範書店
2010年9月，25開，338頁
洪範文學叢書69

桂林：廣西師範大學出版社
2016年1月，32開，329頁

本書集結《深淵》（晨鐘出版社）、《瘂弦自選集》之「二十五歲前作品集」
卷、自譯詩集Salt。全書分右、左翻二部分，右翻分「野荸薺」、「戰時」、
「無譜之歌」、「斷柱集」、「側面」、「徒然草」、「從感覺出發」、
「二十五歲前作品集」八卷，收錄〈山神〉、〈戰神〉、〈乞丐〉、〈京城〉、
〈戰時〉等86首，另附一篇文章〈詩集的故事〉。正文前有瘂弦〈序〉、瘂弦
〈剖──序詩〉，正文後附錄王夢鷗〈寫在瘂弦詩稿後面〉、葉珊〈《深淵》
後記〉與「題目索引」：〈年代序〉、〈筆劃序〉。左翻收錄 "Starting"、
"Wartime"、"Afternoon" 等十首。正文前有 "Introduction"，正文後附錄 "Notes to
the Poems"。
2010年洪範版：刪去右翻正文後「題目索引」：〈年代序〉、〈筆劃序〉。
2016年廣西師範大學簡體中文版由洪範書店授權出版，全書橫排，刪除正文後
「題目索引」。

瘂弦詩選 ／周良沛主編

成都：四川文藝出版社
1987年2月，48開，120頁

臺灣香港新詩窗第一輯
本書為「臺灣香港新詩窗第一輯」五冊之一。全書收錄詩作〈我是一勺靜美的小
花朵〉、〈藍色的井〉、〈工廠之歌〉、〈瓶〉等33首。正文後附錄瘂弦〈晦
澀・超現實主義──摘引自〈現代詩的省思・《當代中國新文學大系》（詩卷）
導言〉〉、高準〈關於瘂弦──摘自〈現代詩的歧途與應行方向〉〉、葉珊〈詩
與創造──節自《深淵》後記〉、周良沛〈集後〉。

瘂弦著作目錄及提要

如歌的行板／鄭樹森主編

臺北：洪範書店
1996年9月，50開，57頁
洪範二十年隨身讀11

本書結集作者發表於1956年至一九六〇年代中期的代表詩作。全書收錄〈婦人〉、〈斑鳩〉、〈野荸薺〉等21首。

瘂弦短詩選／張默主編；葉維廉等譯

香港：銀河出版社
2002年6月，12.5×18公分，63頁
中外現代詩名家集萃・臺灣詩叢系列15

本書為中、英對照詩選集。全書收錄〈鹽〉、〈坤伶〉、〈土地祠〉等17首。正文前有〈出版前言〉、〈作者簡介〉。

深淵—瘂弦詩集／松浦恆雄編譯

東京：思潮社
2006年3月，32開，159頁
臺灣現代詩人ミリーズ2

本書選輯瘂弦詩作，由松浦恆雄譯為日文。全書分「甲篇」、「乙篇」、「丙篇」、「丁篇之一」、「丁篇之二」、「丁篇之三」、「戊篇」七部分，收錄〈剖く〉、〈塩〉、〈C教授〉、〈春の日〉等46首。正文後附錄松浦恆雄編〈瘂弦年譜〉、松浦恆雄〈譯者後記〉。

記哈客詩想

臺北：洪範書店
2010年9月，25開，216頁

本書結集作者於2002年間發表在《聯合報》「記哈克詩想」專欄之文章，為任東華大學駐校作家期間的隨筆作品。全書收錄〈神話復興〉、〈形式的魅力〉、〈寫詩像戀愛〉等24篇。正文前有瘂弦〈楔子〉，正文後附錄共二部分，一為瘂弦早期詩論：〈夜讀雜抄〉、〈現代詩短札〉，二為與中外作家對談之回憶文章：〈李金髮先生答我二十問〉、〈訪安格爾談創作〉、〈田村隆一論詩〉。

【傳記】

瘂弦回憶錄 ／瘂弦口述；辛上邪記錄
南京：江蘇鳳凰文藝出版社
2019年7月，25開，276頁

臺北：洪範書店
2022年2月，25開，298頁

本書記錄了瘂弦對故鄉河南南陽的記憶，參軍的過程及軍中生活，以及文學藝術活動中所交集的諸多名人，堪稱一臺灣文化圈的聯絡圖。全書分「雙村記」、「從軍記」、「創世紀」三個部分，收錄〈平樂村〉、〈楊庄營〉、〈流亡路上〉、〈招兵〉、〈初見臺灣〉、〈「九命貓」出現之前的臺灣文壇〉、〈《創世紀》三人行〉等16篇。正文前有瘂弦〈一個時代的舞臺（代序）〉，正文後辛上邪〈後記：穿過記憶的河流〉。

2022年洪範版：經作者多次修訂出版；正文前〈一個時代的舞臺（代序）〉改〈自序〉，正文後刪去辛上邪〈後記：穿過記憶的河流〉。

【書信】

兩岸書 ／瘂弦，楊稼生
鄭州：河南文藝出版社
2014年3月，18開，234頁

本書收錄瘂弦與中國作家楊稼生之間長達20餘年往來的193封書信，內容關注兩岸文學走向，涉及文、史、哲及民間戲曲藝術等，具有史料和文化雙重價值，並生動地反映了海峽兩岸文人之間濃郁的親情、鄉情和文化一脈的歷史現實。全書分二部分：「瘂弦致楊稼生書信」，「楊稼生致瘂弦書信」，正文前有溫慧敏〈序言〉。

瘂弦著作目錄及提要

瘂弦書簡（1）：致楊牧
臺北：洪範書店
2023年5月，25開，304頁

本書收錄瘂弦1964年至1997年，青年時期一路寫給楊牧的手書信札兩百餘件，書後附葉步榮〈編校說明〉。私信首度公開，在無修飾，信筆直書中，相互關懷、砌磋、表述，流露許多文壇軼事祕聞，紀錄了寫作、留學、編輯、和日常行誼，補充《瘂弦回憶錄》許多未曾言及部分。

【合集】

弦外之音：瘂弦詩稿、朗誦、手跡、歲月留影
臺北：聯經出版公司
2006年5月，25開，159頁

本書為有聲書。全書分二部分，「瘂弦詩選」收錄〈我的靈魂〉、〈給橋〉、〈紅玉米〉等17首，「瘂弦談朗誦」收錄〈朗誦美學：中國文學中的音樂特質〉、〈飛白的趣味：從書法、電影、戲曲到詩的朗誦〉共二篇，另錄製瘂弦談詩CD二片，「瘂弦詩選」朗誦CD一片。正文前有〈瘂弦小傳〉、余光中〈序詩：那鼻音—接瘂弦長途電話〉、張曉風〈幸福的事——談瘂弦的聲音〉、白靈〈迂迴於耳渦的詩之流水〉、趙孝萱〈聽瘂弦說詩〉、阿鍾〈大家一起醉吧〉。

於無聲處
香港：明報月刊、新加坡：青年書局
2011年6月，25開，385頁

世界當代華文文學精讀文庫
本書為詩文合集。全書分五卷，「詩」收錄〈剖──序詩〉、〈秋歌──給暖暖〉、〈婦人〉等25首，「詩話」收錄〈夜讀雜抄〉、〈神話復興〉等七篇，「書話」收錄〈張秀亞，臺灣婦女寫作的燃燈人──從早期學思生活的發軔到「美文」創作版圖的完成〉、〈散文的詩人──張曉風創作世界的四個向度〉等九篇，「文林小記」收錄〈偶像的黃昏──重讀《野草》〉、〈想起聞一多〉等九篇，「豔陽坡小品」收錄〈文人與異行──詩人沙牧的決絕〉、〈百無一用是詩人〉等九篇。正文前有〈眾手合推的文化巨石──《世界當代華文文學精讀文庫》（總序）〉、戴天〈代序之一：瘂弦的詩和人〉、劉紹銘〈代序之二：漫說瘂弦〉，正文後附錄〈瘂弦創作年表〉。

瘂弦評論資料目錄

◆文訊編輯部・文藝資料中心整理

【專書】

1. 蕭蕭編　詩儒的創造：瘂弦詩作評論集

臺北　文史哲出版社　1994年9月　480頁

本書彙集海內外重要論文，以呈現瘂弦的傳奇詩藝。內容共3輯：第1輯詩人述評，收錄杜十三〈瘂弦小傳〉、覃子豪〈評介新詩得獎作〉、余光中〈詩話瘂弦〉、王夢鷗〈寫在瘂弦詩稿後面〉、葉珊〈《深淵》後記〉、西西〈片斷瘂弦詩〉、劉紹銘〈瘂弦的〈貓臉的歲月〉〉、李元洛〈清純而雋永的歌〉、葛乃福〈瘂弦印象〉、章亞昕〈深淵裡的存在者〉，共10篇；第2輯詩篇評賞，收錄張學玄〈釋瘂弦的一首現代詩〈巴黎〉〉、白靈〈舖在菩提樹下的袍影——〈印度〉賞析〉、黃維樑〈瘂弦的〈上校〉〉、姚一葦〈論瘂弦的〈坤伶〉〉、張漢良〈導讀瘂弦的〈坤伶〉和〈一般之歌〉〉、鍾玲〈瘂弦筆下的三個人物：坤伶、上校、二嬤嬤〉、周寧〈試釋瘂弦〈如歌的行板〉〉、游社煖〈瘂弦〈如歌的行板〉與國王的新衣〉、何志恆〈試論瘂弦〈無譜之歌〉〉、張默〈試論瘂弦的〈深淵〉〉、無名氏〈〈荒原〉與〈深淵〉〉、陳義芝〈瘂弦的三組詩〉，共12篇；第3輯詩作評論，收錄蕭蕭〈瘂弦的情感世界〉、羅葉〈中國現代詩壇的一座熄火山〉、馬德俊〈走向西方，回歸東方——論瘂弦的詩歌創作藝術及其詩論〉、熊國華〈論瘂弦的詩〉、葉維廉〈在記憶離散的文化空間裡唱歌——論瘂弦記憶塑像的藝術〉、沈奇〈對存在的開放和對語言的再造——瘂弦詩歌藝術論〉，共6篇；第4輯詩論評介，收錄茶陵〈傳薪一脈在筆鋒〉——讀瘂弦的的《中國新詩研究》〉、古遠清〈既尊重傳統又反叛傳統——評瘂弦的《中國新詩研究》〉、鄒建軍〈瘂弦——縱橫交匯成大江〉，共3篇。正文後附錄〈瘂弦作品評論引得〉、〈瘂弦年表〉。

2. 龍彼德　瘂弦評傳

臺北　三民書局　2006年7月　374頁

本書以瘂弦的詩和人為研究重心，藉此了解瘂弦作品和其人所欲傳達的意念。全書共4章：1.夢坐在樺樹上——瘂弦的生平；2.從西方到東方——瘂弦的詩；3.回答今日的詩壇——瘂弦的詩論；4.詩意地棲居在這大地上——瘂弦的詩生活。正文後附錄〈瘂弦年表〉、〈瘂弦未結集詩作〉。

3. 黎活仁等編　瘂弦詩中的神性與魔性

臺北　大安出版社　2007年5月　335頁

合編者：黎活仁、蕭映、白靈、鄭振偉、葉瑞蓮、方環海、田崇雪、沈玲、戴淑芳、溫羽貝、史言。本書為瘂弦詩歌研究之論文集，全書共收錄8篇：白靈〈宇宙大腦的一點燐火：瘂弦詩中的神性與魔性〉、沈玲，方環海〈論瘂弦詩歌的語詞建構及其詩意風格〉、田崇雪〈論瘂弦詩歌的悲劇精神〉、葉瑞蓮〈瘂弦「斷柱集」中的「超現實主義」〉、戴淑芳〈瘂弦詩歌的想像力〉、謝淼〈瘂弦詩歌中的植物意象研究〉、溫羽貝〈重複與差異：瘂弦詩歌研究〉、葉冬梅〈存在與悲憫：論瘂弦的詩歌創作〉。正文前有瘂弦〈寫詩是一輩子的事：一日詩人，一世詩人〉，正文後附錄黃自鴻，戴淑芳，溫羽貝合編〈瘂弦詩歌研究目錄〉。

4. 陳啟佑〔渡也〕，陳敬介主編　瘂弦學術研討會論文集

臺北　讀冊文化公司　2011年7月　357頁

本書為「瘂弦學術研討會」會議論文集。全書共收錄13篇文章：余光中〈代序——天鵝上岸・選手改行——淺析瘂弦的詩藝〉、陳芳明〈瘂弦詩中的靈與肉〉、蕭蕭〈歷史文化裡的空間詩學——論《瘂弦詩集》聚焦的鏡頭應用與散置的舞臺效應〉、尹玲〈從「無法透視／完美透明」之「異術／藝術」傾聽「虛無／存在」樂章——試析瘂弦〈如歌的行板〉一詩〉、陳敬介〈知其不可奈何而安之若命——試論瘂弦詩中的幽默與悲

憫〉、陳義芝〈詩人批評家：瘂弦詩學初探〉、白靈〈持「序」不斷——瘂弦書序中的虛靜美學〉、孟樊〈瘂弦的敘事詩〉、王潤華〈瘂弦與臺灣文學無國界的新地圖：流動空間的整合——瘂弦做為副刊與文學作品選集／大系編輯的文化工程分析〉、姜明翰〈從傳播學角度探討瘂弦〉、李瑞騰，盧柏儒〈一代名編王慶麟〉、張春榮〈瘂弦與臺灣極短篇的發展〉、陳耿雄〈《瘂弦詩集》中的女性形象〉。

5. 陳義芝，陳怡蓁主編　紅玉米之歌：瘂弦詩作展演選讀本

臺北　趨勢基金會　2015年6月　143頁

本書為瘂弦詩作賞析專輯，全書收錄〈婦人〉、〈秋歌——給暖暖〉、〈印度〉、〈歌〉、〈短歌集（曬書、流星）〉、〈乞丐〉、〈紅玉米〉、〈水手·羅曼斯〉、〈鹽〉、〈唇——紀念Y·H〉、〈給超現實主義者——紀念與商禽在一起的日子〉、〈巴黎〉、〈赫魯雪夫〉、〈瘋婦〉、〈深淵〉、〈上校〉、〈坤伶〉、〈給橋〉、〈如歌的行板〉、〈下午〉、〈一般之歌〉、〈復活節〉詩評22篇。

6. 劉志宏　詩，役：一九五〇、六〇年代臺灣軍旅詩歌空間書寫

臺北　秀威經典　2017年5月　320頁

本書為《軍旅詩人的異端性格——以五、六十年代的洛夫、商禽、瘂弦為主》碩士論文更名出版，內容略有增刪。全書書選取洛夫、商禽、瘂弦為研究對象，以「空間」概念切入，結合「詩歌」與「空間」分析，透過鳥瞰式的搜索，探索詩美學。全書共6章：1.緒論；2.白／灰地帶：五、六〇年代三位詩人的空間與想像鳥瞰；3.洛夫的錯置創作與空間的關係；4.瘂弦詩歌技巧與地方韻律的形式；5.商禽的散文式變形寓言與殼巢意象；6.結論。

7. 瘂弦口述；辛上邪記錄整理　瘂弦回憶錄

南京　江蘇鳳凰文藝出版社　2019年7月　276頁

本書自瘂弦在河南的童年回憶起述，17歲為避內戰隨學校流亡，自此永別父母，離別家鄉，途中從軍來臺，由小兵歷練力求上進的跌宕人生。全書共3章：1.雙村記；2.從軍記；3.創世紀。正文前有瘂弦〈一個時代的舞臺（代序）〉，正文後有辛上邪〈後記：穿過記憶的河流〉。

8. 瘂弦口述；辛上邪記錄　瘂弦回憶錄

臺北　洪範書店　2022年2月　298頁

本書為洪範書店版，章節目次與前書同。

9. 白靈　風華——瘂弦經典詩歌賞析

臺北　秀威資訊科技公司　2019年9月　216頁

本書為瘂弦詩歌賞析之集結。全書收錄11篇，〈憂傷甜美的鄉愁〉、〈模糊在歲月中的臉孔〉、〈以靈眼為世界繪圖〉、〈鋪在菩提樹下的袍影〉、〈逐兔的獵犬人生〉、〈寫在鶴橋上的詩〉、〈從絕望中出發〉、〈一條微笑的河流〉、〈在窗簾間晃動的下午〉、〈駛出生命的貨車〉、〈深淵的見證人〉。正文前有序文〈為激流的倒影造像——瘂弦詩風的背景及影響〉。

【學位論文】

10. 劉正忠　軍旅詩人的異端性格——以五、六十年代的洛夫、商禽、瘂弦為主

臺灣大學中國文學系　博士論文　柯慶明教授指導　2000年　276頁

本論文以洛夫、商禽、瘂弦為主要對象，扣緊「軍旅」因素，探究其突出於現代詩運動的特質；在論題上

明確標出「異端性格」，以彰顯他們在心態上抵抗公共價值，在藝術上違逆傳統典型的傾向。全文共6章：1.緒論；2.軍旅詩人的受難意識；3.軍旅詩人的疏離心態；4.軍旅詩人與前衛運動；5.軍旅詩人的語言策略；6.結論。

11. 余欣娟　一九六〇年代臺灣超現實詩——以洛夫、瘂弦、商禽為主

東海大學中國文學系　碩士論文　彭錦堂教授指導　2002年　171頁

本論文研究範圍以洛夫、商禽與瘂弦在一九六〇年代集結出版的詩集為主，從臺灣政治干預文化，以及詩壇如何回應官方文藝政策角度切入，同時專注於經營個人主體，以「我」走出國族論述，來瞭解臺灣超現實崛起的背景以及遭受質疑的成因，釐清臺灣超現實詩與詩論的演成；並探討導致法國超現實主義與臺灣超現實主義不同之處的背後因素，以及臺籍詩人與大陸來臺詩人對於超現實取徑的差異。全文共6章：1.緒論；2.臺灣超現實詩崛起於文壇的背景；3.臺灣超現實詩移植與修正的過程；4.臺灣超現實詩的母題、形式與經驗；5.臺灣超現實詩的現實性；6.結論。

12. 賴雅俐　瘂弦詩的音韻風格研究

彰化師範大學國文學系　碩士論文　張慧美教授指導　2010年8月　507頁

本論文以瘂弦詩為研究對象，從語言風格學中的「音韻」角度切入，以「量化統計」法為主，搭配「分析歸納」及「語言描寫」兩種方法，從押韻形式、雙聲疊韻的運用、頭韻現象這三個面向，找出瘂弦詩的音韻風格。全文共6章：1.緒論；2.瘂弦其人其詩及語言風格研究意義；3.從押韻形式看瘂弦詩的音韻風格；4.從雙聲疊韻詞看瘂弦詩的音韻風格；5.從頭韻的安排看瘂弦詩的音韻風格；6.結論。

13. 劉志宏　一九五〇、六〇臺灣軍旅詩歌的空間書寫——以洛夫、瘂弦、商禽為考察對象

佛光大學文學系　博士論文　陳鵬翔教授指導　2010年　232頁

本論文選取洛夫、商禽、瘂弦為研究對象，扣緊著「空間」來尋索他們在這方面的特色與成就，以彰顯其有別於詩史的觀照而忽略了文本空間獨特的美學與研究面向之形成，以擺脫以往為歷史框架所建構的各種論述。全文共6章：1.緒論；2.白／灰地帶：五、六〇年代三位詩人的空間與想像鳥瞰；3.洛夫的錯位創作與空間的關係；4.瘂弦詩歌技巧與地方韻律的形式；5.商禽的散文式變形寓言與殼巢意象；6.結論。

14. 張瑞欣　瘂弦詩歌書寫策略：鄉愁、異鄉、現實關懷

元智大學中國語文學系　碩士論文　王潤華教授指導　2011年6月　179頁

本論文探討瘂弦人生詩學歷程，以及各家學者對瘂弦詩歌評價，歸納瘂弦詩歌的書寫策略。全文共7章：1.緒論；2.瘂弦人生詩學歷程；3.「野荸薺」與「戰時」故鄉情結的母親原型；4.「斷柱集」異國現代城市的反諷場景；5.「側面集」小人物身體的隱喻意涵；6.「從感覺出發」的存在思索；7.人文與存在思索。

15. 盧柏儒　瘂弦編輯行為研究

中央大學中國文學系　博士論文　李瑞騰教授指導　2015年1月　226頁

本論文探討瘂弦在詩刊、雜誌、文藝副刊上的文學編輯歷史，運用內容分析法，藉由分項、歸納瘂弦的編輯內容，進而發掘瘂弦編輯在文化場域中的效度，凸顯瘂弦文學編輯價值與獨特的文化意義。全文共6章：1.緒論；2.瘂弦的編輯生涯；3.文藝創作期的編輯；4.文藝雜誌的編輯；5.文藝副刊編輯；6.結論。正文後附錄〈瘂弦編輯年表〉。

16. 蔣一晨　歷史的親歷與疏離——瘂弦軍旅詩論析

西南大學中國現當代文學所　碩士論文　梁笑梅教授指導　2018年4月　72頁

本論文以瘂弦軍旅詩作為研究對象，梳理詩人早期在中國生活、與故土親人分離等經歷，如何為詩歌創作提

供特殊視角和獨特的靈感，挖掘其中所蘊含的思想性和藝術性。全文共4章：1.緒論；2.〈上校〉：作為歷史的見證者；3.歷史的疏離：詩人的遠遊；4.瘂弦詩歌藝術的獨步。

17. 彭心莉　瘂弦詩中的戲劇性角色原型
臺灣師範大學國文學系教學碩士在職專班 碩士論文 陳義芝教授指導 2020年6月 142頁

本論文以《瘂弦詩集》中的戲劇性角色為考察對象，結合榮格學派心理學者皮爾森（Carol S. Pearson）之心理原型理論，以及瘂弦的身世經歷與創作意識，針對瘂弦詩中戲劇性角色之心理原型展開分析，藉此挖掘詩人埋藏於詩作深處的人文內涵與個人內在心靈意識。全文共6章：1.緒論；2.瘂弦詩中的天真者；3.瘂弦詩中的孤兒；4.瘂弦詩中的流浪者與鬥士；5.瘂弦詩中的殉道者與魔法師；6.結論。

18. 陳　征　論瘂弦詩歌的故鄉表達
福建師範大學中國現當代文學所 碩士論文 李詮林教授指導 2021年6月 72頁

本論文以瘂弦詩歌為研究對象，運用文本細讀法、田野調查法、比較研究法，結合詩人的人生經歷，綜合瘂弦回憶錄、訪談採訪與專家學者的研究成果，探討詩人心中的故鄉情結，分析詩歌中的故鄉內容表達和藝術手法。全文共4章：1.瘂弦生命中的故鄉情結；2.瘂弦詩歌中的故鄉意象；3.瘂弦詩歌中的故鄉情感；4.故鄉記憶對瘂弦詩歌藝術特點的形塑。

19. 張　蔚　瘂弦詩歌現代性研究
輔仁大學中國文學系 碩士論文 黃培青教授指導 2024年5月 191頁

本論文以《瘂弦詩集》為範為，選取「現代性」作為切入點，運用文本細讀、知人論世、比較研究等方法，結合特定社會背景以及心理狀態，考察瘂弦詩歌如何回應現代性所帶來的種種挑戰，逐步深入探索詩人之情感脈絡與心靈發展史。全文共5章：1.緒論；2.詩歌語言現代性追求；3.鄉愁與現代：失落的故鄉；4.荒原意識與世俗化：戰爭之後的現代體驗與出路；5.結論。

【作家生平資料篇目】

【自述】

33. 瘂　弦　我的詩路歷程　世界日報・華章（洛杉磯）　2019年1月25日　A22版

34. 瘂　弦　瘂弦的經驗——西方文學與早期現代詩　現代詩入門　臺北　故鄉出版社　1982年2月　頁180—184

35. 瘂　弦　後記　青年筆陣——青年的文藝活動　臺北　幼獅文化公司　1983年2月　頁173—174

36. 瘂　弦　編選後記　創世紀詩選　臺北　爾雅出版社　1984年9月　頁621—623

37. 瘂　弦　把遠處的星光，化作近處的燈火　聯合文學　第1期　1984年11月　頁231—232

38. 瘂　弦　大地的種植——期待更廣大的參與　聯合文學　第2期　1984年12月　頁252

39. 瘂　弦　逆流而進　聯合文學　第3期　1985年1月　頁252

40. 瘂　弦　父親的「下落」　人生船　臺北　爾雅出版社　1985年7月　頁418—420

41. 瘂　弦　〈給橋〉　聯合文學　第12期　1985年10月　頁110

42. 瘂　弦　二十歲時的我　當我20（下）　臺北　皇冠出版社　1988年8月　頁165—170

43. 瘂　弦　燕爾小記　文訊雜誌　第43期　1989年5月　頁90—91

44. 瘂　弦　燕爾小記　結婚照　臺北　文訊雜誌社　1991年5月　頁173—178

45. 瘂　弦　創世紀的批評性格——代跋　創世紀四十年評論選：一九五四——一九九四・臺灣　臺北　創世紀詩雜誌社　1994年9月　頁355—360

46. 瘂　弦　創世紀的批評性格——《創世紀四十年評論選》跋　聚繖花序1　臺北　洪範書店　2004年6月頁165—171

47. 瘂　弦　詩人節專輯——今天有一點詩的衝動　中時晚報　1996年6月20日　39版

48. 瘂　弦　博大與均衡——我的副刊編輯觀　世界中文報紙副刊學綜論　臺北　行政院文建會　1997年11月　頁567—594

49. 瘂　弦　為臺灣現代詩織夢《八十六年詩選》　爾雅人　第107期　1998年8月　2版

50. 瘂　弦　新詩這座殿堂是怎樣建造起來的——從史的回顧到美的巡禮　天下詩選1：1923—1999臺灣　臺北　天下遠見出版公司　1999年9月　頁1—30

51. 瘂弦講；陳靜雪記　拿起筆來，你就是作家　拿起筆來，你就是作家：文學到校園演講集　臺北　中央日報社　1999年11月　頁10—15

52. 瘂　弦　《當代中國新文學大系・詩集》導言　二十世紀中國文學史文論精華：新詩卷　河北　河北教育出版社　2000年12月　頁416—420

53. 瘂　弦　細數文藝三十年　幼獅文藝　第604期　2004年4月　頁78—87

54. 瘂　弦　傻大個兒　文訊雜誌　第226期　2004年8月　頁114

55. 瘂弦講；高全之記　詩是一種生命——瘂弦談詩　明道文藝　第361期　2006年4月　頁55—67

56. 瘂　弦　詩是一種生命——瘂弦談詩　香港文學　第267期　2007年3月　頁4—9

57. 瘂　弦　寫詩是一輩子的事：一日詩人，一世詩人　瘂弦詩中的神性與魔性　臺北　大安出版社　2007年5月　頁1—3

58. 瘂　弦　寫詩是一輩子的事　新地文學　第7期　2009年3月　頁293—295

59. 瘂　弦　瘂弦答客問〈我的詩路歷程〉　乾坤詩刊　第45期　2008年1月　頁22—23

60. 瘂　弦　我・聯副・人間與信疆（上、下）　中國時報　2009年8月6—7日　E4版

61. 瘂　弦　楔子　記哈客詩想　臺北　洪範書局　2010年9月　頁1

【他述】

89. 書評書目資料室　作家話像——瘂弦　書評書目　第8期　1973年11月　頁37—38

90. 汪宏圍　中高詩人瘂弦與出山奧寶島喜相逢　中原文獻　第6卷第6期　1974年6月　頁26—27

91. 朱　陵　活在詩中的人——瘂弦側影　中華文藝　第56期　1975年10月　頁62

92. 張　默　瘂弦小傳　中國當代十大詩人選集　臺北　源成文化圖書供應社　1977年7月　頁262

93. 楊雨河　我們中國的月亮——兼致在美就讀的詩人鄉兄瘂弦　民聲日報　1977年9月27日　11版

94. 夙千蝶　《他是誰》？——副刊的主編——瘂弦　愛書人　第80期　1978年7月　4版

95. 夙千蝶　未啞之弦是瘂弦　他是誰？　臺北　號角出版社　1979年2月　頁15—21

96. 蕭　蕭　瘂弦　現代詩入門　臺北　故鄉出版社　1982年2月　頁91—92

97. 思　兼　瘂弦養鴿子　臺灣日報　1983年8月4日　8版

98. 林海音　二弦〔瘂弦部分〕　聯合報　1983年8月26日　8版

99. 林海音　二弦〔瘂弦部分〕　剪影話文壇　臺北　純文學出版社　1984年8月　頁124—126

100. 林海音　紀弦、瘂弦／二弦　林海音作品集・剪影話文壇　臺北　遊目族文化公司　2000年5月　頁
　　　124—127

101. 王晉民，鄺白曼　瘂弦　臺灣與海外華人作家小傳　福州　福建人民出版社　1983年9月　頁171—172

102. 徐美玲　書齋生活——瘂弦　自由青年　第74卷第5期　1985年11月　頁23—25

103. 朱沉冬　新詩史料與瘂弦　論詩小品　高雄　中外圖書公司　1987年2月　頁131—132

104. 何寄彭　瘂弦　中國新詩賞析3　臺北　長安出版社　1987年2月　頁1—2

105. 陳義芝　石痕　文訊雜誌　第29期　1987年4月　頁1

106. 丹　扉　青春尚有痕——永遠的鐵三角——張默・洛夫・瘂弦　文訊雜誌　第34期　1988年2月　頁36—37

107. 賴素鈴　文友送別，祈願弦歌不斷　民生報　1988年7月23日　19版

108. 郭玉文　瘂弦不啞　自立晚報　1990年8月9日　14版

109. 林燿德　「聯副」四十年〔瘂弦部分〕　聯合文學　第83期　1991年9月　頁17—19

110. 林燿德　「聯副」四十年〔瘂弦部分〕　新世代星空　臺北　華文網公司　2001年10月　頁46—51

111. 張橋橋；葉文琦記　瘂弦vs張橋橋——繁華道上覓詩情　方格子外的甜蜜戰爭　臺北　海風出版社　1991年
　　　11月　頁146—152

112. 李啟仁　瘂弦詩歌印象　殷都學刊　1992年第1期　1992年1月　頁71—76，81

113. 成明進　海外華文詩人評介——斷不了的一條絲在中間〔瘂弦部分〕　淮風季刊　1992年第2期　1992年
　　　夏　頁42—43

114. 葛乃福　瘂弦印象　文訊雜誌　第94期　1993年8月　頁98—100

115. 葛乃福　瘂弦印象　詩儒的創造：瘂弦詩作評論集　臺北　文史哲出版社　1994年9月　頁43—47

116. 李元洛　聊寄一枝春——瘂弦印象　臺灣新聞報　1993年10月6日　14版

117. 李元洛　聊寄一枝春——瘂弦印象　文學自由談　1993年第3期　1993年　頁152—154

118. 張　泠　幼獅與我——兼記瘂弦師　幼獅文藝　第480期　1993年12月　頁24—28

119. 蕭　蕭　《詩儒的創造》編者導言　詩儒的創造：瘂弦詩作評論集　臺北　文史哲出版社　1994年9月　頁
　　　1—2

120. 蕭　蕭　《詩儒的創造》編者導言　創世紀　第100期　1994年9月　頁232

121. 杜十三　瘂弦小傳　詩儒的創造：瘂弦詩作評論集　臺北　文史哲出版社　1994年9月　頁1—6

122. 杜十三　詩人瘂弦　臺港文學選刊 2010年第5期 2010年10月 頁5—6

123. 杜十三　瘂弦小傳　新地文學　第7期 2009年3月 頁296—298

124. 楊保嬌　瘂弦、橋橋——卿須憐我我憐卿　中華日報 1995年3月18日 8版

125. 〔中華民國新詩學會編〕　瘂弦詩創作觀　中華新詩選　臺北　文史哲出版社 1996年3月 頁124

126. 邱　婷　瘂弦妙語老編生涯，笑看才子佳人　民生報 1996年11月14日 15版

127. 封德屏　園丁頌——側寫聯副四位主編（上、中、下）　聯合報 1996年12月17—19日 37版

128. 封德屏　園丁頌——側寫聯副四位主編　眾神的花園・聯副的歷史記憶　臺北　聯經出版公司 1997年1月
　　　　　頁183—192

129. 吳　浩　瘂弦榮獲新聞副刊編輯金鼎獎　文訊雜誌　第134期 1996年12月 〔1〕頁

130. 封德屏　花圃的園丁？還是媒體的英雄？——臺灣報紙副刊主編分析〔瘂弦部分〕　世界中文報紙副
　　　　　刊學綜論　臺北　行政院文建會 1997年1月10—12日 頁356—357

131. 項秋萍　講義人物——瘂弦　講義　第20期 1997年1月 頁170

132. 吳　浩　瘂弦：副刊史上的「儒編」　1996臺灣文學年鑑　臺北　行政院文建會 1997年6月
　　　　　頁138—139

133. 龍彼德　西湖聯句記　龍彼德散文選　北京　新華出版社 1998年1月 頁147—148

134. 羅任玲　烽火與鄉愁之必要——瘂弦的閱讀生活（上、下）　聯合報 1998年2月9—10日 41版

135. 羅任玲　烽火與鄉愁之必要——瘂弦的閱讀生活　閱讀之旅（下）　臺北　聯經出版公司 1998年5月　頁
　　　　　278—291

136. 林麗如　在眾神的花園裡迎神——瘂弦的編輯歲月　中央日報 1998年5月2日 22版

137. 林麗如　在眾神的花園裡迎神——瘂弦的編輯歲月　文訊雜誌　第151期 1998年5月 頁62—64

138. 丁　果　詩人之美——瘂弦印象　聯合報 1998年8月9日 37版

139. 王開平　弦歌的版圖　聯合報 1998年8月17日 41版

140. 東方白　文學四十年——瘂弦與我（上、中、下）　聯合報 1998年8月22—24日 37版

141. 江中明　瘂弦卸下聯副老編重擔　聯合報 1998年8月23日 14版

142. 曾意芳　瘂弦退休真情告白　中央日報 1998年8月23日 14版

143. 劉　捷　無絃琴　臺灣新聞報 1998年9月1日 13版

144. 吳晶晶整理　聆聽傳揚的弦歌　中央日報 1998年9月22日 22版

145. 席慕蓉　風景——敬呈詩人瘂弦　中國時報 1998年9月30日 37版

146. 黃文記　回到文學啟蒙地，瘂弦文友老少會　民生報 1998年9月30日 19版

147. 舒　蘭　五〇年代詩人詩作——瘂弦　中國新詩史話（三）　臺北　渤海堂文化公司 1998年10月
　　　　　頁409—413

148. 洛　夫　瘂弦的幽默　洛夫小品選　臺北　小報文化公司 1998年11月 頁38—89

149. 黃盈雯　瘂弦赴成大中文系擔任駐校作家　文訊雜誌　第157期 1998年11月 頁70

150. 賴素鈴　瘂弦退休了　民生報 1998年12月27日 19版

151. 楊錦郁　臺灣文學經典名家特寫——瘂弦／當一名熱心的文學義工　聯合報 1999年2月5日 37版

152. 楊錦郁　瘂弦特寫——當一名熱心的文學義工　臺灣文學經典研討會論文集　臺北　行政院文建會，
　　　　　聯經出版公司 1999年6月 頁285

153. 王廣滇　瘂弦在溫哥華種詩　民生報　1999年2月21日　4版

154. 胡衍南　瘂弦——走下編輯檯，做個永遠的詩人　1998臺灣文學年鑑　臺北　行政院文建會　1999年6月　頁207—208

155. 張夢瑞　莊因大陸來去，瘂弦異鄉情懷打開話匣　民生報　1999年10月18日　7版

156. 〔姜耕玉選編〕　瘂弦　二十世紀漢語詩選（三）　上海　上海教育出版社　1999年12月　頁156

157. 郭　楓　行吟深淵的瘂弦　臺灣時報　2000年9月11日　31版

158. 張夢瑞　詩人瘂弦回來了，東華大學住一陣　民生報　2000年11月14日　A7版

159. 楊稼生　見到瘂弦　中州統戰　2000年11期　2000年　頁33—34

160. 張夢瑞　瘂弦之女有乃父之風　民生報　2001年1月10日　A7版

161. 邱上林　瘂弦書寫邁入資訊新時代　文訊雜誌　第186期　2001年4月　頁58

162. 邱上林　瘂弦東華駐校作家任滿返加　文訊雜誌　第190期　2001年8月　頁73

163. 〔編輯部〕瘂弦應《美國之音》邀請至華府訪問　文訊雜誌　第193期　2001年11月　頁86

164. 趙毓玲　新詩情境教學概念導引篇——張默、瘂弦、洛夫「創世紀詩社」　新詩情境教學研究　高雄師範大學國文系　碩士論文　楊文雄教授指導　2001年12月　頁74

165. 〔編輯部〕作者簡介　瘂弦短詩選　香港　銀河出版社　2002年6月　頁6

166. 〔編輯部〕BIOGRAPHICAL SUMMARY OF THE AUTHOR　瘂弦短詩選　香港　銀河出版社　2002年6月　頁7

167. 〔蕭蕭，白靈編〕　瘂弦簡介　臺灣現代文學教程：新詩讀本　臺北　二魚文化公司　2002年8月　頁205—206

168. 陳祖君　戲劇詩人瘂弦　呂梁高等師專學校學報　2002年第3期　2002年9月　頁10—15

169. 徐道勝　一身「河南味兒」的瘂弦　中洲統戰　2002年第12期　2002年　頁30—31

170. 楊稼生　送瘂弦先生離臺書　今天，您好！　臺北　九歌出版社　2003年1月　頁39—43

171. 王景山　瘂弦　臺港澳暨海外華文作家辭典　北京　人民文學出版社　2003年7月　頁687—689

172. 田新彬　一世詩人　中央日報　2003年9月22日　17版

173. 余光中　青春不朽——憶《幼獅文藝》的三位獅媽〔瘂弦部分〕　聯合報　2004年2月10日　E7版

174. 余光中　青春不朽——憶《幼獅文藝》的三位獅媽〔瘂弦部分〕　幼獅文藝　第604期　2004年4月　頁91—92

175. 余光中　青春不朽——憶《幼獅文藝》的三位獅媽〔瘂弦部分〕　青銅一夢　臺北　九歌出版社　2005年2月　頁265

176. 陳宛茜　60年代文壇瘂弦——秀才遇到兵　聯合報　2004年4月8日　B6版

177. 楊樹清　繁花盛景50春——一九五四—二〇〇四：《幼獅文藝》的主編年代——視野開拓——瘂弦主編年代（一九六九—一九八〇）　幼獅文藝　第604期　2004年4月　頁20—22

178. 劉於蓉　閱讀魯迅‧懷念張秀亞——瘂弦演講「對華語文學前途的展望和思維」　文訊雜誌　第222期　2004年4月　頁102

179. 劉紹銘　漫說瘂弦　文學世紀　第4卷第9期　2004年9月　頁13

180. 劉紹銘　代序之二：漫說瘂弦　於無聲處　香港　明報月刊出版社　2011年6月　〔3〕頁

181. 沙　穗　關於瘂弦　臍帶的兩端　屏東　屏東縣文化局　2004年10月　頁62—66

182. 徐開塵　瘂弦，序文出書，詩想不輟——晚來伴妻病，細讀不少書　民生報　2004年11月1日　A6版

183. 蘇　林　《創世紀》出刊了！趕快去買　吾土吾民：「臺灣文學地圖」報導與「故鄉的文學記憶」徵文合集　臺南　國家臺灣文學館　2004年12月　頁51—63

184.〔吳東晟，陳昱成，王浩翔編〕　瘂弦　織錦入春闈：現代詩精選讀本　臺中　京城文化公司　2005年8月　頁75

185. 張橋橋　花非花　明道文藝　第361期　2006年4月　頁68—69

186. 喬忠延　採雲　明道文藝　第361期　2006年4月　頁70—73

187.〔編輯部〕瘂弦小傳　弦外之音：瘂弦詩稿、朗誦、手跡、歲月留影　臺北　聯經出版公司　2006年5月　頁4

188. 張曉風　幸福的事——談瘂弦的聲音　弦外之音：瘂弦詩稿、朗誦、手跡、歲月留影　臺北　聯經出版公司　2006年5月　頁12—18

189. 白　靈　迂迴於耳渦的詩之流水　弦外之音：瘂弦詩稿、朗誦、手跡、歲月留影　臺北　聯經出版公司　2006年5月　頁19—20

190.〔蕭蕭主編〕詩人簡介　優游意象世界　臺北　聯合文學出版社　2006年6月　頁79，83

191. 張香華　人生，偶然歸零　偶然讀幾行好詩　臺北　遠流出版公司　2006年6月　頁110—114

192.〔編輯部〕瘂弦　高雄文學小百科　高雄　高雄市文化局　2006年7月　頁122

193. 林麗如　前輩作家映象〔瘂弦部分〕　聯合報　2006年11月13日　E7版

194. 何懷碩　瘂弦趣聞　中國時報　2007年3月29日　E7版

195. 古　劍　三手瘂弦——編輯眼中的編輯　香港文學　第269期　2007年5月1日　頁65—67

196.〔編輯部〕瘂弦　琦君書信集　臺南　國立臺灣文學館　2007年8月　頁277

197. 孫仁歌　我與臺灣詩人瘂弦　兩岸關係　2007年第6期　2007年　頁40—41

198.〔乾坤詩刊〕　大師簡介　乾坤詩刊　第45期　2008年1月　頁1

199.〔鹽分地帶文學〕　前輩作家寫真簿——瘂弦：後來他便拋給我們他吃剩下來的生活　鹽分地帶文學　第15期　2008年4月　頁20

200.〔封德屏主編〕瘂弦　2007臺灣作家作品目錄　臺南　國立臺灣文學館　2008年7月　頁1163—1164

201.〔九彎十八拐〕瘂弦　九彎十八拐　第22期　2008年11月　頁24

202. 唐小兵　詩人瘂弦　讀書　2008年第9期　2008年　頁59—64

203. 唐小兵　詩人瘂弦　語文世界（中學生之窗）　2012年第10期　2012年　頁18—19

204. 蘇偉貞　瘂弦的臺南　中國時報　2009年1月4日　E4版

205. 隱　地　瘂弦與鄭樹森　中華日報　2009年12月24日　B4版

206. 隱　地　瘂弦與鄭樹森——戲劇詩人和諾貝爾獎達人　朋友都還在嗎？　臺北　爾雅出版社　2010年3月　頁45—48

207. 亞　菁　周夢蝶的無字天書及其他〔瘂弦部分〕　書海浮生錄　臺北　文史哲出版社　2010年1月　頁69—72

208. 隱　地　誰寫得最少？〔瘂弦部分〕　朋友都還在嗎？　臺北　爾雅出版社　2010年3月　頁175—176

209. 古遠清　「盜火者」瘂弦和林海音　海峽兩岸文學關係史　福州　福建人民出版社　2010年4月　頁63—66

210. 莊　因　不瘂的瘂弦　漂流的歲月（下）──棲遲天涯　臺北　三民書局　2010年5月　頁318─321

211. 陳康順　詩人瘂弦‧愛護聲譽清者自清　難忘的當代藝文人物　臺北　國立歷史博物館　2010年5月　頁54─56

212. 辛　鬱　如歌的行板──速寫瘂弦　文訊雜誌　第296期　2010年6月　頁49─52

213. 辛　鬱　如歌的行板──速寫瘂弦　我們這一伙人　臺北　文訊雜誌社　2012年7月　頁171─178

214. 悟　廣　瘂弦蒞彰化演講　文訊雜誌　第297期　2010年7月　頁118

215. 蘇偉貞　一座校園的人文想像：成大故事──從蘇雪林說起──瘂弦‧旭町營房‧光復校區　香港文學　第309期　2010年9月　頁70─72

216. 潘郁琦　我心目中的瘂弦先生　2010海峽詩會──瘂弦文學之旅國際研討會　武漢　福建省文學藝術界聯合會，海峽文學藝術發展研究中心，臺港文學選刊雜誌社，中南財經政法大學新聞與文化傳播學院主辦　2010年10月17日

217. 陳宛茜　牽手一甲子故事說不完‧來看老作家的結婚照〔瘂弦部分〕　聯合報　2010年11月21日　A14版

218. 倪　比　莫道桑榆晚‧微霞尚滿天──記「2010海峽詩會──瘂弦文學之旅系列活動」　臺港文學選刊　2010年第6期　2010年12月　頁113─118

219. 林　夏　瘂弦的鄉情　河南教育（高校版）　2010年第1期　2010年　〔1〕頁

220. 孫仁歌　在溫哥華見瘂弦　兩岸關係　2010年第9期　2010年　頁52─53

221. 潘郁琦　青蒼猶吟粉鳳凰的生命歌者──記「海峽詩會──瘂弦的原鄉行」　創世紀　第166期　2011年3月　頁154─157

222. 潘郁琦　青蒼猶吟粉鳳凰的生命歌者──記海峽詩會「瘂弦原鄉行」　猶有葵花　臺北　遠景出版公司　2012年11月　頁66─73

223. 潘郁琦　青蒼猶吟粉鳳凰的生命歌者──記海峽詩會「瘂弦原鄉行」　弦外知音──2014年南加州歌藝術節特刊　聖地牙哥　美國中華人文磚基金會　2014年4月　頁40─42

224. 林欣誼　瘂弦研討會‧見證詩人挫折裡藏希望　中國時報　2011年4月27日　A10版

225. 吳　晟　天才的香味　瘂弦學術研討會　苗栗　育達商業科技大學　2011年4月29日

226.〔國文新天地〕編輯室報告〔瘂弦部分〕　國文新天地　第23期　2011年4月　頁1

227. 陳正毅　天鵝上岸，選手改行：瘂弦　人間福報　2011年5月3日　15版

228. 陳正毅　天鵝上岸，選手改行：瘂弦　用生命書寫：一個新聞人的40年心路　臺北　元神館出版社　2013年7月　頁21─23

229. 林麗如　瘂弦：探究生命真誠之本質　文訊雜誌　第307期　2011年5月　頁68

230.〔盛達，余思彤〕　瘂弦簡歷　於無聲處　香港　明報月刊出版社　2011年6月　〔1〕頁

231. 戴　天　代序之一：瘂弦的詩和人　於無聲處　香港　明報月刊出版社　2011年6月　〔3〕頁

232. 郭　楓　歷史形勢劇變‧臺灣新詩異化──《臺灣當代新詩史論》緒論〔瘂弦部分〕　新地文學　第21期　2012年9月　頁33，47

233.〔釋覺元編〕貢獻獎：瘂弦　2012年第四屆星雲真善美新聞傳播獎暨第二屆全球華文文學星雲獎頒獎典禮手冊　臺北　公益信託星雲大師教育基金會　2012年12月　頁42

234. 鄭樹森口述；熊志琴訪問整理　《現代文學》與「晨鐘」及「遠景」〔瘂弦部分〕　結緣兩地：臺港

文壇瑣憶 臺北 洪範書店 2013年2月 頁65

235. 鄭樹森口述；熊志琴訪問整理 一九八〇年代的三地互動——《聯合副刊》 結緣兩地：臺港文壇瑣憶 臺北 洪範書店 2013年2月 頁132—137

236. 〔創世紀〕 瘂弦回國參加拍製大師系列紀錄片 創世紀 第175期 2013年6月 頁190—191

237. 林少雯 瘂弦的鎮家之寶 文訊雜誌 第337期 2013年11月 頁156

238. 張騰蛟 瘂弦：《瘂弦詩抄》 書註 臺北 爾雅出版社 2013年11月 頁26—29

239. 顏筱君 轉益多師是吾師——詩心的啟蒙者——瘂弦 林廣及其詩作研究 高雄師範大學國文學系碩士論文 林文欽教授指導 2013年 頁24—39

240. 施善繼 詩人．政工 毒蘋果札記 臺北 遠景出版社 2014年2月 頁166—168

241. 陳冠華 詩集的身世——瘂弦 本事青春——臺灣舊書風景展刊 臺北 舊香居 2014年3月 頁30

242. 張 錯 一弦一柱思瘂弦 文訊雜誌 第342期 2014年4月 頁42—47

243. 張 錯 一弦一柱思瘂弦 弦外知音——2014年南加州詩歌藝術節特刊 聖地牙哥 美國中華人文磚基金會 2014年4月 頁32—35

244. 高全之 爸爸，我懂——瘂弦父女詩作唱和的聯想 文訊雜誌 第342期 2014年4月 頁48—50

245. 高全之 爸爸，我懂——瘂弦父女詩作唱和的聯想 弦外知音——2014年南加州詩歌藝術節特刊 聖地牙哥 美國中華人文磚基金會 2014年4月 頁36—37

246. 周 愚 瘂弦與我 弦外知音——2014年南加州詩歌藝術節特刊 聖地牙哥 美國中華人文磚基金會 2014年4月 頁43

247. 荊 棘 微笑和不朽：文藝花園的守望天使 弦外知音——2014年南加州詩歌藝術節特刊 聖地牙哥 美國中華人文磚基金會 2014年4月 頁44

248. 若 驪 瘂弦的信 藏書之愛雜誌 第3期 2014年9月 頁79

249. 姚嘉為 望鄉的牧神——文學傳道人瘂弦 中華日報 2014年10月16日 B4版

250. 姚嘉為 望鄉的牧神——文學傳道人瘂弦 越界後，眾聲喧嘩——北美文學新視界 臺北 爾雅出版社 2014年10月 頁19—30

251. 但唐謨 文字鄉愁．游離人生——瘂弦紀錄片《如歌的行板》 中國時報 2014年10月17日 D4版

252. 〔周易正主編〕 瘂弦 創世紀的創世紀：詩的照耀下 臺北 行人文化實驗室 2014年10月 〔1〕頁

253. 沈花末等 詩人們的短語——印象．瘂弦 印刻文學生活誌 第134期 2014年10月 頁32—33

254. 陳懷恩 吟唱，如歌的行板 印刻文學生活誌 第134期 2014年10月 頁52—55

255. 林文琪 不論什麼場合，詩總在縈繞 印刻文學生活誌 第134期 2014年10月 頁56—59

256. 洛 夫 從桎梏中釋放出無理而妙的意象的永恆之美——洛夫訪談錄——談瘂弦 印刻文學生活誌第134期 2014年10月 頁62—65

257. 孫維民，楊佳嫻 進入詩人琉璃（流離）色宇宙的N個關鍵詞——瘂弦篇 印刻文學生活誌 第134期 2014年10月 頁80—83

258. 楊宗翰 如歌瘂弦，石室洛夫——文學電影「他們在島嶼寫作Ⅱ」的幕前幕後 文訊雜誌 第348期 2014年10月 頁26—29

259. 吳鈞堯 橋——讀瘂弦《如歌的行板》紀錄片 聯合報 2014年11月8日 D3版

260. 顏艾琳 他唱出詩歌的靈魂曲——瘂弦《如歌的行板》 幼獅文藝 第731期 2014年11月 頁

103—104

261. 林文義　如歌的行板──敬致：瘂弦　中華日報　2014年12月1日　B4版

262. 王宗法　以文會友識「三傑」──與洛夫、張默、瘂弦相識記　世界華文文學論壇　2014年第4期　2014年12月　頁74—75

263. 韓　秀　舊事重提話瘂弦　書屋　2014年第12期　2014年　頁26—28

264. 姚嘉為　瘂弦、張錯赴達拉斯主講藝文講座　文訊雜誌　第352期　2015年1月　頁143—144

265. 洪淑苓　正正經經談一輩子戀愛之必要──有關瘂弦、橋橋和一些詩的瑣談　聯合文學　第364期　2015年2月　頁54—56

266. 貢　敏　最難忘花生紅茶之夜　戲度今生　臺北　城邦印書館公司　2015年2月　頁282—283

267. 楊宗翰　他們在副刊寫作──瘂弦與《聯副三十年文學大系》　文訊雜誌　第354期　2015年4月　頁139—144

268. 陳義芝，陳怡蓁主編　瘂弦小傳　紅玉米之歌：瘂弦詩作展演選讀本　臺北　趨勢基金會　2015年6月頁11

269. 吳仁傑　臺灣新詩承先啟後的領袖覃子豪先生〔瘂弦部分〕　海外滄桑的蹤跡　臺北　文史哲出版社　2015年10月　頁134—135

270. 阮愛惠　瘂弦：以佛心為文心，恢復盛唐文風　佛光公益季刊　第3期　2015年10月　頁44—45

271. 林婉瑜　我所知的瘂弦先生　他們的文學時代──新世代創作者眼中的大師　臺北　行人文化實驗室　2015年12月　頁82—87

272. 龔　華　如歌的瘂弦　文訊雜誌　第362期　2015年12月　頁103—109

273. 林奕華　瘂弦的影響　PAR表演藝術　第227期　2016年1月　頁114—115

274. 解昆樺　戰後臺灣現代詩劇知識與文本發展──集體─文件〔瘂弦部分〕　繆斯與酒神的饗宴：戰後臺灣現代詩劇文本的複合與延異　臺北　臺灣學生書局　2016年1月　頁60—63

275. 趙文豪　臺北《聯合文學》小史──編輯理念的實踐──瘂弦：第1—14期總編輯　2014世界華文文學研究年鑑　武漢　武漢大學出版社　2016年1月　頁255—256

276. 林黛嫚　附刊與副鑴──瘂弦說副刊是美麗的錯誤　推浪的人──編輯與作家們共同締造的藝文副刊金色年代　臺北　木蘭文化公司　2016年11月　頁40—43

277. 紀少陵　距離詩眼最近的一哩路──創世紀詩社加拿大溫哥華詩會紀行〔瘂弦部分〕　文訊雜誌　第383期　2017年9月　頁138—141

278. 黃維樑　讀《楓景》遙念「加華」幾位文友──瘂弦：圓圓周周的書信，圓圓豐豐的詩篇　香港作家　第5期　2017年9月　頁40

279. 辛上邪　後記：穿過記憶的河流　瘂弦回憶錄　南京　江蘇鳳凰文藝出版社　2019年7月　頁272—276

280. 王　立　〔辛上邪〕穿過記憶的河流　華章　一日詩人・一世詩人・「向詩儒瘂弦致敬」系列活動二特刊　2021年8月29日　3版

281. 章繼光　如歌的行板　書屋　2019年第7期　2019年7月　頁30—34

282. 林文義　美術編輯、莫言不如瘂弦　聯合報　2019年11月3日　D3版

283. 葉國威　詩壇三老──夢・羅・弦　聯合報　2020年1月4日　D3版

284. 吳　晟　未完成編輯夢──記瘂弦老師　文訊雜誌　第413期　2020年3月　頁44—47

285. 戴文采　小論瘂弦　中華日報　2020年7月5日　A6版

286. 陳子善　冰心老人、瘂弦先生與我　聯合報　2020年8月1日　D3版

287. 陳子善　冰心老人、瘂弦先生與我　世紀　2020年第6期　2020年11月　頁70—71

288. 趙衛民等　編輯臺上的名編身影——瘂弦、高信疆與梅新　大編時代：文學、出版與編輯論　臺北　秀威資訊科技公司　2020年9月　頁170—186

289. 隱　地　有誰，完成了自己？從《瘂弦回憶錄》談起　文訊雜誌　第425期　2021年3月　頁194—195

290. 隱　地　有誰，完成了自己？——從《瘂弦回憶錄》談起　守住美好：激流沖擊下留住的文化記憶　臺北　爾雅出版社　2021年3月　頁41—45

291. 隱　地　詩人之餓——讀《瘂弦回憶錄》隨筆之二　守住美好：激流沖擊下留住的文化記憶　臺北　爾雅出版社　2021年3月　頁47—50

292. 隱　地　瘂弦不要死——讀《瘂弦回憶錄》隨筆之三　守住美好：激流沖擊下留住的文化記憶　臺北　爾雅出版社　2021年3月　頁51—55

293. 隱　地　從河南走到臺灣——讀《瘂弦回憶錄》隨筆之四　守住美好：激流沖擊下留住的文化記憶　臺北　爾雅出版社　2021年3月　頁57—61

294. 隱　地　文壇裡的「詩族」六三——讀《瘂弦回憶錄》隨筆之五　守住美好：激流沖擊下留住的文化記憶　臺北　爾雅出版社　2021年3月　頁63—70

295. 隱　地　珍貴資料缺一角——讀《瘂弦回憶錄》隨筆之六　守住美好：激流沖擊下留住的文化記憶　臺北　爾雅出版社　2021年3月　頁71—73

296. 公　仲　瘂弦禮讚——雅音繞樑・弦樂不絕　華章　一日詩人・一世詩人・「向詩儒瘂弦致敬」系列活動二特刊　2021年8月28日　2版

297. 林　楠　詩意的人生——瘂弦印象（節選）　華章　一日詩人・一世詩人・「向詩儒瘂弦致敬」系列活動二特刊　2021年8月28日　2版

298. 蕭元愷　與瘂弦先生一起溯往　華章　一日詩人・一世詩人・「向詩儒瘂弦致敬」系列活動二特刊　2021年8月28日　3版

299. 陳瑞琳　傾聽瘂弦　華章　一日詩人・一世詩人・「向詩儒瘂弦致敬」系列活動二特刊　2021年8月28日　3版

300. 諾　拉　瘂弦和牛車圖書館　華章　一日詩人・一世詩人・「向詩儒瘂弦致敬」系列活動二特刊　2021年8月28日　4版

301. 趙慶慶　賀詩者瘂公壽　世界日報・華章（洛杉磯）　2021年9月24日　F2版

302. 子　夜　一個老報人的致敬　世界日報・華章（洛杉磯）　2022年2月25日　F2版

303. 王　愷　瘂弦的行板　聯合報　2022年8月12日　D3版

304. 任京生　傾聽瘂弦——記錄「副刊王」的口述史　世界日報・華章（洛杉磯）　2023年4月28日　F2版

305. 林少雯　懷念那些走在我們前面的文壇人——與曾永義、瘂弦在蘭嶼　中華日報　2023年7月8日　A8版

306. 隱　地　正面與對面　雷聲再響：二〇二三年五月至六月　臺北　爾雅出版社　2023年7月　頁46—48

307. 李歐梵　詩人瘂弦　書城　2024年第6期　2024年5月　頁48—52

308. 張博瑞　留下詩與火種・瘂弦九十二歲辭世　聯合報　2024年10月13日　A1版

【訪談、對談】

338. 瘂弦等　「詩歌文學的再發揚」座談會　文訊雜誌　第81期　1992年7月　頁9—16

339. 瘂弦等　再度來一次造詩運動——副刊主編談現代詩的危機　現代詩　復刊18期　1992年9月　頁16—31

340. 金聖華　妙語如珠　橋畔閒眺　臺北　月房子出版社　1995年1月　頁148—149

341.〔臺灣詩學季刊〕　靈魂深處永遠有詩意躍動——李瑞騰V.S瘂弦　臺灣詩學季刊　第10期　1995
　　　　年3月　頁18—25

342. 瘂弦等　臺灣報紙副刊的未來‧座談紀要（上、下）　聯合報　1997年1月29—30日　37版

343. 賴素玲專訪　文學老編瘂弦無限出發，準備開創晚霞工程——為文學世界撚亮恆星的詩人　民生報
　　　　1998年8月18日　19版

344. 陶福媛　瘂弦談詩勾勒出新意境　民生報　1998年8月21日　31版

345. 瘂弦等　小說家的挑戰——座談會紀要　臺灣現代小說史綜論　臺北　行政院文建會，聯經出版公司
　　　　1998年12月　頁606—616

346. 王偉明　詩成笑傲凌神州——瘂弦筆訪錄　詩雙月刊　第43期　1998年12月　頁159—166

347. 王偉明　詩成笑傲凌神州——瘂弦筆訪錄　詩人密語　香港　瑋業出版社　2004年12月　頁145—160

348. 王開平　春天已經在路上了！——訪詩人瘂弦　聯合報　1999年3月22日　41版

349. 瘂弦等　從「詩與臺灣」到「詩與科技」——瘂弦VS杜十三　創世紀　第119期　1999年6月　頁35—48

350. 沈　怡　針對恐詩症，瘂弦有書單　創世紀　第122期　2000年3月　頁6—7

351. 吳婉茹　願為持扇人——專訪詩人瘂弦　聯合報　2000年8月29日　37版

352. 林峻楓　戲劇外的歌子——訪詩人瘂弦　青年日報　2001年6月20日　13版

353. 瘂弦等　華文寫作的前景　明報月刊　第427期　2001年7月　頁48—49

354. 林麗如　盤旋心底的寫作計畫——專訪瘂弦先生　文訊雜誌　第189期　2001年7月　頁93—97

355. 林麗如　一部文化史——到處種詩的瘂弦　走訪文學僧：資深作家訪問錄　臺北　文訊雜誌社　2004年10
　　　　月　頁281—288

356. 蔡文含，陳若霜，陳心怡記錄　春天已經在路上——瘂弦先生訪談錄（上、下）　中華日報　2002年2月
　　　　17—18日　19版

357. 蔡文含，陳若霜，陳心怡記錄　春天已經在路上了——瘂弦　走訪捕蝶人　臺北　九歌出版社　2002年3月
　　　　頁195—213

358. 林麗如　擴充華文視野的瘂弦　幼獅文藝　第604期　2004年4月　頁34—41

359. 楊佳嫻專訪　2004年「東元獎」文學創作得主詩人瘂弦——像宇宙大腦的一點磷火　聯合報　2004年11
　　　　月9日　E7版

360. 瘂弦等　歲末　聯合報　2005年12月21日　E7版

361. 白靈，瘂弦講；陳瀅州記　如何「過」一首詩——瘂弦vs白靈　文訊雜誌　第249期　2006年7月　頁
　　　　110—116

362. 白靈，瘂弦講；陳瀅州記　如何「過」一首詩——我的創作歷程　遠方的歌詩：十二場臺灣當代
　　　　詩、散文與兒童文學的心靈饗宴：國立台灣文學館‧第六季週末文學對談　臺南　國立臺灣
　　　　文學館　2008年9月　頁162—195

363. 林雅慧採訪　讀者10問瘂弦　講義　第233期　2006年8月　頁49—53

364. 林翠芬　瘂弦先生談香港文化的傳承　香港作家　2007年第3期　2007年5月　頁3—6

365. 瘂弦等　「香港文學未來充滿希望！」——章詒和、瘂弦、鄭愁予、陳義芝、張大春等名作家出席香港作聯文學座談會　香港作家　2007年第3期　2007年7月　頁69—70

366. 紫　鵑　詩人可以聽到落花的尖叫——專訪詩人瘂弦　乾坤詩刊　第45期　2008年1月　頁6—21

367. 蘇惠昭　獅子的八張臉——永遠的總編輯：瘂弦　幼獅文藝　第658期　2008年10月　頁8

368. 林幸謙　詩的戰神——香港浸會大學駐校作家瘂弦專訪之一　文學的信念與反思　香港　天地圖書公司　2009年5月　頁38—49

369. 林幸謙　一個詩人的創世紀——香港浸會大學駐校作家瘂弦專訪之二　文學的信念與反思　香港　天地圖書公司　2009年5月　頁50—58

370. 林幸謙　時代的盜火者——香港浸會大學駐校作家瘂弦專訪之三　文學的信念與反思　香港　天地圖書公司　2009年5月　頁59—66

371. 黃哲斌，林欣誼　小兵變詩人‧瘂弦見證滄桑　中國時報　2010年4月1日　A6版

372. 李懷宇　瘂弦：編輯事業簡直是一種偉業　世界知識公民——文化名家訪談錄　臺北　允晨文化公司　2010年5月　頁225—251

373. 瘂弦等　文學高峰會議‧臺灣大學——第一場「作家學者講話」　新地文學　第12期　2010年6月　頁22—40

374. 瘂弦，宋裕，吳文雄　中學國文課本裡的瘂弦　瘂弦學術研討會　苗栗　育達商業科技大學　2011年4月29日

375. 瘂弦等　聶華苓與愛荷華國際寫作計畫　文訊雜誌　第309期　2011年7月　頁82—87

376. 瘂弦等　聶華苓與愛荷華國際寫作計畫　百年小說研討會論文集　臺北　文訊雜誌社　2012年10月　頁303—311

377. 瘂弦，阿九　瘂弦訪談　香港文學　第322期　2011年10月　頁14—30

378. 陳智弘，宋裕　弦歌不絕訪瘂弦　幼獅文藝　第698期　2012年2月　頁44—49

379. 徐彥靖　一日詩人，一世詩人　新活水　第50期　2013年10月　頁16—19

380. 瘂弦，丁名慶整理　我不能做偉大的詩人，但願做偉大的朋友——瘂弦訪談錄　印刻文學生活誌　第134期　2014年10月　頁70—75

381. 〔蕭仁豪主編〕　對話——瘂弦╳楊渡　鄉愁與流浪的行板　臺北　中華文化總會　2014年11月　頁177—195

382. 姚秀山　他的背影，詩最孺慕的表情——訪詩人瘂弦　聯合文學　第361期　2014年11月　頁20—121

383. 鬱　思　沐浴春風話詩情——瘂弦先生，張錯教授對談　中華日報　2015年3月31日　B4版

384. 林穎慧　戲中走出的「詩儒」——瘂弦訪問錄　臺灣「創世紀」詩社新詩戲劇化研究　南京大學中國現當代文學所　碩士論文　沈衛威教授指導　2016年5月　頁86—94

385. 林穎慧　戲中走出的「詩儒」——瘂弦訪問錄　世界華文文學論壇　第98期　2017年3月　頁107—112

386. 許春風，黃惠真記錄整理　當年的臺北就像小長安　文訊雜誌　第369期　2016年7月　頁95—96

387. 宇　秀　如此彎腰與脫褲——瘂弦談什麼樣的人才是詩人　創世紀　第200期　2019年9月　頁20—24

388. 潘耀明，李顯華　在愛荷華漫談歷史、文學與編輯——專訪瘂弦　明報月刊　第646期　2019年10月　頁37—42

389. 曹　莉　詩是最高的理想——與著名現代詩人瘂弦的電話訪談　兩岸詩　第7期　2021年2月　頁158—162

390. 瘂弦等　出版家座談會紀要——勳業的經緯　守住美好：激流沖擊下留住的文化記憶　臺北　爾雅出版

　　　　　社　2021年3月　頁177—202

391. 陳宛茜專訪　瘂弦90回憶錄・串起百年亂世　聯合報　2022年3月30日　A6版

392. 王瑞華採訪整理　副刊是最適合人做夢的地方——訪瘂弦　新文學史料　2024年第2期　2024年5月
　　　　　頁47—53

393. 沈　奇　永遠的「紅玉米」——瘂弦訪談錄　文訊雜誌　第469期　2024年11月　頁94—105年表

394. 〔編輯部〕作品年表　深淵　臺北　晨鐘出版社公司　1970年10月　頁251—256

395. 〔編輯部〕作品年表　深淵　臺北　眾人出版社　1968年12月　頁189—193

396. 〔編輯部〕作品年表　深淵　臺北　晨鐘出版社公司　1971年4月　頁251—256

397. 〔編輯部〕年表　瘂弦自選集　臺北　黎明文化公司　1977年10月　頁1—5

398. 蕭　蕭　瘂弦年表　詩儒的創造：瘂弦詩作評論集　臺北　文史哲出版社　1994年9月　頁466—480

399. 〔編輯部〕瘂弦年譜　深淵——瘂弦詩集　東京　思潮社　2006年3月　頁146—151

400. 龍彼德　瘂弦年表　瘂弦評傳　臺北　三民書局　2006年7月　頁351—368

401. 瘂　弦　瘂弦創作年表　於無聲處　香港　明報月刊出版社　2011年6月　頁377—385

402. 〔香港文學〕　瘂弦著作年表　香港文學　第322期　2011年10月　頁31

403. 〔周易正主編〕生平　創世紀的創世紀：詩的照耀下　臺北　行人文化實驗室　2014年10月　〔4〕頁

404. 盧柏儒　瘂弦編輯年表　瘂弦編輯行為研究　中央大學中國文學系　博士論文　李瑞騰教授指導　2015年1
　　　　　月　頁195—226

405. 楊　照　瘂弦事記　詩人的黃金存摺　新北　印刻文學生活雜誌出版公司　2016年7月　頁248—251

【其他】

406. 黃盈雰　文友送別，弦歌不絕　文訊雜誌　第156期　1998年10月　頁82

407. 王景山　待圓的夢——關於編撰《文學副刊主編辭典》和瘂弦的通信及說明　中國現代文學研究叢刊
　　　　　2000年第1期　2000年2月　頁252—270

408. 朱雙一　瘂弦文學之旅國際研討會　文訊雜誌　第302期　2010年12月　頁155

409. 〔創世紀〕瘂弦應邀在福建省立圖書館專題演講，精彩動人　創世紀　第165期　2010年12月頁257

410. 林端貝　瘂弦學術研討會　文訊雜誌　第308期　2011年6月　頁145

411. 丹　墀　詩人瘂弦榮獲「第2屆華文文學星雲獎貢獻獎」　聯合報　2012年11月1日　D3版

412. 〔創世紀〕瘂弦榮獲「第二屆全球華文文學星雲獎貢獻獎」　創世紀　第173期　2012年12月　頁185

413. 〔創世紀〕瘂弦榮獲「第四屆中坤國際詩歌獎」　創世紀　第178期　2014年3月　頁156

414. 張立勳　創世紀詩社一甲子・碧湖「迴」響　中國時報　2014年9月15日　B1版

415. 〔編輯部〕十月號印刻文學聚焦洛夫、瘂弦　中國時報　2014年10月1日　D4版

416. 林欣誼　創世紀一甲子・3巨頭話當年　中國時報　2014年10月10日　A16版

417. 李怡芸　臺灣創世紀一甲子・影響陸20年　旺報　2014年10月12日　C10版

418. 李怡芸　創世紀一甲子・動盪中屹立不搖　旺報　2014年10月19日　C7版

419. 蔡容喬　創世紀六十歲・詩家南下左營尋根——瘂弦、張默與在地詩社詩友余光中等人相見歡　聯合
　　　　　報　2014年10月21日　B1版

420. 〔編輯部〕2015向大師致敬——瘂弦　自由時報　2015年6月22日　D7版

【作品評論篇目】

【綜論】

448. 羅　青　理論與態度——瘂弦論　書評書目　第26期　1975年6月　頁25—39

449. 羅　青　理論與態度　瘂弦自選集　臺北　黎明文化公司　1977年10月　頁227—248

450. 上官予　五十年代詩潮〔瘂弦部分〕　傳統與現代之間　臺北　眾成出版社　1975年12月　頁70—73

451. 于還素　論上官予及其詩〔瘂弦部分〕　傳統與現代之間　臺北　眾成出版社　1975年12月　頁295

452. 溫任平　致瘂弦書——談詩的詮釋　詩學　第2期　1976年10月　頁393—398

453. 旅　人　中國新詩論史（七）——瘂弦與張默　笠　第77期　1977年2月　頁38—39

454. 旅　人　瘂弦與張默　中國新詩論史　臺中　臺中縣立文化中心　1991年11月　頁158—161

455. 陳芳明　七位詩人素描——瘂弦　詩和現實　臺北　洪範書店　1977年2月　頁191—193

456. 楊昌年　瘂弦　新詩品賞　臺北　牧童出版社　1978年9月　頁335—355

457. 白楊〔蕭蕭〕瘂弦的感情世界　北市青年　第119期　1979年10月　頁8—11

458. 蕭　蕭　瘂弦的感情世界　現代詩導讀（批評篇）　1979年11月　頁171—184

459. 蕭　蕭　瘂弦的情感世界　中外文學　第8卷第4期　1979年9月　頁136—146

460. 蕭　蕭　瘂弦的情感世界　燈下燈　臺北　東大圖書公司　1980年4月　頁149—161

461. 蕭　蕭　瘂弦的情感世界　詩儒的創造：瘂弦詩作評論集　臺北　文史哲出版社　1994年9月　頁225—244

462. 楊子潤　揉和戲劇性與嘲諷味的行吟者——瘂弦　中學白話詩選　臺北　故鄉出版社　1980年4月　頁224—225

463. 蕭　蕭　詩人與詩風——瘂弦　臺灣日報　1982年6月24日　8版

464. 蕭　蕭　詩人與詩風——瘂弦　現代詩縱橫觀　臺北　文史哲出版社　1991年6月　頁73

465. 苦　苓　誰是大詩人——青年詩人心目中的十大詩人　陽光小集　第10期　1982年10月　頁79—91

466. 苦　苓　誰是大詩人？青年詩人心目中的十大詩人　書中書　臺北　希代書版公司　1986年9月　頁211

467. 張　健　自由中國時期〔瘂弦部分〕　中國現代詩　臺北　五南圖書公司　1984年1月　頁94—95

468. 陳千武　光復前後臺灣新詩的演變〔瘂弦部分〕　笠　第130期　1985年12月　頁21

469. 段建安　中國文學的使徒——詩人洛夫與瘂弦所走的路　青年戰士報　1986年5月4日　9版

470. 張　默　現代詩壇鈎沉錄〔瘂弦部分〕　文訊雜誌　第26期　1986年10月　頁288—290

471. 高　準　關於瘂弦——摘自〈現代詩的歧途與應行方向〉　瘂弦詩選　成都　四川文藝出版社　1987年2月　頁93—99

472. 周沛良　集後　瘂弦詩選　成都　四川文藝出版社　1987年2月　頁111—120

473. 〔張錯編〕　瘂弦詩選——瘂弦（1932—）　千曲之島　臺北　爾雅出版社　1987年7月　頁91—92

474. 蕭　蕭　感覺之必要——談瘂弦　自由青年　第78卷第1期　1987年7月　頁56—58

475. 蕭　蕭　感覺之必要——談瘂弦　現代詩縱橫觀　臺北　文史哲出版社　1991年6月　頁173—180

476. 宋田水　要死不活的臺灣文學——透視臺灣作家的良心——洛夫、瘂弦　臺灣新文化　第14期　1987年11月　頁42

477. 古繼堂　瘂弦詩歌的特色　文學世界　第1期　1987年12月　頁182—183

478. 馬德俊　瘂弦的詩　現代臺灣文學史　瀋陽　遼寧大學出版社　1987年12月　頁534—542

479. 葉含秋等　瘂弦談詩　幼獅文藝　第410期　1988年2月　頁72—78

480. 葉含秋等　瘂弦談詩　文藝天地任遨遊　臺北　光復書局　1988年4月　頁245—258

481. 鄭明娳　中國新詩概說〔瘂弦部分〕　當代文學氣象　臺北　光復書局　1988年4月　頁175

482. 古繼堂　詩的和弦——論瘂弦的詩　靜聽那心底的旋律——臺灣文學論　北京　國際文化出版公司　1989年1月　頁169—178

483. 李元洛　清純而雋永的歌——瘂弦詩作欣賞　創世紀　第75期　1989年4月　頁103—107

484. 李元洛　清純而雋永的歌——臺灣詩人瘂弦詩作欣賞　朔方　1989年第5期　1989年5月　頁55—56

485. 李元洛　清純而雋永的歌——臺灣詩人瘂弦詩作欣賞　詩儒的創造：瘂弦詩作評論集　臺北　文史哲出版社　1994年9月　頁37—42

486. 古繼堂　創世紀詩社和臺灣的軍中詩人〔瘂弦部分〕　臺灣新詩發展史　臺北　文史哲出版社　1989年7月　頁273—284

487. 〔公仲，汪義生編〕五〇年代後期及六〇年代臺灣文學——瘂弦、商禽、羅門、周夢蝶等軍旅詩人的詩　臺灣新文學史初編　南昌　江西人民出版社　1989年8月　頁129—136

488. 子　敏　我最喜愛的當代中國詩人——我喜歡瘂弦所選擇的跑道　洪範雜誌　第41期　1989年10月　4版

489. 林貞羊　我最喜愛的當代中國詩人——瘂弦的詩是從血液中流盪出來的樂曲　洪範雜誌　第41期　1989年10月　4版

490. 高大鵬　我最喜愛的當代中國詩人——瘂弦的詩帶有咒語一般感人的魅力　洪範雜誌　第41期　1989年10月　4版

491. 鄒建軍　論瘂弦的詩學觀　理論與創作　1991年第3期　1991年3月　頁71—75

492. 鄒建軍　瘂弦：縱橫交匯成大江　臺港現代詩論十二家　武漢　長江文藝出版社　1991年4月　頁112—123

493. 鄒建軍　瘂弦——縱橫交匯成大江　詩儒的創造：瘂弦詩作評論集　臺北　文史哲出版社　1994年9月　頁445—457

494. 朱雙一　瘂弦　臺灣新文學概觀（下）　廈門　鷺江出版社　1991年6月　頁128—131

495. 劉登翰　臺灣詩人論札（三）——瘂弦論　創世紀　第85、86期合刊　1991年10月　頁82—84

496. 劉登翰　臺灣詩人十八家論札——瘂弦論　臺灣文學隔海觀：文學香火的傳承與變異　臺北　風雲時代出版公司　1995年3月　頁288—294

497. 劉登翰　沒有什麼今天的雲抄襲昨天的雲——瘂弦論　彼岸的繆斯——臺灣詩歌論　南昌　百花洲文藝出版社　1996年12月　頁246—252

498. 杜榮根　試論《創世紀》的詩　復旦學報　1991年第6期　1991年11月　頁99—103

499. 高大鵬　《深淵》裡的「現代」洗禮　青年日報　1992年4月8日　14版

500. 高大鵬　《深淵》裡的「現代」洗禮——瘂弦詩說　吹不散的人影　臺北　三民書局　1995年3月　頁163—165

501. 張俊山　甜的是語言，苦的是精神——瘂弦詩簡評　開封教育學院學報　1993年第1期　1993年1月　頁20—23

502. 劉登翰　洛夫、瘂弦與《創世紀》詩人群　臺灣文學史（下）　福州　海峽文藝出版社　1993年1月　頁176—181

503. 徐　學　文學批評（下）——葉維廉等的詩學理論〔瘂弦部分〕　臺灣文學史（下）　福州　海峽文藝出版社　1993年1月　頁887—890

504. 李豐楙　中國純粹性詩學與現代詩學、詩作的關係——以七十年代葉維廉、洛夫、瘂弦為主的考察

現代詩學研討會 彰化 彰化師範大學國文學系，臺中縣立文化中心 1993年5月15日

505. 李豐楙　中國純粹性詩學與現代詩學、詩作的關係──以七十年代葉維廉、洛夫、瘂弦為主的考察　現代詩學研討會論文集　臺中　臺中縣立文化中心，彰化師範大學國文學系 1993年5月　頁33─66

506. 李豐楙　中國純粹性詩學與現代詩學、詩作的關係──以七十年代葉維廉、洛夫、瘂弦為主的考察臺灣詩學季刊 第3期 1993年6月 頁33─66

507. 李豐楙　中國純粹性詩學與現代詩學、詩作的關係──以七十年代葉維廉、洛夫、瘂弦為主的考察人文風景的鐫刻者：葉維廉作品評論集　臺北　文史哲出版社 1997年11月 頁435─469

508. 李　弦　〔李豐楙〕中國純粹性詩學與現代詩學、詩作的關係──以七十年代葉維廉、洛夫、瘂弦為主的考察　將葵花般的仰望舉起：李弦現代詩論集　臺北　文水出版社 2013年3月 頁248─280

509. 王志健　摘星的與提燈的──瘂弦 中國新詩淵藪（中）　臺北　正中書局 1993年7月 頁1756─1788

510. 古遠清　瘂弦對現代詩問題的反思──《臺灣當代文學理論批評史》之一節 南都學壇 1993年第3期 1993年7月 頁93─94

511. 古遠清　瘂弦對現代詩的反思 臺灣當代文學理論批評史 武漢 武漢出版社 1994年8月 頁229─232

512. 無名氏　現代詩語藝術──略論瘂弦詩語 中華日報 1993年11月17日 11版

513. 無名氏　與姚一葦教授論瘂弦詩 國魂 第577期 1993年12月 頁78─79

514. 熊國華　論瘂弦的詩 中外詩歌研究 1994年第1期 1994年1月 頁46─49

515. 熊國華　論瘂弦的詩 詩儒的創造：瘂弦詩作評論集 臺北 文史哲出版社 1994年9月 頁317─329

516. 熊國華　論瘂弦的詩 走向新世紀：第六屆世界文學國際研討會論文集 北京 人民文學出版社 1994年11月 頁293─301

517. 熊國華　論瘂弦的詩 廣東教育學院學報 1994年第4期 1994年12月 頁68─72

518. 萬登學　論瘂弦的詩 南都學壇 1994年第2期 1994年2月 頁83─88

519. 無名氏　詩藝與品鑑──瘂弦論 幼獅文藝 第486期 1994年6月 頁82─90

520. 鄭明娳　當代臺灣文藝政策的發展、影響與檢討〔瘂弦部分〕 當代臺灣政治文學論 臺北 時報文化出版公司 1994年7月 頁51─54

521. 葉維廉　在記憶離散的文化空間裡歌唱──論瘂弦記憶塑像的藝術 中外文學 第23卷第2期 1994年8月 頁74─104

522. 葉維廉　在記憶離散的文化空間裡歌唱──論瘂弦記憶塑像的藝術 詩儒的創造：瘂弦詩作評論集 臺北 文史哲出版社 1994年9月 頁331─378

523. 葉維廉　在記憶離散的文化空間裡唱歌──論瘂弦記憶塑像的藝術 弦外知音──2014年南加州詩歌藝術節特刊 聖地牙哥 美國中華人文磚基金會 2014年4月 頁18─31

524. 葉維廉　在記憶離散的文化空間裡歌唱──論瘂弦記憶塑像的藝術 晶石般的火焰：兩岸三地現代詩論（下）臺北 臺灣大學出版中心 2016年3月 頁727─773

525. 西　西　片斷瘂弦詩 詩儒的創造：瘂弦詩作評論集 臺北 文史哲出版社 1994年9月 頁23─24

526. 陳義芝　瘂弦的三組詩──為《古今文選》賞析所寫 詩儒的創造：瘂弦詩作評論集 臺北 文史哲出版社 1994年9月 頁212─224

527. 羅　葉　中國現代詩壇的一座熄火山──從瘂弦的詩出發，他是上一代詩人中掙騰激烈過的一個詩儒

的創造：瘂弦詩作評論集　臺北　文史哲出版社　1994年9月　頁245—305

528. 馬德俊　走向西方，回歸東方——論瘂弦的詩歌創作藝術及其詩論　詩儒的創造：瘂弦詩作評論集　臺北　文史哲出版社　1994年9月　頁305—316

529. 沈　奇　對存在的開放和對詞人的再創造——瘂弦詩歌藝術論　詩儒的創造：瘂弦詩作評論集　臺北　文史哲出版社　1994年9月　頁379—410

530. 沈　奇　對存在的開放和對語言的再造——瘂弦詩歌藝術論〔上、中、下〕　幼獅文藝　第490—492期　1994年10—12月　頁82—85，62—67，87—96

531. 沈　奇　瘂弦詩歌的語言藝術　文學評論　1995年第4期　1995年7月　頁116—121

532. 沈　奇　對存在的開放和對語言的再造——瘂弦詩歌藝術論　評論十家（第二集）　臺北　爾雅出版社　1995年11月　頁3—42

533. 沈　奇　對存在的開放和對語言的再造——瘂弦詩歌藝術論　臺灣詩人散論　臺北　爾雅出版社　1996年11月　頁84—122

534. 沈　奇　瘂弦詩歌藝術論　沈奇詩學論集——臺灣詩人論評　北京　中國社會科學出版社　2005年8月　頁52—77

535. 沈　奇　瘂弦詩歌藝術論　2010海峽詩會——瘂弦文學之旅國際研討會　武漢　福建省文學藝術界聯合會，海峽文學藝術發展研究中心，臺港文學選刊雜誌社，中南財經政法大學新聞與文化傳播學院主辦　2010年10月17日

536. 沈　奇　瘂弦詩歌藝術論　華文文學　2011年第3期　2011年6月　頁52—62

537. 張超主編　瘂弦　臺港澳及海外華人作家辭典　江蘇　南京大學出版社　1994年12月　頁569

538. 白　靈　為激流的倒影造像——瘂弦詩風的背景及影響　臺灣新聞報　1995年1月18日　19版

539. 白　靈　為激流的倒影造像——瘂弦詩風的背景及影響　風華——瘂弦經典詩歌賞析　臺北　秀威資訊科技公司　2019年9月　頁9—25

540. 陳義芝　現代詩中的「故園」母題——以瘂弦作品為例　第二屆現代詩學術會議　彰化　彰化師範大學國文學系　1995年4月29日　頁201—223

541. 陳義芝　實體，夢想與形上——故園母題論瘂弦　新地文學　第7期　2009年3月　頁242—254

542. 陳義芝　瘂弦：故園情結，心靈歸向　現代詩人結構　臺北　聯合文學出版社　2010年9月　頁79—97

543. 陳義芝　實體，夢想與形上——故園母題論瘂弦（1）　香港文學　第322期　2011年10月　頁34—39

544. 萬登學　瘂弦詩探　四海——港臺與海外華文文學　第34期　1995年7月　頁123—127

545. 廖麗鳳　從感覺出發——略論瘂弦詩歌　華夏學報　第29期　1995年12月　頁11813—11839

546. 無名氏　間接反應與生命整體——瘂弦論（上、下）　幼獅文藝　第506—507期　1996年2—3月　頁94—97，91—95

547. 王常新　瘂弦不「啞」——瘂弦詩的音樂美　高等函授學報　1996年第3期　1996年　頁29—32

548. 劉紀蕙　故宮博物院VS・超現實拼貼：臺灣現代讀畫詩中兩種文化認同之建構模式——瘂弦與超現實拼貼模式　中外文學　第25卷第7期　1996年12月　頁80—84

549. 張　默　夢從樺樹上跌下來——瘂弦的詩生活探微　聯合文學　第148期　1997年2月　頁112—120

550. 張　默　夢從樺樹上跌下來——瘂弦的詩生活　夢從樺樹上跌下來：詩壇鈎沉筆記　臺北　爾雅出版社　1998年6月　頁185—203

551. 萬登學　深入的科學的省思——試論瘂弦的「中國新詩研究」　創世紀　第110期　1997年3月　頁81—95

552. 無名氏　瘂弦的批評風度與深度　臺灣新聞報　1998年8月29日　13版

553. 計璧瑞　臺灣文學——臺灣新詩潮流〔瘂弦部分〕　20世紀中國文學史（下）　廣州　中山大學出版社　1998年8月　頁401—403

554. 章亞昕　詩與真——瘂弦的體驗　孝感師專學報　1998年第3期　1998年8月　頁33—37

555. 章亞昕　詩與真——瘂弦的體驗　情繫伊甸園：創世紀詩人論　臺北　文史哲出版社　2004年10月　頁107—118

556. 無名氏　第一流的評論家——惜別瘂弦　臺灣新生報　1998年9月7日　13版

557. 無名氏　黯然消魂者別而已——淺談瘂弦的詩論（上、中、下）　青年日報　1998年10月19—21日　15版

558. 陶保璽　進入瘂弦詩歌中的黃鐘世界——兼論瘂弦詩創作的語言結構策略　詩雙月刊　第43期　1998年12月　頁125—158

559. 陶保璽　進入瘂弦詩歌中的黃鐘世界——兼論瘂弦詩創作的語言結構策略　臺灣新詩十家論　臺北　二魚文化公司　2003年8月　頁90—130

560. 潘麗珠　瘂弦　臺灣現代詩教學研究　臺北　五南圖書公司　1999年3月　頁140—142

561. 黎活仁　瘂弦詩所見春天的時間意識　方法論於中國古典和現代文學的應用　香港　香港大學亞洲研究中心　1999年4月　頁235—262

562. 謝雅雯　瘂弦研究　臺北市立師範學院語文教育學系畢業論文集第二輯　臺北　臺北市立師院語文教育學系　1999年6月　頁265—307

563. 艾　以　隔岸傳書——記臺灣著名詩人瘂弦　文壇‧藝壇‧人間世　杭州　浙江人民出版社　1999年9月　頁155—157

564. 方娥真　博大與均衡　文訊雜誌　第168期　1999年10月　頁10—15

565. 方娥真　博大與均衡——瘂弦身體力行的副刊編輯觀　明報月刊　第406期　1999年10月　頁86—89

566. 方娥珍　博大與均衡　香港文學　第322期　2011年10月　頁9—13

567. 陳去非　反諷（上、下）　勁報　2000年3月16—17日　24版

568. 耕　雨　現代派點燃瘂弦的詩慾　臺灣新聞報　2000年7月3日　B8版

569. 方　忠　八十年代新詩——洛夫、瘂弦　二十世紀中國文學史（下）　臺北　文史哲出版社　2000年9月　頁937—939

570. 朱文華　瘂弦——融入戲劇技巧的現代詩人　臺港澳文學教程　上海　漢語大辭典出版社　2000年10月　頁84—85

571. 周　熠　萬里歸家為尋根——小記詩人瘂弦的鄉土情節　尋根　2000年第6期　2000年12月　頁90—92

572. 劉正忠　軍旅詩人的疏離心態——以五六十年代的洛夫、商禽、瘂弦為主　臺灣文學學報　第2期　2001年2月　頁113—156

573. 楊　澤　天使、罌粟及蕩娃惡少——試論瘂弦的詩　現代主義與臺灣文學學術研討會　臺北　政治大學中國文學系主辦　2001年6月2—3日

574. 黃書田　論瘂弦詩歌的意象世界　世界華文文學論壇　2001年第4期　2001年12月　頁58—61

575. 黃書田　瘂弦詩歌意象論　華文文學　2003年第1期　2003年　頁31，76—77

576. 徐一林　簡論臺灣詩人瘂弦　社會科學家　2002年第3期　2002年5月　頁87—90

577. 古繼堂　臺灣的創世紀詩社——瘂弦　簡明臺灣文學史　北京　時事出版社　2002年6月　頁310—312

578. 趙衛民　瘂弦的浮世繪與異國情調　新詩啟蒙　臺北　業強出版社　2003年2月　頁148—155

579. 趙衛民　五十年代：西方與中國——瘂弦的浮世繪與異國情調　新詩啟蒙　臺北　里仁書局　2011年2月　頁223—230

580. 周登宇，李建東　多色調的回眸——談瘂弦詩中的過去時空　連雲港師範高等專科學校學報　2003年第2期　2003年6月　頁20—23

581. 李標晶　瘂弦　20世紀中國文學通史　上海　東方出版中心　2003年9月　頁566—568

582. 陳金木　橫看成嶺側成峰——瘂弦詩論　臺灣前行代詩家論——第六屆現代詩學研討會論文集　臺北　萬卷樓圖書公司　2003年11月　頁170—183

583. 陳仲義　反諷：語境對陳述語的明顯歪曲　現代詩技藝透析　臺北　文史哲出版社　2003年12月　頁29—34

584. 陳仲義　戲劇性：衝突·情境·懸念·動作　現代詩技藝透析　臺北　文史哲出版社　2003年12月　頁35—42

585. 蕭蕭　創世紀：超現實主義的化合性美學——以瘂弦、張默、洛夫為例　臺灣新詩美學　臺北　爾雅出版社　2004年2月　頁380—409

586. 蕭蕭　創世紀的超現實主義的化合性美學——以瘂弦、張默、洛夫為例　創世紀　第138期　2004年3月　頁127—141

587. 王靜月　搜尋苦難的意義——簡論瘂弦的詩歌創作　世界華文文學論壇　2004年第1期　2004年3月　頁45—48

588. 方忠　瘂弦的詩　二十世紀臺灣文學史論　南昌　百花文藝出版社　2004年10月　頁93—94

589. 簡文志　存在形式的荒謬性——瘂弦詩歌探析　詩探索　2004年Z2期　2004年　頁134—154

590. 古添洪　臺灣現代詩的「外來影響」面向——歐美現代詩潮的接受／挪用／與本土化〔瘂弦部分〕　不廢中西萬古流：中西抒情詩類及影響研究　臺北　臺灣學生書局　2005年4月　頁301—302

591. 江少川　臺灣詩壇三駕車——讀紀弦、鄭愁予、瘂弦的詩　臺港澳文學論稿　北京　北京大學出版社　2005年4月　頁47—53

592. 洪子誠，劉登翰　現代主義詩潮及詩人——「創世紀」詩人群〔瘂弦部分〕　中國當代新詩史（修訂版）　北京　北京大學出版社　2005年4月　頁329—331

593. 洪子誠，劉登翰　現代主義詩潮及詩人——「創世紀」詩人群〔瘂弦部分〕　中國當代新詩史　北京　北京大學出版社　2010年5月　頁400—402

594. 古遠清　極為前衛的現代派作家——瘂弦　分裂的臺灣文學　臺北　海峽學術出版社　2005年7月　頁78—79

595. 呂怡菁　荒謬生命劇場與無譜可循的生命樂章——瘂弦詩歌「小說化」的美學特徵　清雲學報　第25卷第2期　2005年9月　頁197—211

596. 田崇雪　論瘂弦詩歌的悲劇精神　創世紀　第144期　2005年9月　頁167—182

597. 田崇雪　論瘂弦詩歌的悲劇精神　瘂弦詩中的神性與魔性　臺北　大安出版社　2007年5月　頁75—103

598. 白靈　宇宙大腦的一點燐火——瘂弦詩中的神性與魔性　乾坤詩刊　第36期　2005年10月　頁82—93

599. 白靈　宇宙大腦的一點燐火——瘂弦詩中的神性與魔性　瘂弦詩中的神性與魔性　臺北　大安出版社

2007年5月　頁1—46

600. 白　靈　宇宙大腦的一點燐火——瘂弦詩中的神性與魔性　桂冠與荊棘——白靈詩論集　北京　作家出版社　2008年11月　頁45—82

601. 吳韶純　瘂弦——透視海洋之心　臺灣現代海洋文學研究　高雄師範大學國文學系國文教學碩士班　碩士論文　杜明德教授指導　2005年12月　頁129—135

602. 張索時　瘂弦研究　新詩八家論　臺北　爾雅出版社　2006年3月　頁161—187

603. 黃萬華　臺灣文學——詩歌（下）〔瘂弦部分〕　中國現當代文學・第1卷（五四——一九六〇年代）　濟南　山東文藝出版社　2006年3月　頁448—450

604. 松浦恆雄訳者後記　深淵——瘂弦詩集　東京　思潮社　2006年3月　頁152—159

605. 陳義芝　一九八〇年代詩學的新生狀態——現代詩學的四個標記〔瘂弦部分〕　聲納：臺灣現代主義詩學流變　臺北　九歌出版社　2006年3月　頁158—159

606. 羅振亞　臺灣現代詩人抽樣透析——紀弦、鄭愁予、余光中、洛夫、瘂弦　臺灣研究集刊　2006年第1期　2006年3月　頁94—96

607. 李　銀　解讀瘂弦詩歌世界中的「痛苦」　新餘高專學報　第11卷第2期　2006年4月　頁64—66

608. 李　銀　解讀瘂弦詩歌世界中的「痛苦」　世界華文文學論壇　2007年第1期　2007年3月　頁38—42

609. 古恆綺等編　瘂弦　高雄文學小百科　高雄　高雄市文化局　2006年7月　頁122

610. 沈　玲　論瘂弦詩歌的意象建構　徐州師範大學學報　第32卷第4期　2006年7月　頁30—35

611. 龍彼德　瘂弦——現代詩壇的一座睡火山（代前言）　瘂弦評傳　臺北　三民書局　2006年7月　頁1—24

612. 張雙英　政治壓抑與西方解脫（五、六〇年代）——鼎足而立的三個詩社——創世紀詩社〔瘂弦部分〕　二十世紀臺灣新詩史　臺北　五南圖書出版公司　2006年8月　頁238—242

613. 劉正忠　暴力與音樂與身體：瘂弦受難記　當代詩學年刊　第2期　2006年9月　頁100—115

614. 劉正忠　主知・超現實・現代派運動〔瘂弦部分〕　20世紀臺灣文學專題1：文學思潮與論戰　臺北　萬卷樓圖書公司　2006年9月　頁193—220

615. 劉正忠　主知・超現實・現代派運動——臺灣，一九五六——一九六九〔瘂弦部分〕　林亨泰的天地——林亨泰新詩研究　臺中　晨星出版公司　2009年10月　頁122—126

616. 郭　楓　從瀟灑喜樂到深沉憂鬱——析論瘂弦人和詩的複疊心影　鹽分地帶文學　第8期　2007年2月　頁157—180

617. 張誦聖　臺灣七、八〇年代以副刊為核心的文學生態與中產階級文類——副刊與以副刊為核心的文學生態〔瘂弦部分〕　臺灣小說史論　臺北　麥田出版公司　2007年3月　頁291—294

618. 沈玲，方環海　論瘂弦詩歌的語詞建構及其詩意風格　瘂弦詩中的神性與魔性　臺北　大安出版社　2007年5月　頁47—74

619. 方環海，沈玲　語詞建構與詩意風格——瘂弦詩歌論　詩意的視界　上海　學林出版社　2012年5月　頁90—112

620. 戴淑芳　瘂弦詩歌的想像力　瘂弦詩中的神性與魔性　臺北　大安出版社　2007年5月　頁139—184

621. 謝　淼　瘂弦詩歌中的植物意象研究　瘂弦詩中的神性與魔性　臺北　大安出版社　2007年5月　頁185—232

622. 溫羽貝　重複與差異：瘂弦詩歌研究　瘂弦詩中的神性與魔性　臺北　大安出版社2007年5月　頁

233—274

623. 葉冬梅　存在與悲憫：論瘂弦的詩歌創作　瘂弦詩中的神性與魔性　臺北　大安出版社　2007年5月　頁275—312

624. 李桂媚　瘂弦詩作的色彩美學　臺灣詩學學刊　第9期　2007年6月　頁157—186

625. 謝　淼　瘂弦詩歌中植物的意象類型　開封教育學院學報　第27卷第2期　2007年6月　頁1—3

626. 李家欣　各創作類型之表現：現代詩創作的搖籃之一——瘂弦　夏濟安與《文學雜誌》研究　中央大學中國文學系　碩士論文　李瑞騰教授指導　2007年7月　頁65—66

627. 鄭樹森　五、六〇年代的香港新詩〔瘂弦部分〕　從諾貝爾到張愛玲　臺北　印刻出版公司　2007年11月　頁207—208

628. 古遠清　瘂弦：甜言語苦精神　臺灣當代新詩史　臺北　文津出版社　2008年1月　頁154—158

629. 彭瑞金　戰後高雄市文學的融合、衝突與蛻變——國民政府遷臺後的高雄新移民作家〔瘂弦部分〕　高雄市文學史——現代篇　高雄　高雄市立圖書館　2008年5月　頁136—137

630. 田威寧　「迷文化」於「張愛玲現象」的展演——「張迷」編輯的狂熱——瘂弦　臺灣「張愛玲現象」中文化場域的互動　政治大學中國文學系　碩士論文　柯裕棻教授指導　2008年6月　頁67

631. 蔡明諺　創世紀的超現實路線——虛無之必要——瘂弦的魅力　一九五〇年代臺灣現代詩的淵源與發展　清華大學中國文學系　博士論文　呂正惠教授指導　2008年6月　頁322—333

632. 曾萍萍　知識分子的失望與徘徊：《筆匯》內容分析——烏鴉像箭一般刺穿天空：文學創作〔瘂弦部分〕「文季」文學集團研究——以系列刊物為觀察對象　中央大學中國文學系　博士論文　李瑞騰教授指導　2008年7月　頁47—48

633. 向衛國　中西兩大詩歌傳統的交匯——瘂弦論　中西詩歌（澳門）　第26期　2008年8月　頁53—65

634. 落　蒂　靜觀詩海拍天浪——瘂弦研究　文學人　第15期　2008年8月　頁77—81

635. 落　蒂　〔楊顯榮〕靜觀詩海拍天浪——瘂弦論　靜觀詩海拍天浪　臺北　文史哲出版社　2012年9月　頁122—130

636. 王　璞　瘂弦和他的詩　書城　2008年第6期　2008年　頁76—80

637. 郭小聰　臺灣當代詩人瘂弦詩歌藝術與電影因素　國際關係學院學報　2009年第1期　2009年1月　頁73—77

638. 廖偉竣　外省人存在主義文學的代表作家作品分析——瘂弦　臺灣存在主義文學的族群性研究——以外省人作家與本省人作家為例　中興大學臺灣文學與跨國文化研究所　碩士論文　徐照華教授指導　2009年1月　頁91—102

639. 藍建春主編　「創世紀詩社」的異數——追求詩歌合一的瘂弦　親近臺灣文學——歷史、作家、故事　臺中　耕書園出版公司　2009年2月　頁258—269

640. 郭　楓　春寒早秀瘂弦詩　新地文學　第7期　2009年3月　頁231—241

641. 白　靈　初極與終極——瘂弦詩論的形成、意涵、和應用　新地文學　第7期　2009年3月　頁255—268

642. 阮美慧　抒情的瘂弦　新地文學　第7期　2009年3月　頁269—282

643. 應鳳凰　書話瘂弦　新地文學　第7期　2009年3月　頁283—295

644. 俞兆平　現代性視野中《創世紀》前行詩人之詩學觀　張默詩歌的創新意識　北京　中國文史出版社　2009年4月　頁90—107

645. 應鳳凰　瘂弦傳奇：他以「一部詩集」名滿天下　書香兩岸　第7期　2009年5月　頁70—73

646. 劉正忠　臺灣軍旅詩人作品的連鎖式閱讀——〔瘂弦〕部分　中文創意教學示例　臺北　里仁書局　2009
年6月　頁219—237

647. 郭　楓　隱喻的詩和現實批判——翠樓文學片論之三〔瘂弦部分〕　新地文學　第9期　2009年9月　頁
71—72

648. 張瑋儀　近海與遠洋——論鄭愁予、瘂弦的海洋詩　多重視野的人文海洋：海洋文化學術研討會　高雄
中山大學文學院主辦　2009年10月23日

649. 張瑋儀　近海幽情與遠洋投寄——論鄭愁予、瘂弦之海洋詩　多重視野的人文海洋：海洋文化學術研討
會論文集　高雄　中山大學出版社　2010年月月　頁205—226

650. 陳杏芬　臺灣海洋詩與海洋詩人述要——海洋詩人：覃子豪、鄭愁予、瘂弦、汪啟疆　余光中海洋詩
研究（1948—2008）　臺灣海洋大學海洋文化研究所　碩士論文　吳智雄教授指導　2010年1月
頁34—54

651. 陳祖君　「沒有肩膀的城市」與「不為什麼」活著的人——瘂弦詩歌對於都市日常生活的批判　華文文
學　2010年第1期　2010年2月　頁55—62

652. 吉廣興　當代文壇的序跋家瘂弦及其詳目　全國新書資訊月刊　第138期　2010年6月　頁28—34

653. 吉廣興，李幸長　瘂弦的詩夢歷程　人文與社會學報　第2卷第6期　2010年6月　頁79—93

654. 王宗法　瘂弦詩歌的獨創性　2010海峽詩會——瘂弦文學之旅國際研討會　武漢　福建省文學藝術界聯合
會，海峽文學藝術發展研究中心，臺港文學選刊雜誌社，中南財經政法大學新聞與文化傳播
學院主辦　2010年10月17日

655. 白　楊　政治文化語境中的人性訴求——瘂弦詩歌論　2010海峽詩會——瘂弦文學之旅國際研討會　武漢
福建省文學藝術界聯合會，海峽文學藝術發展研究中心，臺港文學選刊雜誌社，中南財經政
法大學新聞與文化傳播學院主辦　2010年10月17日

656. 江少川　重讀瘂弦現代詩論的思考　2010海峽詩會——瘂弦文學之旅國際研討會　武漢　福建省文學藝
術界聯合會，海峽文學藝術發展研究中心，臺港文學選刊雜誌社，中南財經政法大學新聞與
文化傳播學院主辦　2010年10月17日

657. 凌　逾　論瘂弦的詩歌　2010海峽詩會——瘂弦文學之旅國際研討會　武漢　福建省文學藝術界聯合會，
海峽文學藝術發展研究中心，臺港文學選刊雜誌社，中南財經政法大學新聞與文化傳播學院
主辦　2010年10月17日

658. 梁燕麗　瘂弦詩歌中的異質文化想像　2010海峽詩會——瘂弦文學之旅國際研討會　武漢　福建省文學藝
術界聯合會，海峽文學藝術發展研究中心，臺港文學選刊雜誌社，中南財經政法大學新聞與
文化傳播學院主辦　2010年10月17日

659. 莊偉傑　孤寂絕響迴旋語言的魅力——瘂弦詩歌中的歷史意識管窺　2010海峽詩會——瘂弦文學之旅國
際研討會　武漢　福建省文學藝術界聯合會，海峽文學藝術發展研究中心，臺港文學選刊雜誌
社，中南財經政法大學新聞與文化傳播學院主辦　2010年10月17日

660. 陶德宗　瘂弦與大陸遷臺詩人　2010海峽詩會——瘂弦文學之旅國際研討會　武漢　福建省文學藝術界聯
合會，海峽文學藝術發展研究中心，臺港文學選刊雜誌社，中南財經政法大學新聞與文化傳
播學院主辦　2010年10月17日

661. 鄒建軍　瘂弦域外地理詩篇的創新　2010海峽詩會——瘂弦文學之旅國際研討會　武漢　福建省文學藝術界聯合會，海峽文學藝術發展研究中心，臺港文學選刊雜誌社，中南財經政法大學新聞與文化傳播學院主辦　2010年10月17日

662. 馬衛華　三足鼎立的現代派詩社〔瘂弦部分〕　20世紀臺灣文學史略　北京　民族出版社　2010年10月　頁159—160

663. 陳世驤等　作家學者論瘂弦　臺港文學選刊　2010年第5期　2010年10月　頁14—15

664. 陳世驤等　作家學者論瘂弦　香港文學　第322期　2011年10月　頁40—41

665. 陳智德　冷戰局勢下的臺、港現代詩運動：商禽、洛夫、瘂弦、白萩與戴天、馬覺、崑南、蔡炎培　跨國的殖民記憶與冷戰經驗：臺灣文學的比較文學研究國際學術研討會　新竹　清華大學臺灣文學研究所主辦　2010年11月19—20

666. 陳智德　冷戰局勢下的臺、港現代詩運動：以商禽、洛夫、瘂弦、白萩與戴天、馬覺、崑南、蔡炎培為例　跨國的殖民記憶與冷戰經驗：臺灣文學的比較文學研究　新竹　清華大學臺灣2011年5月　頁409—434

667. 黃維樑　瘂弦「弦音不絕」　中華日報　2011年4月27日　B7版

668. 余光中　天鵝上岸，選手改行　瘂弦學術研討會　苗栗　育達商業科技大學　2011年4月29日

669. 余光中　天鵝上岸，選手改行——淺析瘂弦的詩藝　聯合報　2011年5月21日　D3版

670. 余光中　代序——天鵝上岸·選手改行——淺析瘂弦的詩藝　瘂弦學術研討會論文集　臺北　讀冊文化公司　2011年7月　頁4—11

671. 余光中　天鵝上岸，選手改行——淺析瘂弦詩藝　臺港文學選刊　2011年第5期　2011年10月　頁61—63

672. 陳芳明　瘂弦詩中的靈與肉　瘂弦學術研討會　苗栗　育達商業科技大學　2011年4月29日

673. 陳芳明　瘂弦詩中的靈與肉　瘂弦學術研討會論文集　臺北　讀冊文化公司　2011年7月　頁13—29

674. 陳芳明　瘂弦詩中的靈與肉　現代主義及其不滿　臺北　聯經出版公司　2013年9月　頁125—144

675. 陳敬介　知其不可奈何而安之若命——試論瘂弦詩中的悲憫與幽默　瘂弦學術研討會　苗栗　育達商業科技大學　2011年4月29日

676. 陳敬介　知其不可奈何而安之若命——試論瘂弦詩中的幽默與悲憫　瘂弦學術研討會論文集　臺北　讀冊文化公司　2011年7月　頁103—134

677. 陳義芝　詩人批評家：瘂弦詩學初探　瘂弦學術研討會　苗栗　育達商業科技大學　2011年4月29日

678. 陳義芝　詩人批評家：瘂弦詩學初探　瘂弦學術研討會論文集　臺北　讀冊文化公司　2011年7月　頁135—153

679. 陳義芝　詩人批評家：瘂弦詩學初探　現代中文學刊　2013年第3期　2013年　頁48—52，76

680. 莊祖煌〔白　靈〕　持「序」不斷——瘂弦大序中的虛靜美學　瘂弦學術研討會　苗栗　育達商業科技大學　2011年4月29日

681. 莊祖煌〔白　靈〕　持「序」不斷——瘂弦大序中的虛靜美學　瘂弦學術研討會論文集　臺北　讀冊文化公司　2011年7月　頁155—186

682. 白　靈　持「序」不斷——瘂弦書序中的虛靜美學　新詩十家論　臺北　秀威資訊科技公司　2016年1月　頁121—150

683. 陳俊榮〔孟樊〕　瘂弦的敘事詩　瘂弦學術研討會　苗栗　育達商業科技大學　2011年4月29日

684. 陳俊榮〔孟樊〕 瘂弦的敘事詩 瘂弦學術研討會論文集 臺北 讀冊文化公司 2011年7月 頁187—226

685. 王潤華 瘂弦與臺灣文學無國界的新地圖：流動空間的整合 瘂弦學術研討會 苗栗 育達商業科技大學 2011年4月29日

686. 王潤華 瘂弦與臺灣文學無國界的新地圖：流動空間的整合——瘂弦做為副刊與文學作品選集／大系編輯的文化工程分析 瘂弦學術研討會論文集 臺北 讀冊文化公司 2011年7月 頁227—254

687. 姜明翰 從傳播學角度探討瘂弦 瘂弦學術研討會 苗栗 育達商業科技大學 2011年4月29日

688. 姜明翰 從傳播學角度探討瘂弦 瘂弦學術研討會論文集 臺北 讀冊文化公司 2011年7月 頁255—293

689. 李瑞騰 一代名編王慶麟 瘂弦學術研討會 苗栗 育達商業科技大學 2011年4月29日

690. 李瑞騰，盧柏儒 一代名編王慶麟 瘂弦學術研討會論文集 臺北 讀冊文化公司 2011年7月 頁295—320

691. 張春榮 瘂弦與臺灣極短篇的發展 瘂弦學術研討會 苗栗 育達商業科技大學 2011年4月29日

692. 張春榮 瘂弦與臺灣極短篇的發展 瘂弦學術研討會論文集 臺北 讀冊文化公司 2011年7月 頁321—332

693. 蔡明諺 論瘂弦的詩——以及何其芳和里爾克對其影響 國文新天地 第23期 2011年4月 頁71—82

694. 顧蕙倩 如歌的行板——瘂弦詩作小論 國文新天地 第23期 2011年4月 頁83—94

695. 顧蕙倩 如歌的行板——瘂弦詩作小論 在巨人的國度旅行——當代語文研究、教學與實踐 臺北 秀威資訊科技公司 2017年9月 頁17—36

696. 梁燕雨 瘂弦詩歌的異國想像 華文文學 2011年第3期 2011年6月 頁63—67

697. 陳義芝編 瘂弦 Contemporary Taiwanese Literature and Art Series——Poetry（當代臺灣文學藝術系列——詩歌卷） 臺北 中華民國筆會 2011年7月 頁38

698. 鄭淑蓉 瘂弦詩作「憂患意識」類型探微 宜賓學院學報 第11卷第7期 2011年7月 頁63—65

699. 陳芳明 現代詩藝的追求與成熟——詩的高速現代化〔瘂弦部分〕 臺灣新文學史 臺北 聯經出版公司 2011年10月 頁418—423

700. 陳芳明 現代詩藝的追求與成熟——詩的高速現代化〔瘂弦部分〕 臺灣新文學史（上）十周年紀念新版 臺北 聯經出版社 2021年12月 頁422—427

701. 陳鈺澄 《聯合文學》創刊歷程及編輯團隊——早期總編輯與專題企畫動機——瘂弦（第1—11期） 《聯合文學》專題風格研究 中國文化大學中國文學系 碩士論文 李瑞騰，嚴紀華教授指導 2011年12月 頁26—30

702. 謝冬冰 臺灣現代詩〔瘂弦部分〕 多元文化與臺灣當代文學 北京 文化藝術出版社 2011年12月頁203—205 影響 越南華文現代詩的發展兼談越華戰爭詩作（1960年—1975年） 淡江大學中國文學系 碩士論文 呂正惠教授指導 2011年 頁53—56

704. 陳純潔 記憶的詩學——論瘂弦詩歌時空記憶的藝術張力 華文文學 2012年第2期 2012年4月 頁93—97

705. 吳建榮 瘂弦詩的環形結構 2012年東海大學中文系與浸會大學中文系研究生學術研討會 臺中 東海大學中國文學系主辦 2012年5月25日

706. 丁威仁 典律的生成（上）——論「十大詩人票選」〔瘂弦部分〕 戰後臺灣現代詩的演變與特質（1949—2010） 臺北 秀威資訊科技公司 2012年5月 頁253—263

707. 饒博榮著；余淑慧，蔡永琪譯　蕎麥田之景──論瘂弦詩歌裡的戰爭　異地繁花──海外臺灣文論選譯（下）臺北　臺灣大學出版中心　2012年8月　頁45─74

708. 陳政彥　現代詩運動成熟期（1959─1964）──詩人群像──瘂弦　跨越時代的青春之歌──五、六〇年代臺灣現代詩運動　臺南　國立臺灣文學館　2012年10月　頁155─159

709. 蔡明諺　鑑往知來──民國文藝〔瘂弦部分〕　燃燒的年代：七〇年代臺灣文學論爭史略　臺南　國立臺灣文學館　2012年11月　頁215─216

710. 田　原　寧馨的天籟──試論瘂弦的懷鄉詩　理論與當代　2012年第6期　2012年　頁54─55

711. 白　楊　臺灣現代派作家的創作（一）──瘂弦──融入戲劇技巧的現代詩人　臺港澳文學教程新編　上海　復旦大學出版社　2013年1月　頁57─58

712. 李海英　離散際遇中現代鄉土抒情的生成──以瘂弦為例　地方性知識與現代抒情精神──河南新詩史論　河南大學中國現當代文學所　博士論文　耿占春教授指導　2013年5月　頁231─275

713. 簡文志　論瘂弦新詩的廢墟空間　興大中文學報　第34期　2013年12月　頁101─138

714. 白　楊　臺灣現代詩風潮中的「瘂弦」──論瘂弦「新詩史料」整理工作的價值與意義　芒種　2013年第11期　2013年　頁50─52

715. 杜金玲　瘂弦詩歌的精神追求及其價值　中國科教創新導刊　2013年第19期　2013年　頁89─90，92

716. 蔡宜芬　臺灣海洋詩發展概況──與鄭愁予同期的海洋詩與詩人──鄭愁予及其海洋詩研究　臺灣海洋大學海洋文化研究所　碩士論文　吳智雄教授指導　2013年　頁29─35

717. 鄭沁儀　談臺灣詩人瘂弦詩歌中的「遠洋航行」　考試周刊　2013年第36期　2013年　頁15

718. 葉維廉　臺灣五十年代末到七十年代初兩種文化錯位的現代詩──雙重的文化錯位：五六十年代的臺灣〔瘂弦部分〕　中國詩學　臺北　臺大出版中心　2014年1月　頁314─332

719. 葉維廉　中國現代詩的語言問題：《中國現代詩選》英譯本緒言　〔瘂弦部分〕　中國詩學　臺北　臺大出版中心　2014年1月　頁345─370

720. 楊　婕　瘂弦：承朱橋、開新局，滿地文藝　幼獅文藝　第723期　2014年3月　頁30─40

721. 赤松美和子　戒嚴時期的臺灣文學場域觀察──以《幼獅文藝》的文學教育與瘂弦的編輯活動為討論對象　幼獅文藝　第723期　2014年3月　頁41─61

722. 編輯部　瘂弦──詩人，編輯家，文學花園的守護者　弦外知音──2014年南加州詩歌藝術節特刊　聖地牙哥　美國中華人文磚基金會　2014年4月　頁6

723. 陳銘華　潤物細無聲──瘂弦詩作對越華詩人的影響　弦外知音──2014年南加州詩歌藝術節特刊　聖地牙哥　美國中華人文磚基金會　2014年4月　頁38─39

724. 陳銘華　潤物細無聲──瘂弦詩作對越華詩人的影響　新世紀文藝　第13期　2015年2月　頁13─14

725. 陳素英　創世紀詩的美學天涯──以三位創辦人為例　藝文論壇　第10期　2014年6月　頁158─169

726. 陳義芝　文學的傳奇──瘂弦　聯合報　2014年10月9日　D3版

727. 楊晉綺　時間／此在／之中及其他──探向瘂弦詩歌內在時間意識與日常經驗性質　創世紀60社慶論文集　臺北　萬卷樓圖書公司　2014年10月　頁247─298

728. 楊照，楊澤對談；蔡俊傑整理　你有一個名字不叫今天的孩子──超現實的經歷，極真實的情感──從洛夫、瘂弦談起　印刻文學生活誌　第134期　2014年10月　頁84─95

729. 馬　森　臺灣的現代詩〔瘂弦部分〕　世界華文新文學史──中國現代文學的兩度西潮（下編）‧分流

後的再生：第二度西潮與現代／後現代主義 臺北 印刻文學生活雜誌出版公司 2015年2月 頁934—936

730. 司方維 瘂弦詩歌的中原文化表達 許昌學院學報 第34卷第3期 2015年3月 頁61—63

731. 易鼎鈞 瘂弦現代詩的意象世界 思辨集 第18期 2015年3月 頁233—266

732. 太 陽 生命如歌——靠文字抒情度過荒涼歲月 我用文字追夢！你呢？ 臺北 情書出版社 2015年4月 頁113—123

733. 陳怡蓁 紅玉米之歌——向瘂弦及他的年代致敬 聯合報 2015年6月17日 D3版

734. 陳怡蓁專訪 序《紅玉米之歌》——向瘂弦及他的年代致敬 紅玉米之歌：瘂弦詩作展演選讀本 臺北 趨勢基金會 2015年6月 頁4—7

735. 林穎慧 瘂弦詩歌詩語復現研究 華文文學 2015年第3期 2015年6月 頁85—91

736. 李進文 拎一首詩幽默地行過兩個夜夾著的深淵 他們的文學時代——新世代創作者眼中的大師 臺北 行人文化實驗室 2015年12月 頁76—81

737. 楊 照 如歌的流離——讀瘂弦的詩 印刻文學生活誌（詩人部落） 第148期 2015年12月 頁2—32

738. 楊 照 如歌的流離——瘂弦 詩人的黃金存摺 新北 印刻文學生活雜誌出版公司 2016年7月 頁163—251

739. 陳鑫磊，程世利 淺論瘂弦異國書寫對生存的叩問 商業故事 2016年第1期 2016年1月 頁137

740. 趙文豪 初期之「中國新文學」編輯風格趨向——創刊期間的總編輯與雜誌之發展——瘂弦：第1—14期總編輯 《聯合文學》編輯風格研究（1984—2013） 臺灣師範大學臺灣語文學系 博士論文 林巾力教授指導 2020年7月 頁28—30

741. 陳瀅州 「創世紀」的兩種版本——超現實——爆炸〔瘂弦部分〕 戰後臺灣詩史「反抗敘事」的建構 臺南 臺南市文化局 2016年4月 頁109—116

742. 林穎慧 詩刊所呈現的戲劇化構建——「創世紀」成員在新詩戲劇化中的作用——瘂弦對新詩「劇場」的創設 臺灣「創世紀」詩社新詩戲劇化研究 南京大學中國現當代文學所 碩士論文 沈衛威教授指導 2016年5月 頁31—41

743. 徐學清 瘂弦與世界華文文學 中國現代文學 第29期 2016年6月 頁139—151

744. 方錦儀 淺析瘂弦詩歌中的超現實主義特點 北方文學 2016年第16期 2016年9月 頁68—69

745. 許玉慶 把詩歌背在背上回家——瘂弦詩歌的獨特性研究 星星 2016年第35期 2016年12月 頁42—50

746. 徐 威 死亡就是寂靜——論瘂弦的死亡詩學 星星 2016年第35期 2016年12月 頁51—64

747. 王 丹 「創世紀」：延展與豐富——瘂弦：於現實以悲憫的關照 臺灣「現代派」詩研究 寧夏大學中國現當代文學所 碩士論文 李生濱教授指導 2017年5月 頁46—48

748. 薛述方 瘂弦：在日常狀態中抵達詩藝與詩意的和諧 世界文學評論（高教版） 2017年第1期2017年5月 頁139—145

749. 吳投文 紀弦、瘂弦、洛夫、羅門、陳黎詩歌導讀 陰山學刊 第30卷第5期 2017年10月 頁45—51 73

750. 趙目珍 「氣氛性寫作」與浪漫精神——瘂弦詩歌藝術論 星星 2017年第32期 2017年11月 頁20—38

751. 劉正忠 傾訴‧換位‧抽離——瘂弦的複合式抒情 臺大中文學報 第59期 2017年12月 頁193—254

752. 劉正忠 傾訴‧換位‧抽離：瘂弦的複合式抒情 跨界東亞：現代性及其轉化 臺北 政大出版社 2020年2月 頁123—184

753. 向　陽　名副其實的「副刊王」瘂弦　文訊雜誌　第394期　2018年8月　頁32—41

754. 向　陽　名副其實的「副刊王」瘂弦　寫真年代——臺灣作家手稿故事3　臺北　九歌出版社　2018年8月　頁105—123

755. 司方維　瘂弦現代詩中的鄉土意象論　許昌學院學報　第37卷第11期　2018年11月　頁44—47，95

756. 林明理　彈響心靈的古琴——試析瘂弦的詩　大海洋詩雜誌　第99期　2019年7月　頁14—17

757. 李章斌　瘂弦與現代詩歌的「音樂性」問題　文學評論　2019年第5期　2019年9月　頁193—204

758. 李世鵬　電影理論視域下的瘂弦詩歌　文化學刊　2019年第10期　2019年10月　頁70—73

759. 張松建　中國臺灣現代詩對新加坡的影響：以瘂弦、洛夫、管管為中心　中國現代文學研究叢刊　2019年第12期　2019年12月　頁43—74

760. 劉婉鈺　瘂弦詩歌中的現代想像　北方文學　2019年第32期　2019年　頁12—13

761. 廖堅均　想像的與經驗的：鄉愁與新生之家的生成——瘂弦詩的文化鄉愁與家想像　壞毀與重——遷臺詩人群對「家」的書寫與再現　成功大學中國文學系　博士論文　陳昌明教授指導　2020年1月　頁72—85

762. 郭　楓　弦斷《深淵》的臺灣現代派清醒詩人——瘂弦論　世界華文文學論壇　2020年第1期　2020年3月　頁11—24

763. 陳去非　詩人瘂弦作品裡的反諷和黑色幽默　臺客詩刊　第20期　2020年3月　頁14—18

764. 陳去非　詩人瘂弦作品裡的反諷和黑色幽默　子午線臺灣新詩刊　第4期　2022年5月　頁220—225

765. 范婷玉　音樂、文學與女性形象：以瘂弦詩譜寫的游昌發藝術歌曲為例　關渡音樂學刊　第32期　2020年7月　頁23—48

766. 章繼光　瘂弦詩論的文化視野與民族風味　香港文學　第429期　2020年9月　頁101—106

767. 章繼光　瘂弦詩論的文化視野與民族風味　華章　一日詩人‧一世詩人‧「向詩儒瘂弦致敬」系列活動二特刊　2021年8月29日　4版

768. 孫珂珂　一日詩人，一世詩人——試析瘂弦詩歌中的存在主義特徵　華文文學評論（七）　成都　四川大學出版社　2020年12月　頁235—245

769. 陳征，李詮林　瘂弦文學活動中的故鄉表達　焦作師範高等專科學校學報　第36卷第4期　2020年12月　頁29—31

770. 陳征，李詮林　論瘂弦詩的戲劇元素　黃河科技學院學報　第23卷第3期　2021年3月　頁87—91

771. 陳義芝　現代詩的一座奇峰　華章　一日詩人‧一世詩人‧「向詩儒瘂弦致敬」系列活動二特刊　2021年8月28日　1版

772. 趙慶慶　敬聆瘂弦　華章　一日詩人‧一世詩人‧「向詩儒瘂弦致敬」系列活動二特刊　2021年8月28日　5版

773. 凌性傑　論瘂弦詩——承認並安於生　人間福報　2021年9月25日　15版

774. 蕭　蕭　北方的弦有北方迷人的調調——瘂弦之弦繽紛你我的心弦　生活潮藝文誌：WAVES　第14期　2021年9月　頁166—169

775. 蕭　蕭　北方的弦有北方迷人的調調——我讀瘂弦　心靈低眉那一刻　臺北　九歌出版社　2021年12月　頁154—164

776. 陳仲義　一本詩集搭建一個世界——瘂弦詩歌論　中國現代文學研究叢刊　2021年第12期　2021年　頁

218—234

777. 陳　征　瘂弦詩中的離愁別緒　文化月刊　2021年第1期　2021年　頁174—175

778. 奚　密　臺灣現代詩與俄羅斯想像　臺灣新詩百年國際學術研討會　桃園　中央大學中國文學系主辦；
國家圖書館，國立台灣文學館，臺灣詩學季刊社合辦　2022年5月27日

779. 奚　密　臺灣現代詩與俄羅斯想像：以瘂弦與楊牧為例　在時潮的浪頭上：臺灣新詩百年國際學術研
討會論文集　桃園　中央大學　2022年11月　頁61—84

780. 孟樊，楊宗翰　展開期——瘂弦　臺灣新詩史　2022年5月　頁233—238

781. 張夢瑞　鄉愁與流浪的行板——洛夫張默瘂弦　眷村　第6期　2022年10月　頁4—19

782. 張夢瑞　鄉愁與流浪的行板——洛夫／張默／瘂弦　槍桿與筆桿下的眷村文學　臺北　聯合文學出版社
2022年12月　頁29—66

783. 馬佳慧　「點狀時間」作為一種詩歌技巧——論瘂弦詩歌的時間表達與歷史書寫　華文文學　2022年第
6期　2022年12月　頁24—31

784. 張　蔚　淺析瘂弦詩歌書面形式與節奏風格——以標點、句型、行頓為例　第五屆文華初綻——全國中
文系優秀研究生暨111—2《輔大中研所學刊》論文發表會　新北　輔仁大學中國文學系主辦
2023年6月9—10日

785. 章繼光　努力探索中國現代詩的美學道路——以洛夫為首的「三頭馬車」與《創世紀》〔瘂弦部分〕
書屋　2024年第3期　2024年3月　頁44—48

【分論】

◆ 單行本作品
論述
《中國新詩研究》

786. 茶　陵　〔周玉山〕傳薪一脈在筆鋒——讀瘂弦的《中國新詩研究》（上、下）　中國論壇　第13卷第
10—11期　1982年2—3月　頁44—48，56—60

787. 周玉山　傳薪一脈在筆鋒——瘂弦先生的《中國新詩研究》　文學邊緣　臺北　東大圖書公司　1983年1
月　頁208—234

788. 茶　陵　傳薪一脈在筆鋒——讀瘂弦的《中國新詩研究》　詩儒的創造：瘂弦詩作評論集　臺北　文史
哲出版社　1994年9月　頁411—437

789. 應鳳凰　詩人的歷史癖——讀瘂弦的《中國新詩研究》　洪範雜誌　第7期　1982年4月　4版

790. 周天平　瘂弦的《中國新詩研究》　洪範雜誌　第12期　1983年4月　2版

791. 古遠清　既尊重傳統又反叛傳統——評瘂弦的《中國新詩研究》　海峽兩岸詩論新潮　廣州　花城出版
社　1992年2月　頁70—75

792. 古遠清　既尊重傳統又反叛傳統——評瘂弦的《中國新詩研究》　詩儒的創造：瘂弦詩作評論集　臺北
文史哲出版社　1994年9月　頁439—444

《記哈客詩想》

793. Turin Album Leaf　《記哈客詩想》瘂弦著，洪範書店出版　自由時報　2010年10月10日　D9版

794. 林婉瑜　霧中星圖──推薦書：瘂弦《記哈客詩想》（洪範出版）　聯合報　2010年12月11日　D3版

795. 鳳　凰　瘂弦常年累積的「詩想」　明報月刊　第540期　2010年12月　頁103

796. 張瑞芬　昨日之歌──二○一○年臺灣散文回顧〔《記哈客詩想》部分〕　春風夢田：臺灣當代文學評論集　臺北　爾雅出版社　2011年2月　頁200

797. 老　叟　《記哈克詩想》、《昨日之肉》與《五行詩及其手稿》、《2011臺灣詩選》　詩報　復刊第8期　2011年6月　頁21──22

詩

《瘂弦詩抄》

798. 趙天儀　從《瘂弦詩抄》說起──論瘂弦的詩　中國一周　第822期　1966年1月24日　頁25──26

799. 趙天儀　從《瘂弦詩抄》說起──論瘂弦的詩　美學與批評　臺北　有志圖書出版公司　1972年3月　頁150──159

800. 王　幻　《瘂弦詩抄》讀後　盲吟集　臺北　巨人出版社　1969年5月　頁89──92

801. 王　幻　《瘂弦詩抄》讀後　時光之旅　臺北　雅典出版社　1993年2月　頁149──151

802. 林少雯　作家的第一本書──《瘂弦詩抄》（《苦芩林的一夜》）　中央日報　1999年12月17日　22版

803. 應鳳凰　瘂弦／《瘂弦詩抄》　人間福報　2012年7月30日　15版

804. 應鳳凰　瘂弦《瘂弦詩抄》──那串北方的紅玉米　文學起步101──101位作家的第一本書　新北　印刻文學出版公司　2016年12月　頁52──53

805. 應鳳凰　1950年代臺灣詩壇──《創世紀》詩刊的創辦與成長──瘂弦《瘂弦詩抄》　畫說一九五○年代臺灣文學　新北　遠景出版公司　2017年2月　頁130──132

《深淵》

806. 葉　珊　〔楊牧〕《深淵》後記　深淵　臺北　眾人出版社　1968年12月　頁182──188

807. 楊　牧　瘂弦的《深淵》　傳統的與現代的　臺北　志文出版社　1974年3月　頁159──165

808. 葉　珊　《深淵》後記　深淵　臺北　晨鐘出版社　1979年4月　頁263──269

809. 葉　珊　《深淵》後記　心靈札記　臺中　藍燈文化出版公司　1980年4月　頁50──56

810. 葉　珊　《深淵》後記　瘂弦詩集　臺北　洪範書店　1981年4月　頁315──324

811. 楊　牧　瘂弦的《深淵》　傳統的與現代的　臺北　洪範出版社　1982年2月　頁159──165

812. 葉　珊　《深淵》後記　瘂弦詩選　成都　四川文藝出版社　1987年2月　頁100──110

813. 葉　珊　《深淵》後記　詩儒的創造：瘂弦詩作評論集　臺北　文史哲出版社　1994年9月　頁17──22

814. 楊　牧　瘂弦的《深淵》　掠影急流　臺北　洪範書店　2005年12月　頁109──112

815. 葉　珊　附錄二──《深淵》後記　瘂弦詩集　臺北　洪範書店　2010年9月　頁296──302

816. 葉　珊　《深淵》後記　瘂弦詩集　桂林　廣西師範大學出版社　2016年1月　頁281──290

817. 王夢鷗　《深淵》　笠　第31期　1969年6月　頁62──63

818. 周伯乃　從《深淵》中躍出來的瘂弦　自由青年　第43卷第3期　1970年3月1日　頁104──110

819. 蘇其康　評瘂弦的《深淵》　現代文學　第40期　1970年3月　頁259──268

820. 蘇其康　評瘂弦的《深淵》　中國文學新詮　臺北　讀書出版社　1971年2月　頁157──174

821. 陳義芝　很多聲音傷逝在風中──論瘂弦的詩集《深淵》　創世紀　第46期　1977年12月　頁63──68

822. 蕭　蕭　詩集與詩運（上）——瘂弦《深淵》　中央日報　1982年7月16日　10版

823. 蕭　蕭　詩集與詩運——瘂弦《深淵》　現代詩縱橫觀　臺北　文史哲出版社　1991年6月　頁93—94

824. 穆　欣　瘂弦從《深淵》到彼岸　臺灣新聞報　1994年4月14日　15版

825. 蕭　蕭　跌落在深淵裡的樺樹夢——論瘂弦《深淵》　臺灣文學經典研討會　臺北　行政院文建會　1999年3月19—21日

826. 蕭　蕭　跌落在深淵裡的樺樹夢——論瘂弦的《深淵》　創世紀　第119期　1999年6月　頁4—13

827. 蕭　蕭　跌落在深淵裡的樺樹夢——論瘂弦《深淵》　臺灣文學經典研討會論文集　臺北　行政院文建會，聯經出版公司　1999年6月　頁264—282

828. 蕭　蕭　跌在《深淵》裡的樺樹夢　詩人的幽默策略　臺北　健行文化出版公司　2000年3月　頁94—96

829. 應鳳凰　瘂弦的《深淵》　臺灣文學花園　臺北　玉山社出版公司　2003年1月　頁199—205

830. 陳芳明　哀麗的深淵曲　聯合文學　第288期　2008年10月　頁7—11

831. 何言宏，傅元峰，易彬，何同彬　新詩經典的重新確認——談瘂弦的《深淵》　揚子江詩刊　2011 年第5期　2011年　頁56—62

832. 湯惠蘭　瘂弦、洛夫：對何其芳的接受、超越與批判——瘂弦：《深淵》旁的凝望　何其芳與一九五〇年代臺灣現代抒情詩　政治大學國文教學碩士在職專班　碩士論文　陳芳明教授指導　2013 年6月　頁64—100

833. 向　陽　超越時間的詩　臉書帖　臺北　聯合文學出版社　2014年2月　頁76—77

834. 劉志宏　瘂弦詩中的死亡航行與生存譬喻　當代詩學　第9期　2014年7月　頁45—68

835. 邢向楠　繁華背後的真淳——品讀瘂弦和他的《深淵》　雞西大學學報　第12卷第12期　2014年12月　頁107—110

836. 李敏勇　胡琴、嗩吶、柳笛加一些大提琴的鳴音——以一冊詩集《深淵》留下風華的瘂弦　文訊雜誌　第380期　2017年6月　頁22—26

837. 李敏勇　胡琴、嗩吶、柳笛加一些大提琴的鳴音——以一冊詩集《深淵》留下風華的瘂弦　戰後臺灣現代詩風景：雙重構造的精神史　臺北　九歌出版社　2019年4月　頁147—158

《瘂弦自選集》

838. 張　默　肯定之必要——讀《瘂弦自選集》小感　中華日報　1977年12月31日　11版

839. 張　默　肯定之必要——讀《瘂弦自選集》小感　無塵的鏡子　臺北　東大圖書公司　1981年9月　頁120—123

《瘂弦詩集》

840. 雪　韻　《瘂弦詩集》　洪範雜誌　第5期　1981年12月　2版

841. 周昭翡　《瘂弦詩集》　洪範雜誌　第26期　1986年4月5日　3版

842. 林燿德　《瘂弦詩集》　錦囊開卷　臺北　國家文藝基金管理委員會　1993年6月　頁131—134

843. 林燿德　評介《瘂弦詩集》　將軍的版圖　臺北　華文網　2001年12月　頁41—43

844. 章亞昕　深淵的存在者——我讀《瘂弦詩集》　創世紀　第97、98期合刊　1994年3月　頁108—111

845. 章亞昕　深淵裡的存在者——我讀《瘂弦詩集》　創世紀四十年評論選：一九五四—一九九四·臺灣　臺北　創世紀詩雜誌社　1994年9月　頁173—179

846. 章亞昕　深淵裡的存活者——我讀《瘂弦詩集》　詩儒的創造：瘂弦詩作評論集　臺北　文史哲出版社

　　　　　　　1994年9月　頁49—57

847. 羅　門　　詩眼看臺灣經典文學——例舉《瘂弦詩集》談定位話題　臺灣新聞報　1999年4月13日　13版

848. 楊　照　　彗星式的絢爛精品　中國時報　1999年5月11日　37版

849. 楊　照　　彗星式的絢爛精品——瘂弦的《瘂弦詩集》　洪範雜誌　第64期　2001年4月　3版

850. 簡文志　　存在形式的荒謬與辯證——析論瘂弦《瘂弦詩集》　中國現代文學　第4期　2004年12月　頁
　　　　　　　53—90

851. 楊毓絢　　《瘂弦詩集》之戲劇性研究　青春詩會——臺灣現代詩人詩作研討會　桃園　中央大學中國文學
　　　　　　　系現代文學教學研究室主辦　2006年6月12日

852. 無名氏〔卜乃夫〕　探索深淵——讀《瘂弦詩集》（上、下）　香港文學　第302—303期　2010年2—3月
　　　　　　　頁52—66，62—73

853. 應鳳凰，傅月庵　瘂弦——《瘂弦詩集》　冊頁流轉——臺灣文學書入門108　臺北　印刻文學生活雜誌
　　　　　　　出版公司　2011年3月　頁44—45

854. 蕭水順〔蕭蕭〕　歷史文化裡的空間詩學——論《瘂弦詩集》聚焦與散置的鏡頭應用與舞臺效應　瘂弦
　　　　　　　學術研討會　苗栗　育達商業科技大學　2011年4月29日

855. 蕭水順　　歷史文化裡的空間詩學——論《瘂弦詩集》聚焦的鏡頭應用與散置的舞臺效應　瘂弦學術研討
　　　　　　　會論文集　臺北　讀冊文化公司　2011年7月　頁31—65

856. 蕭水順　　歷史文化裡的空間詩學——論《瘂弦詩集》聚焦與散置的鏡頭應用與舞臺效應　創世紀　第171
　　　　　　　期　2012年6月　頁144—163

857. 冉　華　　論瘂弦的文化立場與詩藝風格——以《瘂弦詩集》為中心　魯東大學學報（哲學社會科學版）
　　　　　　　第33卷第5期　2016年9月　頁47—50，86

858. 茱　萸　　瘂弦：從「感覺」出發——《瘂弦詩集》讀札　星星　2017年第32期　2017年11月　頁39—46

859. 陳政彥　　《瘂弦詩集》的敘事模式轉變及其意義　第十七屆社會與文化國際學術研討會暨第十屆兩岸四
　　　　　　　地當代詩學論壇　臺北　淡江大學中國文學系主辦；臺灣詩學季刊社，藍星詩學季刊社合辦；
　　　　　　　臺北教育大學語文創作學系協辦　2018年5月18日

860. 蘇志明　　臺灣超現實潮流守門下之典範——瘂弦詩之悲憫——談《瘂弦詩集》　現代詩中的前衛歷程與
　　　　　　　軌跡T以1930至1960年代臺灣超現實主義為例　淡江大學中國文學學系碩士在職專班　碩士論
　　　　　　　文　趙衛民趙衛教授指導　2021年6月　頁116—129

散文

《兩岸書》

861. 樊洛平　　文心‧鄉思‧兩岸情——來自瘂弦、楊稼生《兩岸書》的感動　臺港文學選刊　第310期　2014
　　　　　　　年9月　頁143—150

862. 趙煥亭　　大愛無疆，大道低回——談《兩岸書》的精神品格　博覽群書　2014年第9期　2014年　頁
　　　　　　　108—110

863. 蓋　偉　　畢竟多情是故鄉——解讀《兩岸書》　文化學刊　2015年第3期　2015年3月　頁125—127

《瘂弦回憶錄》

864. 王漢國　　我讀《瘂弦回憶錄》　青年日報　2022年5月7日　15版

865. 陳義芝　教時光凝成雕像——推薦瘂弦、辛上邪著《瘂弦回憶錄》　聯合報　2022年5月21日　D3版

866.〔中國時報〕瘂弦口述，辛上邪記錄《瘂弦回憶錄》　中國時報　2022年6月17日　C4版

867. 杜　鵬　他的皺紋是詩歌　中國三峽　2020年第3期　2024年3月　頁122—123

《瘂弦書簡Ⅰ：致楊牧》

868. 鴻　鴻　兩種道路‧一顆赤心——讀《楊牧書簡Ⅰ：致瘂弦》、《瘂弦書簡Ⅰ：致楊牧》文訊雜誌
　　　　第455期　2023年9月　頁151—153

合集

《聚繖花序》

869. 楊　牧　序《聚繖花序》　聚繖花序1　臺北　洪範書店　2004年6月　頁1—9

870. 李奭學　見證文學　聯合報　2004年8月15日　B5版

871. 隱　地　《聚繖花序》　身體一艘船　臺北　爾雅出版社　2005年2月　頁81—84

872. 隱　地　為別人種樹——瘂弦《聚繖花序》　手機與西門慶——隱地書話選　臺北　爾雅出版社　2016年4
　　　　月　頁75—77

873. 朱雙一　瘂弦與80年代臺灣文學思潮——《聚繖花序》一窺　2010海峽詩會——瘂弦文學之旅國際研討
　　　　會　武漢　福建省文學藝術界聯合會，海峽文學藝術發展研究中心，臺港文學選刊雜誌社，中
　　　　南財經政法大學新聞與文化傳播學院主辦　2010年10月17日

《弦外之音：瘂弦》

874. 陳希林　瘂弦朗誦詩，聲動迷人　中國時報　2006年5月17日　E8版

875. 陳宛茜　《弦外之音》，聽瘂弦讀瘂弦　聯合報　2006年5月17日　C6版

876. 劉郁青　瘂弦《弦外之音》——文學留聲，詩人寫真　民生報　2006年5月17日　A9版

877. 蘇　林　瘂弦出版有聲書，詩人齊聚一堂　人間福報　2006年6月3日　6版

878. 高大威　詩音的琢磨——我讀瘂弦《弦外之音：瘂弦》　文訊雜誌　第251期　2006年9月　頁98—99

《聚繖花序Ⅲ》

879.〔自由時報〕《聚繖花序Ⅲ》　自由時報　2018年9月4日　D7版

880. 黎玉萍　聆聽瘂弦——《聚繖花序》感想　創世紀　第196期　2018年9月　頁200—204

◆ 單篇作品

881. 夏　菁　好詩選介——〈三色柱下〉　藍星詩頁　第10期　1959年9月10日　〔1〕頁

882. 夏　菁　好詩選介——瘂弦：〈三色柱下〉　窺豹集——夏菁談詩憶往　臺北　秀威資訊科技公司
　　　　2013年1月　頁87—90

883. 向　明　詩人的頂上功夫〔〈三色柱下〉部分〕　我為詩狂　臺北　三民書局　2005年1月　頁70—71

884. 張學玄　釋瘂弦的一首現代詩——〈巴黎〉　創世紀　第16期　1961年1月　頁44—46

885. 張學玄　釋瘂弦的一首現代詩——〈巴黎〉　詩儒的創造：瘂弦詩作評論集　臺北　文史哲出版社　1994
　　　　年9月　頁59—68

886. 楊　蔚　不落言詮的答覆——談瘂弦的〈巴黎〉　聯合報　1965年12月4日　12版

887. 王柳敏　圓環裡的詩與畫〔〈巴黎〉部分〕　臺灣日報　1966年3月30日　3版

888. 掌　杉　暗示與說明〔〈巴黎〉〕　詩人季刊　第6期　1976年01月　頁9—10

889. 周伯乃　詩的語言〔〈巴黎〉部分〕　現代詩的欣賞（一）　臺北　三民書局　1985年2月　頁21—22

890. 簡文志　瘂弦〈巴黎〉探析　詩探索　2004年Z2期　2004年　頁160—163

891. 陳義芝　〈巴黎〉賞析　紅玉米之歌：瘂弦詩作展演選讀本　臺北　趨勢教育基金會　2015年6月　頁76—77

892. 高　準　二九八○──讀瘂弦〈一九八○〉有感　文星　第47期　1961年9月　頁34

893. 余光中　沒有人是一個島──想起了瘂弦的〈一九八○〉　全國散文特展　臺北　中華日報社　1981年1月　頁7—14

894. 余光中　沒有人是一個島──想起了瘂弦的〈一九八○年〉　余光中集（第六卷）　天津　百花文藝出版社　2004年1月　頁23—29

895. 李元洛　童話詩的幻想世界──讀瘂弦〈一九八○年〉　創世紀　第78期　1990年3月　頁90—92

896. 葛賢寧，上官予　反共詩歌的極盛〔〈火把火把嘞〉部分〕　五十年來的中國詩歌　臺北　中正書局　1965年3月　頁149—152

897. 張　默　試釋瘂弦、管管的詩〔〈非策劃性的夜曲〉部分〕　創世紀　第23期　1966年1月　頁9—11

898. 張　默　瘂弦及其〈非策劃性的夜曲〉　現代詩的投影　臺北　商務印書館　1967年10月　頁179—184

899. 李英豪　奧秘的真境──談瘂弦的〈下午〉　批評的視覺　臺北　文星書店　1966年1月　頁83—87

900. 張　默　從繁富到清明──六十年代的新詩〔〈下午〉部分〕　文訊雜誌　第13期　1984年8月　頁97—98

901. 劉階耳　賞析〈下午〉　臺灣新詩鑑賞辭典　太原　北岳文藝出版社　1991年12月　頁470—471

902. 唐　捐　〈下午〉賞析　紅玉米之歌：瘂弦詩作展演選讀本　臺北　趨勢教育基金會　2015年6月　頁127—131

903. 白　靈　在窗簾間晃動的下午〔〈下午〉〕　風華──瘂弦經典詩歌賞析　臺北　秀威資訊科技公司　2019年9月　頁166—175

904. 覃子豪　瘂弦及其〈印度〉　覃子豪全集2　臺北　覃子豪全集出版委員會　1968年6月　頁403—404

905. 覃子豪　評介新詩得獎作（節選）〔〈印度〉〕　詩儒的創造：瘂弦詩作評論集　臺北　文史哲出版社　1994年9月　頁7—8

906. 譚國棟　〈印度〉賞析　世界華人詩歌鑑賞大辭典　太原　書海出版社　1993年3月　頁284—287

907. 白　靈　鋪在菩提樹下的袍影──〈印度〉賞析　詩儒的創造：瘂弦詩作評論集　臺北　文史哲出版社　1994年9月　頁69—80

908. 白　靈　鋪在菩提樹下的袍影〔〈印度〉〕　風華──瘂弦經典詩歌賞析　臺北　秀威資訊科技公司　2019年9月　頁84—92

909. 陳義芝　〈印度〉賞析　紅玉米之歌：瘂弦詩作展演選讀本　臺北　趨勢教育基金會　2015年6月　頁26—27

910. 張　默　〈深淵〉論　新文藝　第161期　1969年8月　頁129—142

911. 張　默　試論瘂弦的〈深淵〉　從變調出發　臺中　普天出版社　1972年1月　頁83—103

912. 張　默　試論瘂弦的〈深淵〉　飛騰的象徵　臺北　水芙蓉出版社　1976年9月　頁163—180

913. 張　默　試論瘂弦的〈深淵〉　詩儒的創造：瘂弦詩作評論集　臺北　文史哲出版社　1994年9月　頁177—196

914. 林亨泰　現實觀的探求〔〈深淵〉部分〕　詩學3　臺北　成文出版社　1980年4月　頁25—26

915. 林亨泰　現實觀的探求〔〈深淵〉部分〕　找尋現代詩的原點　彰化　彰化縣立文化中心　1994年6月　頁124—126

916. 林亨泰　現實觀的探求〔〈深淵〉部分〕　林亨泰全集・文學論述卷1　彰化　彰化縣立文化中心　1998年9月　頁208—212

917. 張　默　單一與豐繁——談現代詩的意象〔〈深淵〉部分〕　無塵的鏡子　臺北　東大圖書公司　1981年9月　頁59—60

918. 何寄澎　〈深淵〉評析　中國新詩賞析3　臺北　長安出版社　1987年2月　頁34—37

919. 何寄澎　〈深淵〉賞析　紅玉米之歌：瘂弦詩作展演選讀本　臺北　趨勢教育基金會　2015年6月　頁92—105

920. 周伯乃　詩的明朗與晦澀〔〈深淵〉部分〕　現代詩的欣賞（二）　臺北　三民書局　1988年2月　頁214—219

921. 劉階耳　賞析〈深淵〉　臺灣新詩鑒賞辭典　太原　北岳文藝出版社　1991年12月　頁476—477

922. 金汝平　〈深淵〉賞析　世界華人詩歌鑑賞大辭典　太原　書海出版社　1993年3月　頁292—297

923. 蕭　蕭　現代詩的情色美學與性愛描寫〔〈深淵〉部分〕　評論十家　臺北　爾雅出版社　1993年12月　頁129—131

924. 蕭　蕭　現代詩的情色美學與性愛描寫〔〈深淵〉部分〕　臺灣詩學季刊　第9期　1994年12月　頁12—13

925. 蕭　蕭　現代詩的情色美學與性愛描寫〔〈深淵〉部分〕　雲端之美・人間之真　臺北　駱駝出版社　1997年3月　頁217—219

926. 蕭　蕭　現代詩的情色美學與性愛描寫〔〈深淵〉部分〕　臺灣文學二十年集1978—1998：評論二十家　臺北　九歌出版社　1998年3月　頁52—53

927. 無名氏　〈荒原〉與〈深淵〉　詩儒的創造：瘂弦詩作評論集　臺北　文史哲出版社　1994年9月　頁197—212

928. 鴻　鴻　家園與世界——試論五十年代臺灣詩語言環境——語言的信念〔〈深淵〉部分〕　臺灣現代詩史論：臺灣現代詩史研討會實錄　臺北　文訊雜誌社　1996年3月　頁168

929. 焦　桐　身體爭霸戰——試論情色詩的話語策略〔〈深淵〉部分〕　臺灣當代情色文學論：蕾絲與鞭子的交歡　臺北　時報文化出版公司　1997年3月　頁207

930. 焦　桐　身體爭霸戰——試論情色詩的話語策略〔〈深淵〉部分〕　20世紀臺灣文學專題2：創作類型與主題　臺北　萬卷樓圖書公司　2006年9月　頁30

931. 曾貴海　殖民戒嚴體制下的詩樂園〔〈深淵〉部分〕　戰後臺灣反殖民與後殖民詩學　臺北　前衛出版社　2006年6月　頁62—64

932. 常崇光　從〈深淵〉看瘂弦現代詩意象的運用　安徽文學（下半月）　2006年第9期　2006年　頁27—28

933. 金　劍　什麼是朗誦詩〔〈深淵〉部分〕　葡萄園詩刊　第182期　2009年5月15日　頁44—45

934. 黎玉萍　存在主義哲思——瘂弦早期長詩〈深淵〉淺析　香港文學　第343期　2013年7月　頁78—85

935. 白　靈　深淵的見證人〔〈深淵〉〕　風華——瘂弦經典詩歌賞析　臺北　秀威資訊科技公司　2019年9月　頁202—216

936. 墨　人　新詩欣賞——〈水手・羅曼斯〉　鱗爪集　臺北　水牛出版社　1970年4月　頁279—282

937. 唐　捐　〈水手・羅曼斯〉賞析　紅玉米之歌：瘂弦詩作展演選讀本　臺北　趨勢教育基金會　2015年6月　頁50—53

938. 周伯乃　現代詩的廣度和深度──談瘂弦的〈芝加哥〉　現代詩的欣賞　臺北　三民書局　1970年4月　頁267─284

939. 落　蒂　〈修女〉賞析　中國新詩選讀　雲林　青草地雜誌社　1971年4月　頁71─75

940. 落　蒂　瘂弦〈修女〉賞析　青青草原　雲林　青草地雜誌出版社　1981年4月　頁72─75

941. 周　寧　試釋瘂弦〈如歌的行板〉　幼獅月刊　第230期　1972年2月　頁48─51

942. 周　寧　試釋瘂弦〈如歌的行板〉　橄欖樹　臺北　書評書目出版社　1976年2月　頁5─16

943. 周　寧　試釋瘂弦〈如歌的行板〉　詩儒的創造：瘂弦詩作評論集　臺北　文史哲出版社　1994年9月　頁123─134

944. 張　默　淺談現代詩的欣賞〔〈如歌的行板〉部分〕　文藝月刊　第99期　1977年9月　頁78─80

945. 張　默　淺談現代詩的欣賞〔〈如歌的行板〉部分〕　無塵的鏡子　臺北　東大圖書公司　1981年9月　頁19─21

946. 楊昌年　現代名家名作抽象析介──瘂弦的〈如歌的行板〉　新詩品賞　臺北　牧童出版社　1978年9月　頁345─355

947. 蕭　蕭　瘂弦〈如歌的行板〉　掌門詩刊　第3期　1979年7月　頁25─29

948. 何寄澎　〈如歌的行板〉評析　中國新詩賞析3　臺北　長安出版社　1987年2月　頁25─27

949. 于慈江　〈如歌的行板〉賞析　中外現代抒情名詩鑑賞辭典　北京　學苑出版社　1989年8月　頁688

950. 林煥彰　廣告與現代詩──由廣告想起，談瘂弦的〈如歌的行板〉　亞洲華文作家雜誌　第30期　1991年9月　頁175─179

951. 林煥彰　廣告與現代詩──由廣告想起，談瘂弦的〈如歌的行板〉　詩‧評介和解說　宜蘭　宜蘭文化中心　1992年6月　頁167─172

952. 六　耷　賞析〈如歌的行板〉　臺灣新詩鑑賞辭典　太原　北岳文藝出版社　1991年12月　頁433─434

953. 游社煖　瘂弦〈如歌的行板〉與國王的新衣　詩儒的創造：瘂弦詩作評論集　臺北　文史哲出版社　1994年9月　頁135─154

954. 〔游喚，張鴻聲，徐華中編著〕　〈如歌的行板〉賞析　現代詩精讀　臺北　五南圖書公司　1998年9月　頁155─156

955. 陳義芝　〈如歌的行板〉　繁花盛景：臺灣當代文學精選　臺北　正中書局　2003年8月　頁25─29

956. 向　陽　〈如歌的行板〉賞析　臺灣現代文選　臺北　三民書局　2004年6月　頁187

957. 〔吳東晟，陳昱成，王浩翔編〕　〈如歌的行板〉導讀賞析　織錦入春闈：現代詩精選讀本　臺中　京城文化公司　2005年8月　頁76─79

958. 陳義芝　流雲迎面撞擊的飛行──詩的美感體驗〔〈如歌的行板〉部分〕　文字結巢　臺北　三民書局　2007年1月　頁241

959. 陳德翰　瘂弦〈如歌的行板〉賞析　明道文藝　第383期　2008年2月　頁72─80

960. 賴芳伶　與遼闊繽紛的世界詩壇比肩──當代臺灣新詩──五、六〇年代，新詩的現代化與內外在探索〔〈如歌的行板〉部分〕　文學@臺灣：11位新銳臺灣文學研究者帶你認識臺灣文學　臺南　國立臺灣文學館　2008年9月　頁238─240

961. 隱　地　讀瘂弦詩之必要〔〈如歌的行板〉〕　人人都有困境──讀一首詩吧！　臺臺爾雅出版社　2010年9月　頁72─77

962. 何金蘭〔尹玲〕 從「無法透視／完美透明」之「異術／藝術」傾聽「虛無／存在」樂章——試析瘂弦〈如歌的行板〉一詩 瘂弦學術研討會 苗栗 育達商業科技大學 2011年4月29日

963. 何金蘭〔尹玲〕 從「無法透視／完美透明」之「異術／藝術」傾聽「虛無／存在」樂章——試析瘂弦〈如歌的行板〉一詩 瘂弦學術研討會論文集 臺北 讀冊文化公司 2011年7月 頁67—101

964. 葉 櫓 瘂弦〈如歌的行板〉 大海洋詩刊 第84期 2012年1月 頁17

965. 尹 玲 虛／實探索詩話〔〈如歌的行板〉部分〕 臺灣詩學吹鼓吹論壇 第15期 2012年9月 頁25

966. 陳義芝 〈如歌的行板〉賞析 紅玉米之歌：瘂弦詩作展演選讀本 臺北 趨勢教育基金會 2015年6月 頁122—123

967. 白 靈 一條微笑的河流〔〈如歌的行板〉〕 風華——瘂弦經典詩歌賞析 臺北 秀威資訊科技公司 2019年9月 152—160

968. 高 準 論中國新詩的風格發展與前途方向（下）〔〈山神〉部分〕 大學雜誌 第62期 1973年2月 頁61—62

969. 高 準 論中國現代詩的流變與前途方向——結合抒情性與現代技巧的現代抒情派〔〈山神〉部分〕 文學與社會——一九七二—一九八一 臺北 文史哲出版社 1986年10月 頁92—95

970. 羅 青 瘂弦的〈山神〉 大華晚報 1978年3月26日 7版

971. 羅 青 瘂弦的〈山神〉 從徐志摩到余光中 臺北 爾雅出版社 1978年12月 頁159—168

972. 羅 青 瘂弦的〈山神〉 從徐志摩到余光中 臺北 爾雅出版社 2003年3月 頁159—168

973. 落 蒂 現代詩中常見的寫作技巧〔〈山神〉部分〕 中學新詩選讀 雲林 青草地雜誌社 1982年2月 頁12

974. 李元洛 山靈與秋神——瘂弦〈山神〉與何其芳〈秋天〉對讀 名作欣賞 1987年第3期 1987年5月 頁39

975. 鄒建軍 〈山神〉賞析 世界華人詩歌鑑賞大辭典 太原 書海出版社 1993年3月 頁290—292

976. 劉益州 瘂弦〈山神〉與楊牧〈林沖夜奔〉中「山神」形象與敘事策略研究 東華大學中國語文學系第一次研究生論文研討會 花蓮 東華大學中國語文學系 2001年5月29日

977. 劉益州 瘂弦〈山神〉與楊牧〈林沖夜奔〉中「山神」形象與敘事策略研究 創世紀 第134期 2003年3月 頁151—159

978. 姚一葦 論瘂弦的〈坤伶〉兼及現代詩與傳統詩間的一個問題 中外文學 第3卷第1期 1974年6月 頁186—198

979. 姚一葦 論瘂弦的〈坤伶〉——兼及現代詩與傳統詩間的一個問題 文學論集 臺北 書評書目社 1974年11月 頁107—122

980. 姚一葦 論瘂弦的〈坤伶〉——兼及現代詩與傳統詩間的一個問題 中華現代文學大系（臺灣1970—1989）評論卷（貳） 臺北 九歌出版社 1989年5月 頁949—964

981. 姚一葦 論瘂弦的〈坤伶〉——兼及現代詩與傳統詩間的一個問題 欣賞與批評 臺北 聯經出版社 1989年7月 頁163—181

982. 姚一葦 論瘂弦的〈坤伶〉——兼及現代詩與傳統詩間的一個問題 詩儒的創造：瘂弦詩作評論集 臺北 文史哲出版社 1994年9月 頁85—100

983. 文曉村 新詩評析——〈坤伶〉 臺灣新生報 1979年11月27日 12版

984. 文曉村　〈坤伶〉評析　寫給青少年的新詩評析一百首（上）　臺北　布穀出版社　1980年4月
　　　頁145—146

985. 文曉村　〈坤伶〉評析　新詩評析一百首（上）　臺北　黎明文化公司　1981年3月　頁159—161

986. 張漢良　〈坤伶〉賞析　現代詩導讀（導讀篇一）　臺北　故鄉出版社　1979年11月　頁188—190

987. 張漢良　〈坤伶〉導讀　詩儒的創造：瘂弦詩作評論集　臺北　文史哲出版社　1994年9月　頁102—103

988. 何寄澎　〈坤伶〉評析　中國新詩賞析3　臺北　長安出版社　1987年2月　頁21—23

989. 何寄澎　〈坤伶〉賞析　紅玉米之歌：瘂弦詩作展演選讀本　臺北　趨勢教育基金會　2015年6月　頁
　　　109—113

990. 張索時　〈坤伶〉——一種淒然的美　中央日報　1994年12月27日　18版

991. 唐　捐　一種淒然的韻律——瘂弦〈坤伶〉導讀　幼獅文藝　第599期　2003年11月　頁94—97

992. 丁旭輝　瘂弦〈坤伶〉解析　臺灣詩學吹鼓吹詩論壇　第2期　2006年3月　頁80—83

993. 丁旭輝　瘂弦的悲慘〈坤伶〉　淺出深入話新詩　臺北　爾雅出版社　2006年9月　頁91—98

994. 羊　牧　詩中有戲——瘂弦的〈坤伶〉　明道文藝　第378期　2007年9月　頁76—78

995. 落　蒂　一種淒然的韻律——析瘂弦〈坤伶〉　大家來讀詩——臺灣新詩品賞　臺北　文史哲出版社　2012
　　　年2月　頁34—36

996. 王　哲　一曲冷調的哀歌——細讀瘂弦詩作〈坤伶〉　文化與傳播　第4卷第4期　2015年8月　頁91—94

997. 辛　鬱　瘂弦的〈一般之歌〉　青年戰士報　1976年7月12日　8版

998. 辛　鬱　瘂弦的〈一般之歌〉　藍星詩刊　第15期　1988年4月　頁62—63

999. 辛　鬱　〈一般之歌〉賞析　中國新詩鑑賞大辭典　南京　江蘇文藝出版社　1988年12月　頁1128—1129

1000. 張漢良　〈一般之歌〉賞析　現代詩導讀（導讀篇一）　臺北　故鄉出版社　1979年11月　頁193—194

1001. 張漢良　〈一般之歌〉導讀　詩儒的創造：瘂弦詩作評論集　臺北　文史哲出版社　1994年9月　頁106—108

1002. 何寄澎　〈一般之歌〉評析　中國新詩賞析3　臺北　長安出版社　1987年2月　頁39—41

1003. 何寄澎　〈一般之歌〉賞析　紅玉米之歌：瘂弦詩作展演選讀本　臺北　趨勢教育基金會　2015年6月　頁
　　　132—137

1004. 李敏勇　〈一般之歌〉作品導讀　青少年臺灣文庫2——新詩讀本4：我有一個夢　臺北　國立編譯館
　　　2008年12月　頁48

1005. 白　靈　駛出生命的貨車〔〈一般之歌〉〕　風華——瘂弦經典詩歌賞析　臺北　秀威資訊科技公司
　　　2019年9月　頁182—190

1006. 劉紹銘　瘂弦的〈貓臉的歲月〉（上、中、下）　中華日報　1977年3月18—20日　12版

1007. 劉紹銘　瘂弦的〈貓臉的歲月〉——望湖居書簡　傳香火　臺北　大地出版社　1979年5月　頁104—114

1008. 劉紹銘　〈貓臉的歲月〉　詩儒的創造：瘂弦詩作評論集　臺北　文史哲出版社　1994年9月　頁25—36

1009. 林　廣　現代詩欣賞舉隅之二——瘂弦的〈鹽〉　臺灣日報　1979年5月3日　12版

1010. 林　廣　評瘂弦的〈鹽〉　陽光小集　第6期　1981年7月　頁80—82

1011. 張　放　憤懣‧挽歌‧苦笑——瘂弦詩〈鹽〉賞析　名作欣賞　1984年第5期　1984年9月　頁79

1012. 何寄澎　〈鹽〉評析　中國新詩賞析3　臺北　長安出版社　1987年2月　頁16—17

1013. 莫　渝　臺灣散文詩六十年——六篇散文詩作品簡評〔〈鹽〉部分〕　閱讀臺灣散文詩　苗栗　苗栗縣立
　　　文化中心　1997年12月　頁37—40

1014. 任洪淵　瘂弦詩的「戲劇演出」　詩人喜愛的詩　北京　北京十月文藝出版社　1997年1月　頁161—165

1015. 陳巍仁　臺灣現代散文詩文類析論〔〈鹽〉部分〕　一九九九竹塹文學獎得獎作品集　新竹　新竹市立文化中心　1999年6月　頁310—311

1016. 陳巍仁　臺灣現代散文詩藝術論〔〈鹽〉部分〕　臺灣現代散文詩新論　臺北　萬卷樓圖書公司　2001年11月　頁163—165

1017. 仇小屏　瘂弦〈鹽〉賞析　放歌星輝下——中學生新詩閱讀指引　臺北　三民書局　2002年8月　頁98—99

1018. 唐　捐　〈鹽〉評析　臺灣現代文學教程：當代文學讀本　臺北　二魚文化公司　2002年8月　頁52—53

1019. 陳素英　〈鹽〉的創作與音樂呈現　創世紀　第135期　2003年6月　頁140—144

1020. 葉維廉　雙重的錯位：臺灣五六十年代的詩思〔〈鹽〉部分〕　創世紀　第140、141期合刊　2004年10月　頁63

1021. 劉康凱　苦難命運的悲愴奏鳴曲——瘂弦名作〈鹽〉的藝術特色　作品　2004年第9期　2004年　頁8—9

1022. 劉康凱　苦難命運的悲愴奏鳴曲——細讀瘂弦名作〈鹽〉　名作欣賞　2005年第13期　2005年7月　頁60—63

1023.〔吳東晟，陳昱成，王浩翔編〕　〈鹽〉導讀賞析　織錦入春闈：現代詩精選讀本　臺中　京城文化公司　2005年8月　頁79—82

1024.〔蕭蕭主編〕　〈鹽〉詩作賞析　優游意象世界　臺北　聯合文學出版社　2006年6月　頁80

1025. 陳君慧　〈鹽〉的蒙太奇——淺探瘂弦詩作的電影感　香港文學　第269期　2007年5月1日　頁68—71

1026. 周毅，王蓉　無告的悲涼——評瘂弦〈鹽〉　綿陽師範學院學報　第27卷第1期　2008年1月　頁76—78，99

1027. 陳義芝　〈鹽〉賞析　紅玉米之歌：瘂弦詩作展演選讀本　臺北　趨勢教育基金會　2015年6月　頁55—57

1028. 林　廣　評析兩首散文詩——瘂弦〈鹽〉映現的時代悲歌　秋水詩刊　第172期　2017年7月　頁69—71

1029. 白　靈　模糊在歲月中的臉孔〔〈鹽〉〕　風華——瘂弦經典詩歌賞析　臺北　秀威資訊科技公司　2019年9月　頁44—49

1030. 艾　倫　生命之鹽——淺談瘂弦先生的作品〈鹽〉　華章　一日詩人‧一世詩人‧「向詩儒瘂弦致敬」系列活動二特刊　2021年8月28日　4版

1031. 蕭　蕭　〈在中國街上〉賞析　現代詩導讀（導讀篇一）　臺北　故鄉出版社　1979年11月　頁198—201

1032. 楊宗翰　穿不穿燈草絨的衣服——閱讀瘂弦〈在中國街上〉　詩探索　2004年Z2期　2004年　頁155—159

1033. 楊宗翰　穿不穿燈草絨的衣服——閱讀瘂弦〈在中國街上〉　國文天地　第248期　2006年1月　頁10—12

1034. 黃維樑　新詩欣賞舉隅——瘂弦的〈上校〉　臺灣日報　1980年8月31日　12版

1035. 黃維樑　〈上校〉賞析　中國新詩鑑賞大辭典　南京　江蘇文藝出版社　1988年12月　頁1125—1127

1036. 黃維樑　就詩論詩——瘂弦的〈上校〉　藍星詩刊　第21號　1989年10月　頁84—85

1037. 黃維樑　瘂弦的〈上校〉　怎樣讀新詩　臺北　五四書店　1989年8月　頁177—182

1038. 黃維樑　瘂弦的〈上校〉　怎樣讀新詩　香港　學津書店　2002年2月　頁179—183

1039. 流沙河　兩類反諷〔〈上校〉部分〕　文譚　1983年第2期　1983年2月　頁46

1040. 流沙河　兩類反諷〔〈上校〉部分〕　隔海說詩　北京　三聯書店　1985年2月　頁126—136

1041. 何寄澎　〈上校〉評析　中國新詩賞析3　臺北　長安出版社　1987年2月　頁17—19

1042. 何寄澎　〈上校〉賞析　紅玉米之歌：瘂弦詩作展演選讀本　臺北　趨勢教育基金會　2015年6月　頁106—108

1043. 張　默　瘂弦——〈上校〉　小詩選讀　臺北　爾雅出版社　1987年5月　頁73—76

1044. 于慈江　〈上校〉賞析　中外現代抒情名詩鑑賞辭典　北京　學苑出版社　1989年8月　頁688—689

1045. 劉階耳　賞析〈上校〉　臺灣新詩鑑賞辭典　太原　北岳文藝出版社　1991年12月　頁441—443

1046. 向　明　舊詩一讀一番新〔〈上校〉〕　客子光陰詩卷裡　臺北　耀文圖書公司　1993年5月　頁21—23

1047. 向　明　舊詩一讀一番新〔〈上校〉〕　和你輕鬆談詩：向明新詩話　臺北　新藝文出版社　2004年12月　頁140—142

1048. 王宗法　滿目青山歸落照——讀〈上校〉　臺港文學觀察　合肥　安徽教育出版社　2000年8月　頁121—126

1049. 落　蒂　火燄中的玫瑰——析瘂弦〈上校〉　詩的播種者　臺北　爾雅出版社　2003年2月　頁71—74

1050. 張朝光　自我的消解——解讀〈上校〉　現代語文　2004年第9期　2004年　頁11—12

1051. 禹明華　細讀〈上校〉——新批評觀念的解讀　邵陽學院學報　第4卷第4期　2005年8月　頁88—89

1052. 馬顯彬　戰爭與和平的較量——細讀瘂弦〈上校〉一詩　名作欣賞　2005年第13期　2005年　頁54—59

1053.〔蕭蕭主編〕　〈上校〉詩作賞析　優游意象世界　臺北　聯合文學出版社　2006年6月　頁84

1054. 蔡炎培　「迎送生涯」話瘂弦〔〈上校〉部分〕　香港作家　第3期　2007年5月　頁8

1055. 許輝妮　歷史中的玫瑰——賞析瘂弦〈上校〉一詩　名作欣賞　2007年第23期　2007年12月　頁28—30

1056. 湯天勇　歷史矗立在「悖論」與「反諷」之上——評瘂弦的〈上校〉　閱讀與寫作　2007年第4期　2007年　頁15—17

1057. 蔣林欣　做一個平凡的人——細讀〈上校〉　作家　2008年第22期　2008年　頁31

1058. 沈　奇　另一種玫瑰——讀瘂弦〈上校〉　誰永遠居住在詩歌的體內——兩岸詩論　臺北　唐山出版社　2009年8月　頁216—218

1059. 文　險　生命的矛盾與荒謬——〈上校〉解析　文學界（理論版）　2010年第3期　2010年　頁58

1060. 於勝成　獨幕之詩——瘂弦〈上校〉的詩學分析　文學界（理論版）2010年第6期　2010年　頁105

1061. 安培君　戰士的人文視角和詩性關懷——互文性視野下的〈上校〉與〈湯姆之歌〉　通化師範學院學報　第35卷第4期　2014年7月　頁64—66

1062. 楊潔梅　文本細讀：一種深度理解詩歌的方法——以瘂弦的〈上校〉為個案　名作欣賞　2015年第1期　2015年5月　頁136—137

1063. 林　廣　從火焰中誕生的玫瑰——評析瘂弦〈上校〉　乾坤詩刊　第79期　2016年7月　頁115—117

1064. 魯紅霞　悖論中的真實陳述——對〈上校〉的文本細讀　北方文學　2016年第22期　2016年　頁144—145

1065. 王宗赫　自上而下的反省，向死而生的沉思——新批評理論視閾下的〈上校〉細讀　新紀實　2021年第3期　2021年1月　頁60—64

1066. 羅　青　詩與政治〔〈赫魯雪夫〉部分〕　陽光小集　第10期　1982年10月　頁63

1067. 落　蒂　諷刺詩的極品——讀瘂弦的〈赫魯雪夫〉　文學人　第11期　2006年5月　頁24

1068. 唐　捐　〈赫魯雪夫〉賞析　紅玉米之歌：瘂弦詩作展演選讀本　臺北　趨勢教育基金會　2015年6月　頁82—84

1069. 蕭　蕭　詩〔〈新詩運動一甲子〉部分〕　中華民國文學年鑑1980　臺北　時報文化出版公司　1982年11

月 頁12

1070. 王煥之　從瘂弦的〈婦人〉說起　洪範雜誌　第10期　1982年12月　3版
1071. 李魁賢　詩的意識和想像〔〈婦人〉部分〕　聯合報　1995年11月6日　37版
1072. 李魁賢　詩的意識和想像〔〈婦人〉部分〕　笠　第190期　1995年12月　頁108
1073. 李魁賢　詩的意識和想像〔〈婦人〉部分〕　李魁賢文集7　臺北　行政院文建會　2002年10月　頁71—72
1074. 唐　捐　〈婦人〉賞析　紅玉米之歌：瘂弦詩作展演選讀本　臺北　趨勢教育基金會　2015年6月　頁15—16
1075. 流沙河　氣氛是賓不是主——瘂弦的〈傘〉　文譚　1983年第3期　1983年3月　頁38
1076. 匡艷陽　一曲貧窮與苦難的哀歌——瘂弦〈傘〉賞析　語文月刊　1997年第3期　1997年3月　頁6—7
1077. 流沙河　詭怪的意象〔〈短歌集〉〕　文譚　1983年第5期　1983年5月　頁38
1078. 吳　當　生命的寂寞與創意——試析瘂弦的〈短歌集〉　中國語文　第77卷第3期　1995年9月　頁100—104
1079. 吳　當　生命的寂寞與創意——試析瘂弦〈短歌集〉　新詩的智慧　臺北　爾雅出版社　1997年2月　頁125—131
1080. 仇小屏　從主謂句的角度看以句構篇的幾首新詩〔〈短歌集——晒書〉部分〕　國文天地　第213期　2003年1月　頁86—87
1081. 曾琮琇　詩的戲法／法則的遊戲〔〈短歌集——寂寞〉部分〕　嬉遊記：八〇年代以降臺灣「遊戲」詩論　成功大學中國文學系　碩士論文　陳昌明教授指導　2006年7月　頁65
1082. 曾琮琇　詩的戲法／法則的遊戲〔〈短歌集——寂寞〉部分〕　臺灣當代遊戲詩論　臺北　爾雅出版社　2009年1月　頁50—51，67—68
1083. 張　默　從〈疑問〉到〈窺〉——「二行詩」讀後筆記〔〈短歌集——晒書〕部分　小詩・牀頭書　臺北　爾雅出版社　2007年3月　頁56
1084. 唐　捐　〈短歌集〉〔〈曬書〉、〈流星〉〕賞析　紅玉米之歌：瘂弦詩作展演選讀本　臺北　趨勢教育基金會　2015年6月　頁33—35
1085. 何志恆　試論瘂弦〈無譜之歌〉　創世紀　第67期　1985年12月　頁64—73
1086. 何志恆　試論瘂弦〈無譜之歌〉　詩儒的創造：瘂弦詩作評論集　臺北　文史哲出版社　1994年9月　頁155—176
1087. 何寄澎　〈秋歌——給暖暖〉評析　中國新詩賞析3　臺北　長安出版社　1987年2月　頁4—5
1088. 何寄澎　〈秋歌——給暖暖〉賞析　紅玉米之歌：瘂弦詩作展演選讀本　臺北　趨勢教育基金會　2015年6月　頁17—20
1089. 孫芙蓉　瘂弦的〈秋歌〉賞析　創世紀　第70期　1987年4月　頁83—85
1090. 曉　愉　〈秋歌——給暖暖〉賞析　愛情新詩鑑賞辭典　西安　陝西師範大學出版社　1990年3月　頁841—843
1091. 古遠清　〈秋歌〉賞析　臺港現代詩賞析　鄭州　河南人民出版社　1991年3月　頁105—106
1092. 洪　燭　〈秋歌〉賞析　世界華人詩歌鑑賞大辭典　太原　書海出版社　1993年3月　頁298—299
1093. 劉再復　瘂弦的「暖暖」〔〈秋歌——給暖暖〉部分〕　中國時報　1997年10月31日　27版
1094. 蕭　蕭　〈秋歌——給暖暖〉解析　天下詩選1：1923—1999臺灣　臺北　天下遠見出版公司　1999年9月　頁157—160

1095. 易　彬　「一切便都留下了」──瘂弦詩〈秋歌──給暖暖〉簡析　揚子江詩刊　2005年第2期　2005年　頁36─37

1096. 陳義芝　〈秋歌──給暖暖〉賞讀　為了測量愛　臺北　聯合文學出版公司　2006年6月　頁86

1097. 向　陽　〈秋歌──給暖暖〉作品導讀　青少年臺灣文庫2──新詩讀本1：春天在我的血管裡歌唱　臺北　國立編譯館　2008年12月　頁52

1098. 黎文寧　瘂弦〈秋歌──給暖暖〉賞評　文學教育（下）　2011年第5期　2011年　頁88─89

1099. 黃顯洋　中西詩學的連接點──以〈秋歌──給暖暖〉為例分析瘂弦詩歌創作的兼收并包　安徽文學（下半月）　2016年第5期　2016年　頁33─34

1100. 何寄澎　〈乞丐〉評析　中國新詩賞析3　臺北　長安出版社　1987年2月　頁8─10

1101. 陳義芝　〈乞丐〉賞析　古今文選　新編第657期　1987年6月27日

1102. 陳義芝　〈乞丐〉賞析　紅玉米之歌：瘂弦詩作展演選讀本　臺北　趨勢教育基金會　2015年6月　頁39─40

1103. 古遠清　〈乞丐〉賞析　臺港現代詩賞析　鄭州　河南人民出版社　1991年3月　頁103─105

1104. 劉階耳　賞析〈乞丐〉　臺灣新詩鑒賞辭典　太原　北岳文藝出版社　1991年12月　頁438─439

1105. 黃　梁　新詩點評（十一）──〈乞丐〉　國文天地　第141期　1997年2月　頁93─94

1106. 趙毓玲　新詩情境教學課程操作篇──高中課程操作──瘂弦〈乞丐〉　新詩情境教學研究　高雄師範大學國文系　碩士論文　楊文雄教授指導　2001年12月　頁255─260

1107. 徐　敏　〈乞丐〉作品賞析　星光燦爛的文學花園：現代文學知識精華：散文‧詩歌　臺北　雅書堂文化公司　2005年5月　頁500─505

1108. 李翠瑛　生命的悲歌──瘂弦〈乞丐〉一詩的人物相　細讀新詩的掌紋　臺北　萬卷樓圖書公司　2006年3月　頁167─179

1109. 羊　牧　望呀望春風──瘂弦〈乞丐〉一詩賞析　明道文藝　第379期　2007年10月　頁113─115

1110. 何寄澎　〈紅玉米〉評析　中國新詩賞析3　臺北　長安出版社　1987年2月　頁12─14

1111. 劉階耳　賞析〈紅玉米〉　臺灣新詩鑒賞辭典　太原　北岳文藝出版社　1991年12月　頁457─458

1112. 姜耕玉　臺灣現代詩的「母語情節」──意象語言與東方韻味〔〈紅玉米〉部分〕　創世紀　第117期　1998年12月　頁107

1113. 邵艷麗　一曲繁復的生命戀歌──賞析瘂弦的名作〈紅玉米〉　名作欣賞　2008年第8期　2008年4月　頁78─80

1114. 劉　昊　瘂弦詩歌〈紅玉米〉賞析　現代語文（文學研究版）　2009年第7期　2009年　頁127

1115. 張慧敏　賞析臺灣現代詩二首〔〈紅玉米〉部分〕　詩探索　2012年第1期　2012年　頁191─197

1116. 何寄澎　〈紅玉米〉賞析　紅玉米之歌：瘂弦詩作展演選讀本　臺北　趨勢教育基金會　2015年6月　頁41─46

1117. 白　靈　憂傷甜美的鄉愁〔〈紅玉米〉〕　風華──瘂弦經典詩歌賞析　臺北　秀威資訊科技公司　2019年9月　頁34─40

1118. 陳幸蕙　〈文人與異行──懷念沙牧〉編者註　七十五年散文選　臺北　九歌出版社　1987年2月　頁247

1119. 陳幸蕙　〈大眾傳播時代的詩──有聲詩集《地球筆記》的聯想〉編者按語　七十五年文學批評選　臺北　爾雅出版社　1987年3月　頁48─49

1120. 陳幸蕙　〈待續的鐘乳石──序白靈《大黃河》〉編者按語　七十五年文學批評選　臺北　爾雅出版社

1987年3月 頁36—37

1121. 鄭明娳　論中國現代寓言文學〔〈船中之鼠〉部分〕　中外文學　第16卷第6期　1987年11月　頁132
1122. 鄭明娳　論中國現代寓言文學——中國現代寓言的特色——現代精神世界的反映〔〈船中之鼠〉部分〕　當代文學氣象　臺北　光復書局　1988年4月　頁22—23
1123. 劉階耳　賞析〈船中之鼠〉　臺灣新詩鑒賞辭典　太原　北岳文藝出版社　1991年12月　頁436—437
1124. 周登宇　多彩的情境反諷——讀瘂弦的詩〈船中之鼠〉　無錫教育學院學報　2002年第2期　2002年6月　頁14—15，35
1125. 周登宇　多彩的情境反諷——讀瘂弦的詩〈船中之鼠〉　楚雄獅專學院學報　2002年第5期　2002年10月　頁38—39
1126. 山　子　〈懷人〉　中外愛情施鑑賞辭典　臺北　國文天地雜誌社　1990年1月　頁697—699
1127. 山　子　賞析〈懷人〉　臺灣新詩鑒賞辭典　太原　北岳文藝出版社　1991年12月　頁480—481
1128. 高　巍　〈懷人〉賞析　世界華人詩歌鑑賞大辭典　太原　書海出版社　1993年3月　頁281—284
1129. 陳仲義　空白：布局章法中的「活眼」〔〈懷人〉部分〕　現代詩技藝透析　臺北　文史哲出版社　2003年12月　頁216
1130. 古遠清　〈棄婦〉賞析　臺港現代詩賞析　鄭州　河南人民出版社　1991年3月　頁101—103
1131. 劉階耳　賞析〈棄婦〉　臺灣新詩鑒賞辭典　太原　北岳文藝出版社　1991年12月　頁447—449
1132. 李瑞騰　耐心‧細心‧同情心〔〈棄婦〉部分〕　新詩學　臺北　駱駝出版社　1997年3月　頁30—32
1133. 陳遠剛　在傳統與現代之間——讀瘂弦的詩〈棄婦〉　長城　2012年第2期　2012年　頁93—97
1134. 劉階耳　賞析〈水夫〉　臺灣新詩鑒賞辭典　太原　北岳文藝出版社　1991年12月　頁451—452
1135. 易　水　「而地球是圓的」——讀瘂弦的〈水夫〉　創世紀　第90、91期合刊　1992年1月　頁119—121
1136. 耳　順　賞析〈野薺莩〉　臺灣新詩鑒賞辭典　太原　北岳文藝出版社　1991年12月　頁445—446
1137. 無名氏　賞析〈C教授〉　臺灣新詩鑒賞辭典　太原　北岳文藝出版社　1991年12月　頁453—454
1138. 簡政珍　概念化與超現實經驗——五、六〇年代詩的物象觀照〔〈C教授〉部分〕　臺灣現代詩美學　臺北　揚智出版社　2004年7月　頁57—58
1139. 劉階耳　賞析〈瓶〉　臺灣新詩鑒賞辭典　太原　北岳文藝出版社　1991年12月　頁459—463
1140. 陳建洪　瘂弦〔〈瓶〉〕　現代詩歌名篇導讀　太原　山西教育出版社　1994年10月　頁238—241
1141. 劉階耳　賞析〈唇——紀念Y‧H〉　臺灣新詩鑒賞辭典　太原　北岳文藝出版社　1991年12月　頁465—466
1142. 唐　捐　〈唇——紀念YH〉賞析　紅玉米之歌：瘂弦詩作展演選讀本　臺北　趨勢教育基金會　2015年6月　頁61—64
1143. 木　芝　〈羅馬〉賞析　世界華人詩歌鑑賞大辭典　太原　書海出版社　1993年3月　頁287—290
1144. 夏雨清　〈希臘〉賞析　世界華人詩歌鑑賞大辭典　太原　書海出版社　1993年3月　頁297—298
1145. 孫維民　在蒼老的死神面前——關於瘂弦的〈殯儀館〉　中華日報　1995年5月1日　9版
1146. 孫維民　在蒼老的死神面前——關於瘂弦的〈殯儀館〉　創世紀　第104期　1995年9月　頁99—100
1147. 高全之　請繼續用餐——瘂弦〈殯儀館〉的虛擬與真實　香港文學　第234期　2004年6月　頁91—93
1148. 張索時　可紀念的〈出發〉　中華日報　1996年8月14日　14版
1149. 白　靈　從絕望中出發〔〈出發〉〕　風華——瘂弦經典詩歌賞析　臺北　秀威資訊科技公司　2019年9月

頁138—146

1150. 余光中　被誘於那一泓魔幻的藍〔〈遠洋感覺〉部分〕　聯合文學　第210期　2002年4月　頁16—17

1151. 李魁賢　現代詩的欣賞〔〈歌〉部分〕　李魁賢文集3　臺北　行政院文建會　2002年10月　頁137—139

1152. 楊佳嫻　〈歌〉賞析　晨讀10分鐘：青春無敵早點詩　臺北　天下雜誌公司　2012年10月　頁178

1153. 唐　捐　〈歌〉賞析　紅玉米之歌：瘂弦詩作展演選讀本　臺北　趨勢教育基金會　2015年6月　頁30—32

1154. 向　明　把詩寫在大海上〔〈水手哲學〉部分〕　詩來詩往　臺北　三民書局　2003年6月　頁111—113

1155. 〔辛鬱編〕　關於〈劇場素描〉　他們怎麼玩詩？：創世紀五十周年精選　臺北　二魚文化公司　2004年10月　頁52

1156. 王正良　盤點時間，論瘂弦〈復活節〉　臺灣詩學學刊　第7期　2006年5月　頁7—29

1157. 孫維民　瘂弦〈復活節〉的宗教意識　臺灣詩學學刊　第8期　2006年11月　頁291—296

1158. 唐　捐　〈復活節〉賞析　紅玉米之歌：瘂弦詩作展演選讀本　臺北　趨勢教育基金會　2015年6月　頁139—142

1159. 曾琮琇　遊戲，不只是遊戲〔〈詩是一種生活方式〉部分〕　嬉遊記：八〇年代以降臺灣「遊戲」詩論　成功大學中國文學系　碩士論文　陳昌明教授指導　2006年7月　頁159

1160. 曾琮琇　遊戲，不只是遊戲〔〈詩是一種生活方式〉部分〕　臺灣當代遊戲詩論　臺北　爾雅出版社　2009年1月　頁176—178

1161. 蕭　蕭　蕭蕭按語：〈飛白的趣味〉　活著就是愛　臺北　幼獅文化公司　2007年10月　頁60—62

1162. 張曼娟　致普通讀者〔〈我、聯副、人間與高信疆〉部分〕　九十八年散文選　臺北　九歌出版社　2010年3月　頁13

1163. 夏　菁　詩的經驗與表達——簡介瘂弦〈馬戲的小丑〉　窺豹集——夏菁談詩憶往　臺北　秀威資訊科技公司　2013年1月　頁82—86

1164. 古繼堂　臺灣短詩鑑賞〔〈神〉部分〕　古繼堂論著集　臺北　文史哲出版社　2013年7月　頁316

1165. 陳素英　洛陽記憶——讀瘂弦〈戰時〉　創世紀　第176期　2013年9月　頁21—26

1166. 唐　捐　〈給超現實主義者——紀念與商禽在一起的日子〉賞析　紅玉米之歌：瘂弦詩作展演選讀本　臺北　趨勢教育基金會　2015年6月　頁65—72

1167. 唐　捐　〈瘋婦〉賞析　紅玉米之歌：瘂弦詩作展演選讀本　臺北　趨勢教育基金會　2015年6月　頁89—91

1168. 陳義芝　〈給橋〉賞析　紅玉米之歌：瘂弦詩作展演選讀本　臺北　趨勢教育基金會　2015年6月　頁117—119

1169. 白　靈　寫在鶴橋上的詩〔〈給橋〉〕　風華——瘂弦經典詩歌賞析　臺北　秀威資訊科技公司　2019年9月　頁122—132

1170. 蔣一晨　「戰神在擦他的靴子」——淺析瘂弦作品〈戰神〉　名作欣賞　2017年第23期　2017年8月　頁129—130

1171. 朱　天　矛盾「四起」，「不言」而喻：試論瘂弦〈廟〉之矛盾美學　七情七縱——臺灣詩學散文詩解讀　臺北　秀威資訊科技公司　2022年11月　頁41—50

◆多篇作品

1172. 林亨泰　攸西里斯的弓〔〈巴黎〉、〈另一種的理由〉部分〕　現代詩的基本精神　彰化　笠詩社　1968年1月　頁29—44

1173. 覃子豪　現代中國新詩的特質〔〈巴黎〉、〈倫敦〉、〈那不勒斯〉部分〕　論現代詩　臺中　普天出版社　1976年9月　頁207—208

1174. 瘂弦等　既被目為一條河總得繼續流下去——剖析瘂弦作品〔〈酒吧的午後〉、〈如歌的行板〉、〈一般之歌〉〕　現代名詩品賞集　臺北　聯亞出版社　1979年5月　頁197—232

1175. 瘂弦等　既被目為一條河總得繼續流下去〔〈酒吧的午後〉、〈如歌的行板〉、〈一般之歌〉〕　感人的詩　臺北　希代書版公司　1984年12月　頁252—255

1176. 楊子澗　〈修女〉、〈赫魯雪夫〉解說　中學白話詩選　臺北　故鄉出版社　1980年4月　頁226—237

1177. 蕭　蕭　詩的各種面貌〔〈鹽〉、〈坤伶〉、〈如歌的行板〉部分〕　燈下燈　臺北　東大圖書公司　1980年4月　頁199—209

1178. 蕭　蕭　瘂弦詩選註〔〈鹽〉、〈坤伶〉〕　創世紀　第52期　1980年6月　頁10—13

1179. 流沙河　憂船的鼠〔〈深淵〉、〈船中之鼠〉〕　星星　1982年第5期　1982年5月　頁98

1180. 流沙河　憂船的鼠〔〈深淵〉、〈船中之鼠〉〕　臺灣詩人十二家　重慶　重慶出版社　1983年8月　頁103—108

1181.〔紀璧華編〕　瘂弦詩選〔〈一九八〇〉、〈三色柱下〉、〈土地祠〉、〈山神〉、〈乞丐〉、〈鹽〉、〈如歌的行板〉〕　臺灣抒情詩賞析　香港　南粵出版社　1983年9月　頁51—62

1182. 鍾　玲　瘂弦筆下的三個人物——〈坤伶〉、〈上校〉、二孃孃〔〈鹽〉〕　文學評論集　臺北　時報文化出版公司　1984年2月　頁152—165

1183. 鍾　玲　瘂弦筆下的三個人物——〈坤伶〉‧〈上校〉‧二孃孃〔〈鹽〉〕　現代文學　復刊第22期　1984年1月　頁35—47

1184. 鍾　玲　瘂弦筆下的三個人物——〈坤伶〉‧〈上校〉‧二孃孃〔〈鹽〉〕　文學評論集　臺北　時報文化出版公司　1984年2月　頁152—165

1185. 鍾　玲　瘂弦筆下的三個人物——〈坤伶〉‧〈上校〉‧二孃孃〔〈鹽〉〕　73年文學批評選　臺北　爾雅出版社　1985年3月　頁73—91

1186. 鍾　玲　瘂弦筆下的三個人物——〈坤伶〉‧〈上校〉‧二孃孃〔〈鹽〉〕　詩儒的創造：瘂弦詩作評論集　臺北　文史哲出版社　1994年9月　頁109—122

1187. 黃建國　〈坤伶〉、〈如歌的行板〉賞析　古今中外朦朧詩鑑賞辭典　鄭州　中州古籍出版社　1990年11月　頁494—497

1188. 吳奔星　〈傘〉、〈上校〉賞析　古今中外朦朧詩鑑賞辭典　鄭州　中州古籍出版社　1990年11月　頁497—501

1189. 蕭　蕭　老中國的文化鄉愁〔〈如歌的行板〉、〈坤伶〉部分〕　現代詩創作演練　臺北　爾雅出版社　1991年7月　頁197—201

1190. 蕭　蕭　老中國的文化鄉愁〔〈如歌的行板〉、〈坤伶〉部分〕　現代詩創作演練　臺北　爾雅出版社　2010年9月　頁178—182

1191. 莫　渝　〈鹽〉、〈廟〉解說　情願讓雨淋著　臺北　業強出版社　1991年9月　頁179—180，182

1192. 楊昌年　詩人與詩作——五十、六十年代名家名作析介——瘂弦〔〈巴黎〉、〈上校〉〕　現代詩的創作與欣賞　臺北　文史哲出版社　1991年9月　頁328—329

1193. 陳義芝　五十年代名家詩選注——瘂弦詩選〔〈紅玉米〉、〈鹽〉、〈印度〉、〈巴黎〉、〈給

橋〉、〈如歌的行板〉〕 不盡長江滾滾來：中國新詩選注 臺北 幼獅文化公司 1993年6月
頁207—239

1194. 張默，蕭蕭 鑑評瘂弦詩〔〈坤伶〉、〈鹽〉、〈如歌的行板〉、〈給橋〉、〈印度〉〕 新詩三百首
（一九一七～一九九五）（上） 臺北 九歌出版社 1995年9月 頁471—473

1195. 奚 密 邊緣，前衛，超現實：對臺灣五、六十年代現代主義的反思〔〈深淵〉、〈給超現實主義者
——紀念與商禽在一起的日子〉、〈憂鬱〉部分〕 臺灣現代詩史論：臺灣現代詩史研討會實
錄 臺北 文訊雜誌社 1996年3月 頁254—255，259—260

1196. 黎活仁 可怕的母親——瘂弦〈山神〉、〈深淵〉諸作的分析 當代作家專論 香港 嶺南學院現代中文
學研究中心 1996年8月 頁49—64

1197. 黎活仁 可怕的母親——瘂弦〈山神〉、〈深淵〉諸作的分析 林語堂、瘂弦和簡媜筆下的男性和女性
臺北 大安出版社 1998年12月 頁21—50

1198. 司徒杰 〈秋歌——給暖暖〉、〈水夫〉、〈傘〉、〈三色柱下〉賞析 臺港抒情短詩精品鑑賞 鄭州河
南文藝出版社 1996年11月 頁118—124

1199. 白 靈 逐兔的獵犬人生——瘂弦六首「人物詩」導讀〔〈教授〉、〈水夫〉、〈上校〉、〈修
女〉、〈坤伶〉、〈故某省長〉〕 臺灣詩學季刊 第21期 1997年12月 頁34—42

1200. 白 靈 逐兔的獵犬人生〔〈C教授〉、〈水夫〉、〈上校〉、〈修女〉、坤伶〉、〈故某省長〉〕
風華——瘂弦經典詩歌賞析 臺北 秀威資訊科技公司 2019年9月 頁102—113

1201. 李桂芳 冥界的深淵：論戰後臺灣現代主義詩潮的變異符號（上）〔〈深淵〉、〈戰神〉部分〕 藍
星詩學 第3期 1999年9月 頁154—155，170—171

1202. 蕭 蕭 臺灣海洋詩的美學特質——以海為美感經驗之寄託〔〈遠洋感覺〉、〈船中之鼠〉部分〕 臺
灣詩學季刊 第22期 1999年12月 頁34—35

1203. 〔文鵬，姜凌主編〕 瘂弦——〈秋歌——給暖暖〉、〈坤伶〉 中國現代名詩三百首 北京 北京出版社
2000年1月 頁522—525

1204. 浦基維，涂玉萍，林聆慈 辭章創作與時代背景——社會背景——關懷社會的弱勢〔〈坤伶〉、〈乞
丐〉部分〕 散文‧新詩義旨古今談 臺北 萬卷樓圖書公司 2002年1月 頁18

1205. 吳開晉 感覺的變形，時空的交錯——瘂弦〈遠洋感覺〉、〈出發〉賞析 中國海洋文學大系：二十世
紀海洋詩精品賞析選集 臺北 詩藝文出版社 2002年4月 頁285—287

1206. 萬登學 讀瘂弦的「記哈客詩想」〔〈神話復興〉、〈飛白的趣味〉、〈從造園到想詩〉、〈從穿衣
服到寫詩〉、〈詩是一種製作，一個未知〉、〈重讀高爾基〉、〈想起聞一多〉〕 創世紀
第131期 2002年6月 頁165—169

1207. 林貞吟 為城市塑像——論瘂弦詩〈在中國街上〉、〈巴黎〉、〈芝加哥〉之藝術技巧（上、下） 中
國語文 第91卷第2—3期 2002年8—9月 頁66—72，55—65

1208. 鄭慧如 隱喻的身體觀——以一九七〇年代臺灣新詩作品為例——一九七〇年代以前臺灣新詩作品中的
身體書寫特色〔〈巴黎〉、〈深淵〉部分〕 臺灣詩學季刊 第40期 2002年12月 頁112—113

1209. 紀 弦 關於瘂弦的三首詩〔〈鹽〉、〈紅玉米〉、〈如歌的行板〉〕 創世紀 第133期 2002年12月
頁119—120

1210. 紀 弦 關於瘂弦的三首詩〔〈鹽〉、〈紅玉米〉、〈如歌的行板〉〕 香港文學 第322期 2011年10

月 頁32—33

1211. 陳幸蕙 〈曬書〉、〈流星〉芬多精小棧 小詩森林：現代小詩選1 臺北 幼獅文化公司 2003年11月
頁90

1212. 陳幸蕙 小詩悅讀（二）──〈曬書〉、〈流星〉 明道文藝 第336期 2004年3月 頁36

1213. 鄭慧如 新詩的音樂性──臺灣詩例〔〈乞丐〉、〈坤伶〉部分〕 兩岸現代詩學國際學術研討會
臺北 佛光人文社會學院文學研究所，當代詩學研究中心 2003年12月6—7日 頁7—8

1214. 林瑞明 〈秋歌──給暖暖〉、〈斑鳩〉、〈如歌的行板〉賞析 國民文選・現代詩卷2 臺北 玉山社出
版公司 2005年2月 頁51

1215. 向　陽 〈鹽〉、〈一般之歌〉賞析 臺灣現代文選・新詩卷 臺北 三民書局 2005年6月 頁99—101

1216. 李敏勇 〈上校〉、〈某故省長〉作品導讀 青少年臺灣文庫──新詩讀本3：花與果實 臺北 五南圖書
出版公司 2006年1月 頁26

1217. 葉瑞蓮 瘂弦「斷柱集」中的「超現實主義」 瘂弦詩中的神性與魔性 臺北 大安出版社 2007年5月
頁105—138

1218. 陳芳明 夢的消亡〔〈焚寄TH〉、〈殯儀館〉部分〕 聯合文學 第281期 2008年3月 頁13

1219. 陳芳明 夢的消亡〔〈焚寄TH〉、〈殯儀館〉部分〕 美與殉美 臺北 聯經出版公司 2015年4月 頁
73—76

1220. 林明理 如歌之徜徉──讀瘂弦〈歌〉、〈瓶〉 新大陸詩刊 第114期 2009年10月 頁32—33

1221. 林明理 如歌之徜徉──讀瘂弦〈歌〉、〈瓶〉 新詩的意象與內涵──當代詩家作品賞析 臺北 文津
出版社 2010年2月 頁151—156

1222. 林明理 如歌之徜徉──讀瘂弦〈歌〉、〈瓶〉 新文壇（革新版） 第19期 2010年7月 頁8—16

1223. 張瑞欣 論瘂弦「側面集」──小人物身體的隱喻意涵 文學人 第22期 2010年12月 頁96—110

1224. 張瑞欣 論瘂弦「斷柱集」異國風情的反諷場景 「有鳳初鳴──漢學多元化領域之探索」學術研討
會 臺北 元智大學中國語文學系，臺北大學中國文學系，臺北教育大學華語文中心，東吳大
學中國文學系，東海大學 中國文學系，東華大學中國語文學系主辦 2011年5月31日

1225. 張瑞欣 論瘂弦「斷柱集」異國風情的反諷場景 有鳳初鳴年刊 第7期 2011年7月 頁323—353

1226. 白　靈 以靈眼為世界繪圖〔〈巴黎〉、〈倫敦〉、〈芝加哥〉〕 風華──瘂弦經典詩歌賞析 臺北
秀威資訊科技公司 2019年9月 頁62—75

◆ 作品評論目錄、索引

1227. 〔中華文藝社編輯〕 瘂弦批評集錦 中華文藝 第59期 1976年1月 頁56—60

1228. 羅　青 瘂弦資料研究初編 書評書目 第33期 1976年1月 頁70—77

1229. 張　默 〈瘂弦研究資料初編〉補遺 書評書目 第34期 1976年2月 頁89—95

1230. 〔編輯部〕 作品評論 瘂弦自選集 臺北 黎明文化公司 1977年10月 頁261—264

1231. 蕭　蕭 瘂弦作品評論索引 詩儒的創造：瘂弦詩作評論集 臺北 文史哲出版社 1994年9月 頁
459—465

1232. 〔張默編〕 作品評論引得 現代百家詩選 臺北 爾雅出版社 2003年6月 頁176—177

1233. 黃自鴻，戴淑芳，溫羽貝合編 瘂弦詩歌研究目錄 瘂弦詩中的神性與魔性 臺北 大安出版社 2007年

5月 頁313—322

1234. 〔封德屏主編〕 瘂弦 臺灣現當代作家評論資料目錄（六） 臺南 國立臺灣文學館 2010年11月 頁 3716—3751

1235. 王為萱，陳姵穎，陳恬逸 「《文訊》300期資料庫」作家學者群像——瘂弦 文訊雜誌 第334期 2013 年8月 頁74

◆ 其他

1236. 高 準 《七十年代詩選》批判 大學雜誌 第68期 1973年9月 頁59—62

1237. 趙豫生 談《幼獅文藝廿周年目錄索引》 中華文藝 第59期 1976年1月 頁132—133

1238. 觀哲〔高準〕 《八十年代詩選》的「奧秘」 詩潮 第1期 1977年5月 頁40—45

1239. 高 準 《八十年代詩選》的奧秘（一九七七） 異議的聲音：文學與政治社會評論 臺北 問津堂書局 2007年8月 頁243—250

1240. 徐公超 朱湘與《朱湘文選》 書評書目 第56期 1977年12月 頁87—91

1241. 李漢呈 評瘂弦《戴望舒卷》 臺灣新聞報 1978年1月4日 12版

1242. 陳芳明 記憶與災難——讀瘂弦編《戴望舒卷》 書評書目 第62期 1978年6月 頁101—121

1243. 陳芳明 記憶與災難——讀瘂弦編《戴望舒卷》 典範的追求 臺北 聯合文學出版社 1994年2月 頁 86—117

1244. 陳芳明 記憶與災難——讀瘂弦編《戴望舒卷》 典範的追求 臺北 聯合文學出版社 2008年4月 頁 86—117

1245. 蕭 蕭 《創世紀》風雲——為文學史作證，為現代詩傳燈 臺灣時報 1981年8月19日 12版

1246. 姜 穆 卅年歲月·一貫精神〔《創世紀》〕 臺灣新聞報 1984年10月6日 8版

1247. 夏 楚 為詩路更創歷史〔《創世紀》〕 臺灣新聞報 1984年10月6日 8版

1248. 高大鵬 志在千里的里程碑——《創世紀詩選》 聯合文學 第4期 1985年2月 頁205

1249. 林燿德 《中國現代文學大系》 錦囊開卷 臺北 國家文藝基金管理委員會 1993年6月 頁103—105

1250. 楊稼生 秋日慧語——讀《散文的創造》（上、下） 聯合報 1995年2月13—14日 37版

1251. 許世旭 《創世紀》詩刊在臺灣詩壇之地位 新詩論 臺北 三民書局 1998年8月 頁53—60

1252. 羅 奇 《天下詩選》向閱讀新鮮人招手 聯合報 1999年10月4日 41版

1253. 徐開塵 《天下詩選》呈現101首精彩詩作 民生報 1999年10月9日 4版

1254. 顏瑞芳 瘂弦主編《天下詩選1923—1999臺灣》 文訊雜誌 第180期 2000年1月 頁33—34

1255. 白 楊 臺灣現代詩風潮中的《創世紀》詩社研究 臺港文學：文化生態與寫作範式考察 長春 吉林 大學出版社 2009年9月 頁107—116

1256. 蕭 蕭 超現實的大膽試探〔《創世紀》部分〕 現代詩創作演練 臺北 爾雅出版社 2010年9月 頁 165—170

1257. 解昆樺 旅行的繆思：創世紀詩社的高雄建制與臺北播遷 我在我不在的地方：文學現場踏查記 臺南 國立臺灣文學館 2010年12月 頁430—441

1258. 陳政彥 現代詩運動醞釀期（1950—1956）——三大詩社的次第成立〔《創世紀》部分〕 跨越時代的 青春之歌——五、六〇年代臺灣現代詩運動 臺南 國立臺灣文學館 2012年10月 頁45—47

1259. 陳政彥　現代詩運動成熟期（1959—1964）——創世紀詩社轉向提倡超現實主義　跨越時代的青春之歌
　　　 ——五、六〇年代臺灣現代詩運動　臺南　國立臺灣文學館　2012年10月　頁124—132

1260. 姜耕玉　原創力之於《創世紀》「三駕馬車」〔瘂弦部分〕　創世紀60社慶論文集　臺北　萬卷樓圖書
　　　 公司　2014年10月　頁131—150

1261. 姜耕玉　原創力之於《創世紀》「三駕馬車」〔瘂弦部分〕　海南師範大學學報（社會科學版）　第27
　　　 卷第10期　2014年10月　頁1—8

1262. 趙慶慶　博大和均衡——試論瘂弦、《華章》與加拿大華報的文學副刊　香港文學　第408期　2018年12
　　　 月　頁66—71

1263. 陳智德　論《六十年代詩選》、《七十年代詩選》所建構的臺港現代詩共同體　臺灣新詩百年國際學
　　　 術研討會　桃園　中央大學中國文學系主辦；國家圖書館，國立臺灣文學館，臺灣詩學季刊
　　　 社合辦　2022年5月27日

1264. 陳智德　《六十年代詩選》、《七十年代詩選》與五六〇年代臺港現代詩　臺灣詩學學刊　第40期　2022
　　　 年11月　頁175—197

1265. 陳智德　陳智德：《六十年代詩選》、《七十年代詩選》與五六〇年代臺港現代詩　在時潮的浪頭
　　　 上：臺灣新詩百年國際學術研討會論文集　桃園　中央大學　2022年11月

溫 柔 之 必 要　　肯 定 之 必 要
瘂弦追思紀念會暨文學展特刊

贊助單位——行政院文化部
主辦單位——文訊雜誌社‧洪範書店‧創世紀詩社‧聯合報副刊
協辦單位——臺北市文化局‧目宿媒體‧紀州庵文學森林‧臺灣詩學季刊

總 編 輯——封德屏
企畫統籌——徐嘉君
策　　展——白　靈
執行編輯——蔣　皓‧吳櫂暄‧鄭亦芩
工作小組——吳穎萍‧安重豪‧黃琬婷‧高玉龍
　　　　　　洪啟軒‧黃基銓‧葉家妤
封面設計——翁　翁
美術設計——不倒翁視覺創意
印　　刷——鴻柏印刷事業股份有限公司
總 經 銷——創新書報股份有限公司02-29178022

出 版 者——文訊雜誌社
地　　址——100012臺北市中山南路11號B2
Ｅ ｍ ａ ｉ ｌ——wenhsunmag@gmail.com
電　　話——02-23433142
初　　版——2024年12月12日

定　　價——NT380元整
Ｉ Ｓ Ｂ Ｎ——978-986-6102-92-9